BRASIL: PARAÍSO RESTAURÁVEL

BRASIL: PARAÍSO RESTAURÁVEL

◆ ESTAÇÃO ◆
BRASIL

JORGE CALDEIRA
JULIA MARISA SEKULA
LUANA SCHABIB

SUMÁRIO

Introdução 6
1 A natureza no Paraíso 10
2 Globalização e (des)nudez: o teste da inocência 22
3 Terra Sem Mal 32
4 As ambições de náufragos e reis 40
5 As maravilhas e ambições do ferro 46
6 O Gênesis nos mapas do Brasil 52
7 Cada potência com seu mapa 58
8 Trucidando a mãe 64
9 A queda no *Homo economicus* 70
10 As máquinas de fogo 76
11 Quem queimou? 80
12 Antropoceno 84
13 A rota do mundo 88
14 A força (e o problema) do fóssil 92
15 Alemanha: do acaso à necessidade 96
16 A mãe Terra científica 100
17 De ponto abandonado a centro tecnológico 104
18 Energia limpa: muitos ganham, grandes perdem 108
19 A nova rede 112
20 A escala nacional 116
21 Homem na Lua 120
22 China: de candidata improvável a líder 124
23 Da periferia ao centro do poder 128
24 Taoismo e marxismo 134
25 Tecnologia das metas 138
26 Escala global 142
27 A civilização do petróleo I: o sonho interrompido 146
28 Paraísos municipais 152
29 A guerra dos automóveis 158
30 Bilateral, bipolar 162

31 A civilização do petróleo II: *great again?* 166
32 O recado do mundo 174
33 Seguro ambiental 180
34 Previdência ambiental 184
35 A máquina de ponderar 188
36 Os reguladores se posicionam 192
37 Ativos podres: o fantasma bate à porta 196
38 É melhor cair das nuvens que do terceiro andar? 202
39 Índia: o mercado vem de baixo 208
40 Respirando o Paraíso 212
41 Um novo centro de gravidade? 218
42 Da competição à cooperação 222
43 Relógio mundial, horas locais 228
44 A sonora badalada 234
45 Brasil: liderança – e o foco? 238
46 Uma matriz com história: o carvão vegetal 242
47 Uma matriz com história: o carvão mineral 248
48 Uma matriz com história: hidreletricidade 254
49 Uma matriz com história: petróleo 260
50 Uma matriz com história: etanol 266
51 Uma matriz com história: eólica, solar e biomassa 274
52 Matriz de energia e o plano de metas 282
53 Queimar floresta é queimar dinheiro 290
54 Axé: entre os homens e a natureza 298
55 Peixes com guarda-chuvas nas portas do Paraíso 304
56 Restaurável 312
57 A resistência fóssil 324
58 Paraíso Restaurável: a pátria dos cidadãos 328
    Os motivos de cada autor 334
    Créditos das imagens 347

Gross Primary Productivity
(Kg C/m², 2001-2011)

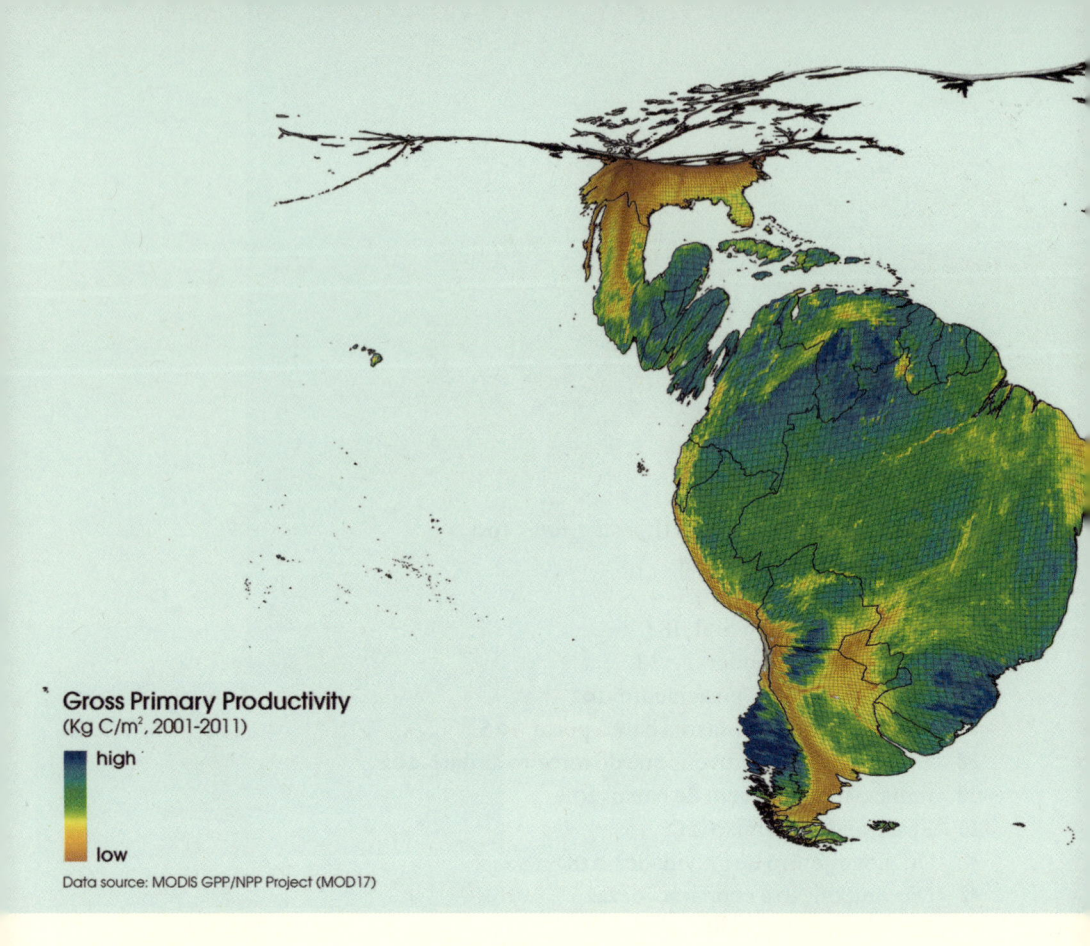

high

low

Data source: MODIS GPP/NPP Project (MOD17)

Eis um mapa-múndi diferente daqueles aos quais estávamos habituados. Nele o Brasil surge imenso, o maior país do planisfério. Por contraste, os vastos territórios do norte, sempre dominantes nos mapas tradicionais, agora aparecem raquíticos, como que espremidos.

Este mapa projeta em termos visuais aquilo que a combinação de luz, água e ar gera na Terra. Exibe o tamanho do que faz a natureza: energia e vida, em todas as suas formas possíveis. O Brasil aparece imenso por ser o território no qual mais se produz vida em todo o planeta. No auge do verão no país, no mês de janeiro retratado, tal produção atinge o máximo – enquanto no inverno do norte acontece o contrário.

O mapa não foi traçado para alegrar os brasileiros, mas para deixar evidente um potencial econômico – algo ainda mais espantoso do que as diferenças nas proporções territoriais. A associação entre produção natural e produção material humana soa estranha, porque modifica uma noção secular.

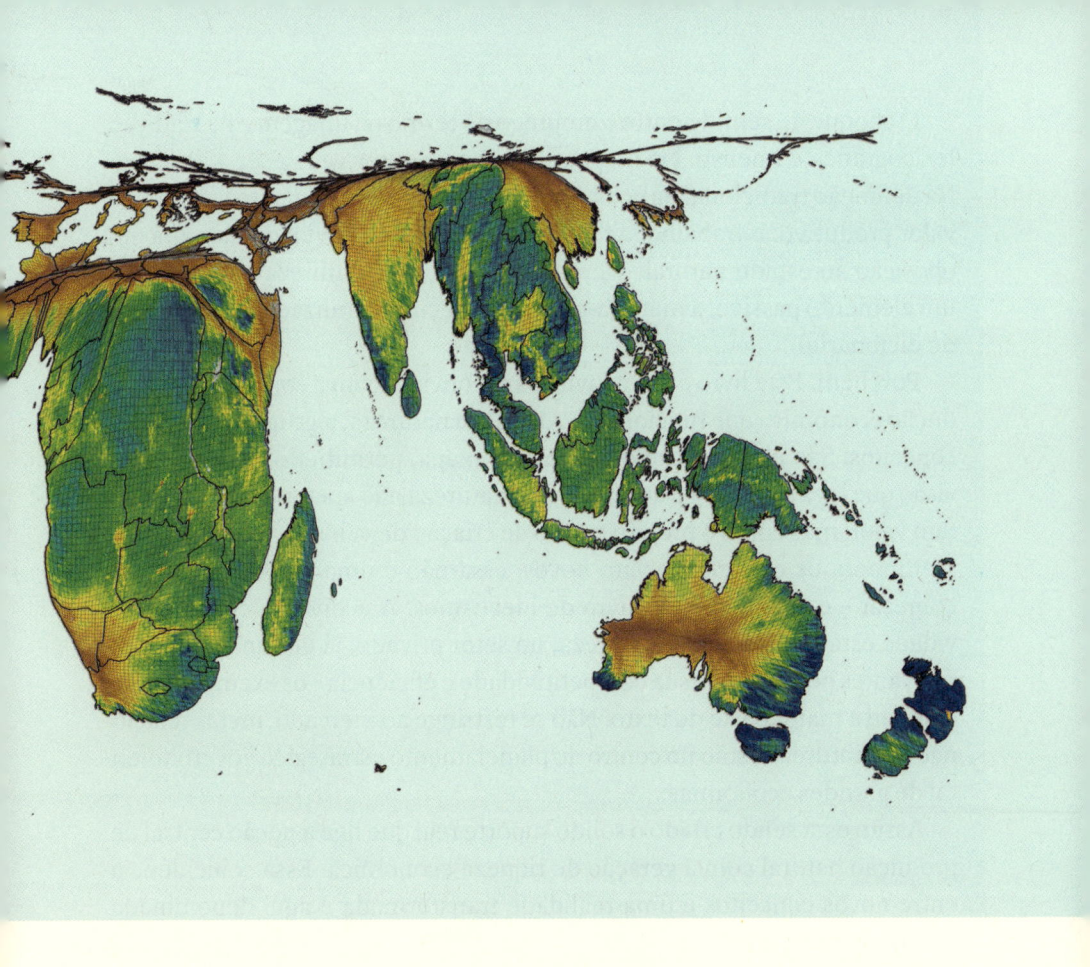

A maior parte de nós está muito pouco acostumada a pensar no crescimento econômico como algo vinculado ao estado das condições naturais. E muita gente pensa o contrário disso, ou seja, que a conservação da natureza é um entrave ao desenvolvimento. Nada de estranho nessa associação: pelos últimos séculos, o homem só fez produzir imaginando-se como opositor da natureza. Daí que essa concepção tenha se entranhado profundamente em nossa cultura.

Mas tal oposição entre "natureza" e "desenvolvimento" está sendo reavaliada – e o mapa é uma das expressões desse novo procedimento. Seu título original é "Produtividade Primária Bruta". A primeira palavra, "produtividade", é um termo que vem do campo da economia. Em estado de dicionário, tem a seguinte acepção: "É a relação entre os meios, os recursos utilizados e a produção final. É o resultado da capacidade de produzir, de gerar um produto, fruto do trabalho, associado à técnica e ao capital empregado."

Introdução

O choque de sentido entre o emprego do termo na imagem e na tradição lexicográfica é imenso. No mapa, o sujeito produtor vem a ser a natureza. Na definição tradicional da economia, a natureza simplesmente fica fora do valor produtivo: o trabalho, a técnica e o capital – a atividade humana em oposição ao estado natural – geram um produto; a natureza não passa de um elemento passivo, a matéria-prima ("os recursos utilizados", no verbete do dicionário).

Pois bem. Este livro é um convite para conviver com a concepção de produção econômica que funciona A PARTIR da natureza, algo que exige novos conceitos. São eles que estão por trás do mapa, permitindo formular uma visão que leva em conta o que ocorre na natureza não apenas como algo que tem valor, mas como o próprio centro de criação de valor na economia.

Embora os conceitos sejam novos, essa não é uma economia que vai começar – e este não é um livro de idealismos. A economia cuja produtividade está relacionada à natureza, no setor privado, já domina mercados relevantes por causa de sua competitividade e eficiência – os exemplos reais ocupam a maior parte do texto. Não se restringe ao mercado: metas relacionadas à natureza estão no centro do planejamento estratégico governamental de grandes economias.

Assim está sendo criado o sólido suporte real que liga a noção central de produção natural com a geração de riqueza econômica. Essa coincidência entre novos conceitos e uma realidade transformada é aqui denominada Paraíso Restaurável.

Como se verá ao final da leitura, o Brasil já possui bases reais importantíssimas para dar o passo na direção da liderança nessa nova economia, especialmente no campo da energia. Essas bases reais são construções seculares de empreendedores e trabalhadores, resultam de políticas e instituições herdadas da história, além de uma cultura própria que permitiu tudo isso. Mas não foram construídas com vistas a essa nova economia, embora tudo tenha sido estruturado no território da natureza produtiva.

O que existe foi construído com a noção tradicional, que opõe "natureza" a "desenvolvimento". Ignorando a riqueza do mapa, pensada como obstáculo. Por isso, sem mudar conceitos, não se chega lá. Só com uma reviravolta de ideias é possível saber como e por que o Brasil pode ter futuro numa economia renovada pelo aproveitamento da produtividade natural.

Para revirar os conceitos, o livro começa com a análise de duas noções que relacionam humano e natureza de maneira oposta à dominante atual: o Paraíso bíblico e a Terra Sem Mal, dos Tupi-Guarani. O encontro dessas duas correntes marca também o surgimento do ponto territorial nomeado "Brasil" e uma civilização.

Essa imersão no passado local não tem nada de exotismo. A recuperação de noções históricas como essas está acontecendo por toda parte em que o novo norte econômico se instala. Por isso os casos nacionais mais importantes de mudança – Alemanha (e União Europeia), China e Estados Unidos – são mostrados inclusive com as noções culturais nacionais transcendentes que foram consideradas relevantes para justificar (ou recusar) a transformação em cada um.

Essa recombinação ganhou contornos muito maiores com a irrupção de um fenômeno multissecular. Desde a peste negra, no século XIV, nenhum evento ambiental tivera o condão de derrubar a economia do mundo. A gripe espanhola de 1918 não teve esse impacto; nem mesmo as primeiras zoonoses contemporâneas da nova economia (HIV/aids, Ebola, Sars, etc.) chegaram a tanto. O novo coronavírus (SARS-CoV-2) levou menos de dois meses para passar de um obscuro ponto de origem ambiental – um pangolim ou uma fuga de material em laboratório são os símbolos atribuídos como mito de origem – para a humanidade e o globo terrestre, provocando uma recessão mundial no caminho de sua devastação.

O impacto econômico dessa primeira onda foi muito mais pesado na economia tradicional que nos setores que se organizam a partir de novos conceitos. E isso coloca a pergunta: haverá força de recuperação para as formas mais antigas ou uma mudança ainda mais irreversível começa a se esboçar?

A dúvida torna maior a necessidade de entender a noção de natureza como valor – e o valor de uma nova noção para o Brasil, nos moldes de um Paraíso Restaurável. Na hipótese de sobrevivência das formas antigas, haveria apenas um susto na pasmaceira nacional; no segundo caso, haveria a necessidade de restaurar – mas também um futuro tão promissor como o tamanho da imagem nacional no mapa. Para restaurar, no entanto, é preciso começar pelo conhecimento do original.

I.
A NATUREZA NO PARAÍSO

DIÁRIO DE BORDO
Escrevendo num momento histórico,
a equipe foi reunindo, para as epígrafes,
fragmentos significativos

"Uma Estrada no Paraíso Terrestre"

Título de reportagem de José Hamilton Ribeiro e Walter Firmo, revista *Realidade*, edição de julho de 1973, p. 36, recuperado pela equipe como exemplo de sobrevivência de uma versão secular de Brasil.

A noção de Paraíso refere-se à ligação entre a presença divina, a vida espiritual e a natureza, numa versão religiosa. Mas este não é um livro que trata de religião, embora toque nessa ligação entre homem e natureza sob a ótica de várias crenças. Sendo um ponto muito delicado, ele será, em todos os casos trazidos, analisado com total respeito, de modo que nem questões dogmáticas – muito menos teológicas – serão abordadas em nenhuma das análises.

No que se refere ao texto da Bíblia que trata do Paraíso, a escolha de uma abordagem recai sobre um texto que segue esta norma: a análise literária feita por Haroldo de Campos, poeta que traduziu o texto sagrado em dois livros: *Bere'Shith*[1] e *Éden*.[2]

Este último começa relembrando uma definição de dicionário: "A palavra Éden, no *Dicionário etimológico da língua portuguesa*, do notável filólogo Antenor Nascentes, significa: 'Nome de uma região da Mesopotâmia, na qual, segundo o Gênese, II, 8, estava o Paraíso Terrestre.'"[3] O texto referido do Gênesis é: "E plantou O-Nome-Deus / Um jardim no Éden a leste."[4]

Os dois trechos trazem um conjunto de referências geográficas conhecidas: uma região determinada cujo nome permanece e uma indicação de direção coerente com a localização da Judeia. As referências podem levar a supor que o jardim fosse parte integrante do espaço terrestre.

---

1 Haroldo de Campos, *Bere'Shith, a cena da origem*. São Paulo, Perspectiva, 2000.
2 Id., *Éden, um tríptico bíblico*. São Paulo, Perspectiva, s.d. [2004].
3 Ibid, p. 19.
4 Ibid., p. 50.

Essa determinação fica mais clara em outra definição apresentada logo a seguir por Haroldo de Campos: "Em *The Oxford Companion to the Bible*, lê-se o seguinte verbete: 'Éden, o Jardim do: um jardim de árvores e luxuriante vegetação, plantado por Deus. [...] Assim Éden veio a identificar-se com um jardim ideal de delícias ou Paraíso, palavra esta que, por sua vez, deriva do persa (zende-avéstico), significando *parque* ou *horto*.'"[5]

De novo as referências podem ser reforçadas pelo texto:

> E um rio saía do Éden
> Para umedecer o jardim
> E dali se dividia
> Em quatro cabeceiras-rios
> O nome de um Pishon o-que-salta
> Ele circunda toda a terra de Havilá
> Na qual há ouro [...].
> E o nome do segundo rio
> É Guihon o-que-jorra
> Ele circunda toda a terra de Kush
> E o nome do terceiro rio
> É Hidequel o Tigre
> Ele vai a leste de Assur
> E o quarto rio, o Eufrates.[6]

Há referências até hoje empregadas como localização geográfica: o Tigre e o Eufrates, definidores das fronteiras da Mesopotâmia – e ambos com vales de terras férteis e vegetação luxuriante (aqui comparada aos desertos ao redor).

Mas o conhecimento atual de geografia também faz rejeitar as descrições dos dois primeiros rios e do lago como parte do mundo natural, situando-os num universo metafísico – e assim se forma um conjunto que é mescla de referências desses dois universos, um físico e outro metafísico.

Essa separação em dois universos, no entanto, foi o resultado de um longo processo histórico. Durante milênios, até mesmo os eruditos não tinham outro caminho senão trabalhar com a mistura das duas fontes diferentes do saber.

---

5 Ibid., p. 20.
6 Haroldo de Campos, op. cit., pp. 50-51.

O ELO PERDIDO: nesta gravura de 1680, os homens do conhecimento estão presos fora da natureza e do Paraíso, retratados no momento de ruptura do pecado de Adão.

1. A natureza no Paraíso

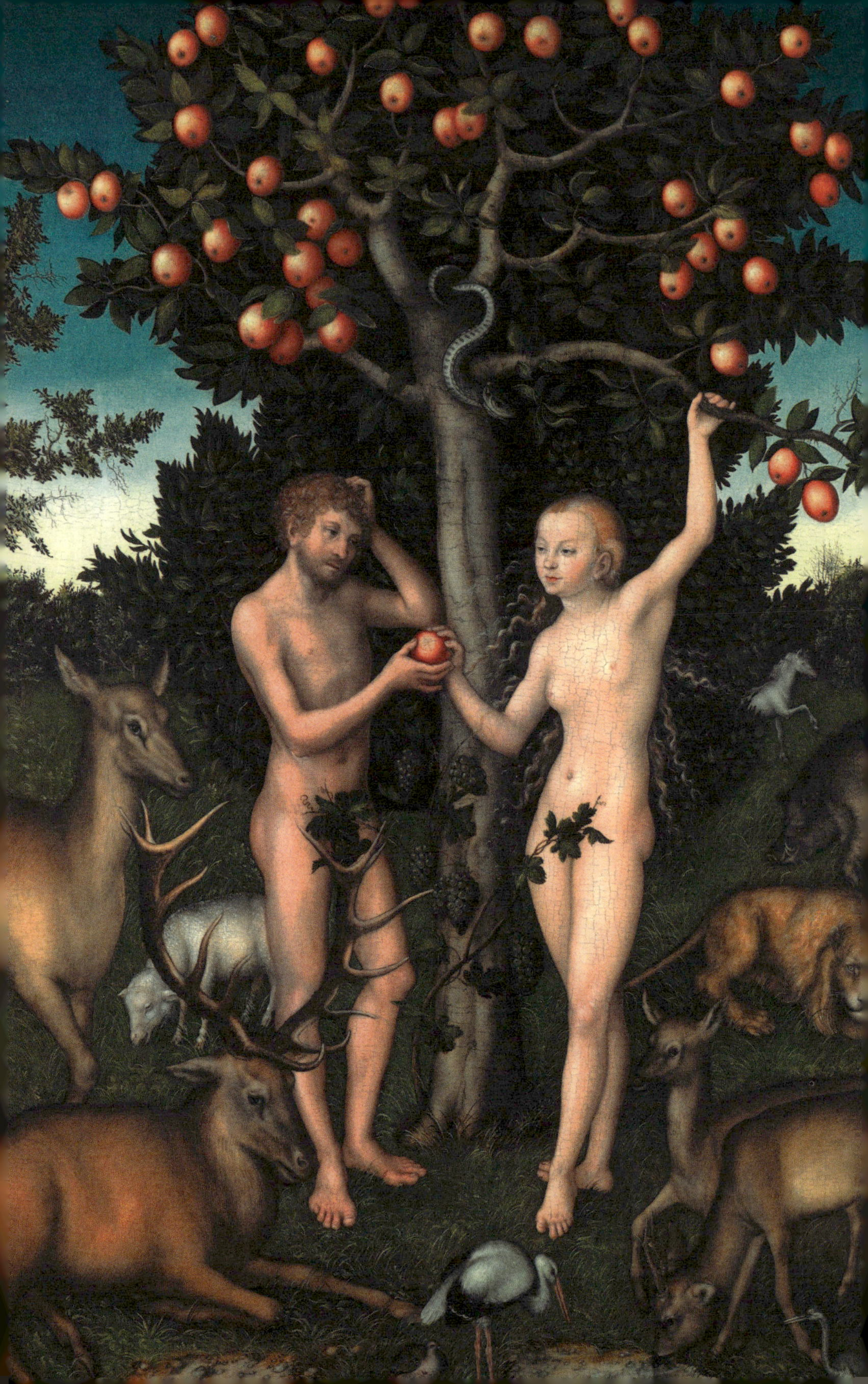

Lucas Cranach, o Velho, grande amigo de Martinho Lutero, pintou *Adão e Eva* em 1526 e *A Idade do Ouro* em 1530: a beleza da natureza era sinal celeste.

1. A natureza no Paraíso

15

TRÊS ERAS MÍTICAS: Acima, *O jardim das delícias terrenas*, de Hieronymus Bosch (séc. XVI); na página ao lado, no alto, o Paraíso na visão de Jan Brueghel, o Velho (1607/1608); abaixo, à esquerda, segunda era, do pecado (*A queda*, anônimo de 1532); à direita, o terceiro momento: detalhe de *O pecado original*, do tríptico *O juízo final* (1482), também de Bosch.

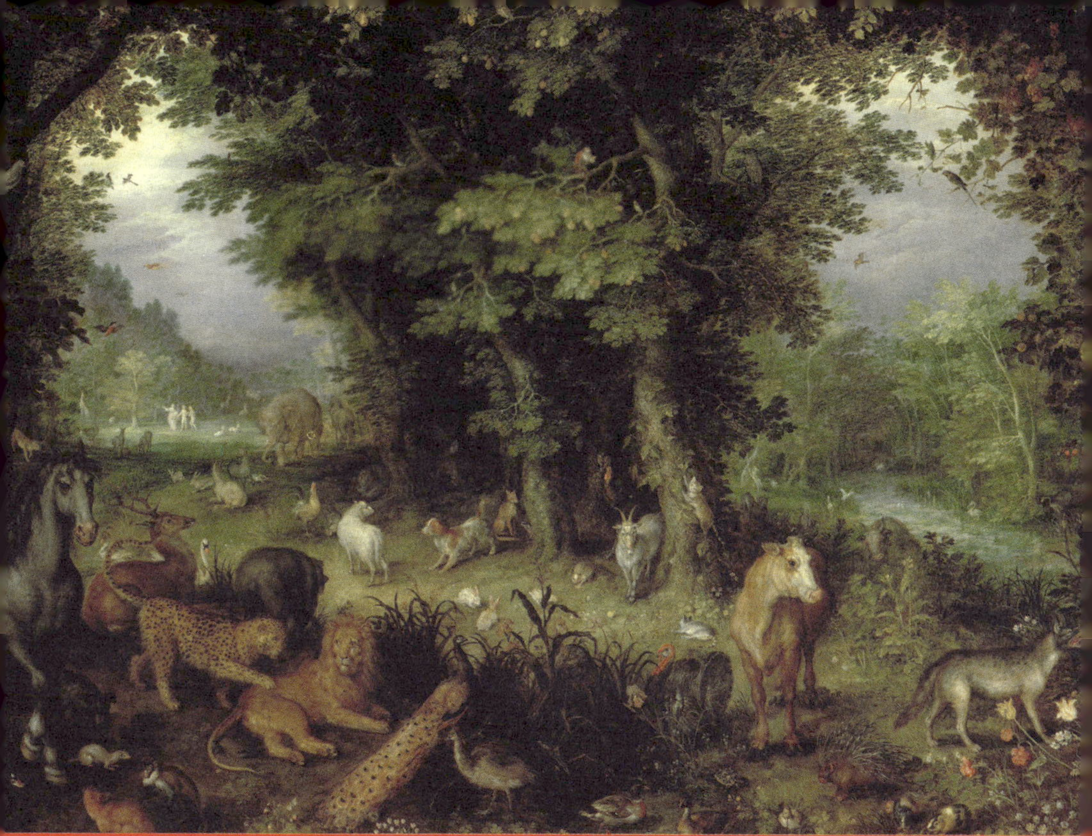
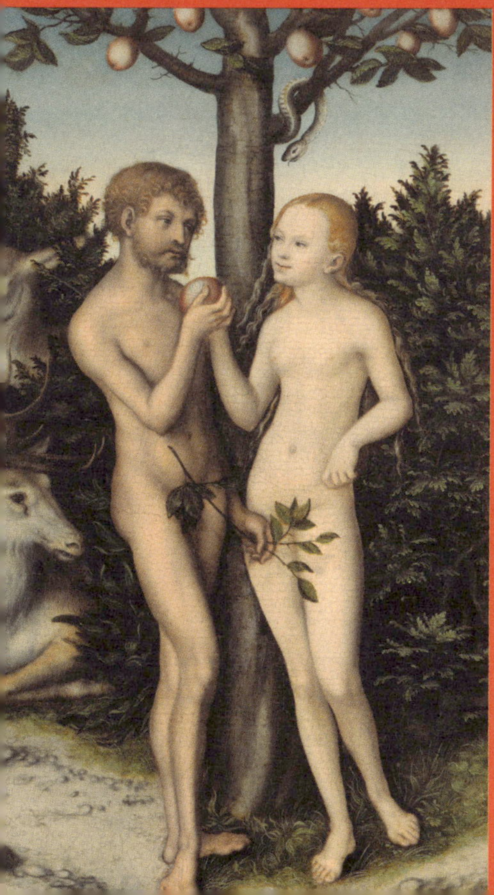
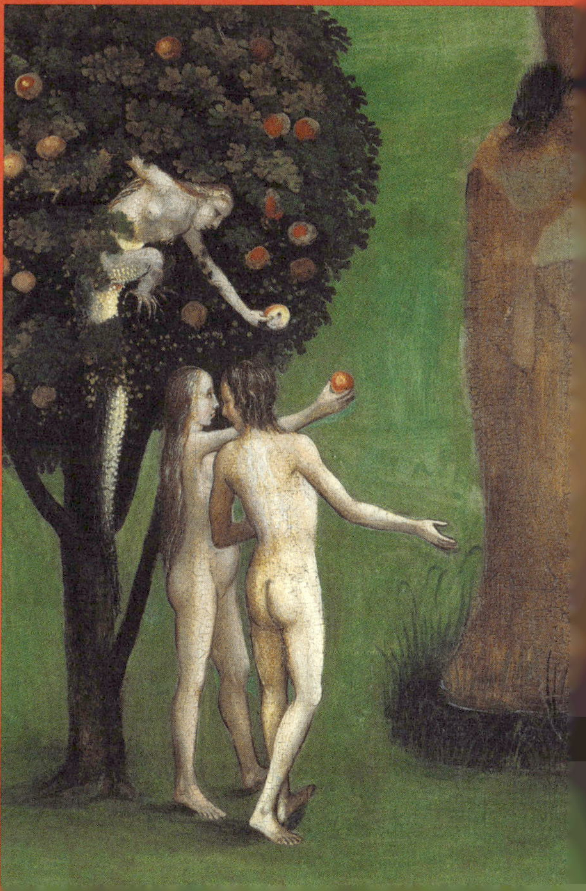

POR MILÊNIOS O MUNDO NATURAL E O ESPIRITUAL FORAM PENSADOS COMO PARTES DE UM TODO ÚNICO

O princípio da continuidade entre o mundo natural e o mundo espiritual valia até mesmo na então escassa circulação de ideias entre eruditos de culturas diferentes. Um exemplo entre muitos dessa circulação: por volta do ano 1000 da era comum, o persa Abu ibn Sina cunhou a ideia de que a ligação mais forte entre o homem, alguns animais e o restante da natureza se fazia através de um "sensus naturae", que extrapola os limites do conhecimento racional e se aproxima do dom da profecia.

Quando o texto foi traduzido para o latim (no Ocidente o autor ficou conhecido como Avicena), tal ideia foi reconhecida como válida por Guilherme de Auvergne, bispo de Paris no fim da década de 1220, como nota Marie-Louise von Franz:

> Guilherme admite, a propósito do "sensus naturae", que ele é um sentido superior à faculdade de compreensão humana; sublinha particularmente que os animais o possuem. Assim a doutrina do "sensus naturae" desenvolve-se a partir de uma ideia da alma do mundo que percorre todas as coisas [...] assim ele identificou a "anima mundi" e o "sensus naturae" com o Espírito Santo.[7]

Esse pequeno exemplo mostra que as concepções de relações contínuas entre o comportamento humano e a natureza – incluindo nelas a esfera espiritual e teológica – eram a regra intelectual universal (tida como válida nos escritos de hindus e chineses, entre outros).

Já o economista Adam Smith (1723-1790) identifica o seguinte fenômeno como o marco inicial da grande mudança humana na direção da separação do contínuo: "A descoberta da América e a de uma passagem para as Índias

---

[7] Marie-Louise von Franz, "Comentários de 'Aurora Consurgens'", in *Carl Gustav Jung, Obras completas*, vol. 14/3. Petrópolis: Vozes, 2011, p. 188.

Orientais pelo Cabo da Boa Esperança são os dois maiores e mais importantes eventos da história da humanidade."[8]

A obtenção dos conhecimentos necessários para a navegação oceânica foi um projeto que exigiu muita tecnologia – obtida de modo inteiramente diverso do conhecimento até então produzido pela atividade intelectual. Nesse sentido, um personagem fundamental trouxe propósito, foco tecnológico, critério de mérito e rigoroso controle prático da busca de conhecimento:

> O infante D. Henrique sagrou-se cavaleiro em 1415 e no ano seguinte assumiu o comando da Ordem de Cristo, além de ser governador do Algarve. Solteiro e casto, dividia seu tempo entre o castelo de Tomar, sede da ordem, e a vila de Lagos, capital do governo. Em Tomar cuidava das finanças, da diplomacia e da carreira dos pilotos iniciados, formados no regime de segredo da ordem. O castelo era um cofre de recursos e informações secretas. Já Lagos era a base naval e uma corte aberta. Para lá iam viajantes de todo o mundo, "desvairadas nações de gentes tão afastadas de nossos usos", como escreveu o cronista Gomes Eanes de Zurara na *Crônica do descobrimento e conquista de Guiné*. Os personagens deste livro revelam o cosmopolitismo do porto: gente das Canárias, caravaneiros do Saara, mercadores de Timbuctu, monges de Jerusalém, comerciantes venezianos, alemães e dinamarqueses, cartógrafos italianos e astrólogos judeus.[9]

O resultado foi notável:

> Ao final de um século de esforços os navios substituíram as caravanas; os regimentos das estrelas, as previsões astrológicas; os livros de marinharia, os relatos de terras míticas. O sucesso da empreitada produziu um deslocamento milenar para fora do Mediterrâneo, notado por Fernand Braudel: "O mundo deixou de se centrar neste mar, de viver para ele, para seu ritmo."[10]

Mas nem por isso a ideia do Paraíso como um jardim espiritual na Terra – ou uma terra dotada de espírito – desapareceu. E o Brasil foi parte essencial nesta continuidade.

---

8 Adam Smith, *A riqueza das nações*. São Paulo: Abril Cultural, 1983, vol. 2, p. 100.
9 Jorge Caldeira, "Os templários e os descobrimentos", in Id. *Nem céu nem inferno*. São Paulo: Publifolha, 2015, p. 171.
10 Jorge Caldeira, *A nação mercantilista*. São Paulo: 34 Letras, 1998, p. 122.

PARAÍSO RESTAURÁVEL

DA QUEDA AO NOVO MUNDO: duas versões da Queda do início do século XVI: a gravura de Holbein e o óleo colorido de Lucas Cranach. Abaixo, um retrato de D. Henrique, o Navegador – o homem que mudou eras, transformando o castelo templário de Tomar, sede da Ordem de Cristo, em centro tecnológico.

2. GLOBALIZAÇÃO E (DES)NUDEZ: O TESTE DA INOCÊNCIA

> "Como se explica que os Tupinambá, compartilhando a culpa de Adão e sendo herdeiros de seu pecado, não tenham herdado também a vergonha? (...) Como jamais tiveram conhecimento da lei, não poderiam ter conhecimento da malícia, do vício nem do pecado. Donde não terem vergonha de andar nus. (...) Pensam muitos ser coisa detestável ver este povo nu, (...) porém é bem menos perigoso ver a nudez das índias que os atrativos lúbricos das mundanas da França."

CLAUDE D'ABBEVILLE, *História da missão dos padres capuchinhos na ilha do Maranhão*. Belo Horizonte, Itatiaia, 1975, p. 216.

A viagem de Pedro Álvares Cabral foi a primeira na história da humanidade a passar por quatro continentes. Não bastasse o pioneirismo, foi realizada num tempo brevíssimo: um ano e meio. Era quase nada se comparado aos muitos anos que raros aventureiros levavam para completar a maior viagem então conhecida, a de ir ou vir da Europa à China por terra, percorrendo a milenar Rota da Seda.

A navegação oceânica permitiu aos viajantes uma perspectiva do mundo tão pioneira quanto múltipla. Em questão de semanas era possível passar de uma experiência natural e civilizatória para outra inteiramente diversa. Essa mudança proporcionava ao mesmo tempo uma perspectiva cosmopolita e uma inédita possiblidade de comparar lugares e pessoas.

Em alguns pontos tal possibilidade foi analisada a partir daquilo que ainda hoje se considera tecnologia e racionalidade. Mas esses termos tinham na época significado bem diverso. Nem mesmo os comandantes de naus ou oficiais graduados, que dominavam a alta tecnologia da pilotagem, escapavam das noções comuns do tempo. João da Rocha Pinto estudou os escritos de Cristóvão Colombo e Pero Vaz de Caminha, encontrando coincidências notáveis:

> Suas descrições tão semelhantes não surpreendem se tomarmos na devida consideração o fato de suas estruturas mentais pouco se preocuparem com detalhes e individualizações, estando muito mais atentas a arquétipos e tipos absolutos [...]. Para eles, os tópicos eram os mesmos: a nudez representava a falta de civilização, mas também simbolizava a inocência que os homens desfrutavam no Paraíso, antes de eles terem sido expulsos devido ao pecado primordial.[1]

---

1 João da Rocha Pinto, "O olhar europeu: a invenção do índio brasileiro", in *Brasil: nas vésperas do mundo moderno*. Lisboa, Comissão Nacional para as Comemorações dos Descobrimentos Portugueses, s.d., p. 50.

Luis Pi[r]
[r]ibou a portugal

Guaspar de Lemos
de santa cruz tra do bra
zil tornou a portugal
c nova do descobrimeto
della

Pero Diaz
co atormenta esgarrou
e foy ter a Magadaxo julto
do cabo de guardafuy, e
á tornada se encontrou co
pedraluz cabral no cabo de

Pero de thayde
ha tornada se   perdeo nos bayxos
de S. lazo   e a gente salva foy
                 ter a Melinde

Vasq da thayde
perdido com a tormenta

Pedraluz cabral

Nicolao Coelho

Nuno leytão

Simão de miranda
balvou na tormenta co pedraluz ca
bral, e milagrosamente se salvarão

Ayres gomez da silua
perdido com a tormenta

Simão de pina
perdido co a tormenta

Sancho de thoar
[tor]nada pera portugal se perdeo co vento Riso
tranessão em hu bayxo perto da costa de Melinde
e porq de toda a gente foi salva e se poseras fogo

Bertolameu diaz
perdido co a tormenta

SEGVNDA·ARMADA·DE·DE**R**RAL

andre guoncaluez Dioguo Diaz

Vasquo de Taide Nuno Leytao

Rui de mjrãdo Luis Pixis

Ihon de Touar
e puserão lho fogo

"A NUDEZ DOS ÍNDIOS SIMBOLIZAVA A INOCÊNCIA QUE OS HOMENS DESFRUTAVAM NO PARAÍSO"

Em contato com os povos da América, ambos recorreram à Bíblia para organizar a forma como relatavam o que seus olhos haviam visto. Era uma estrutura cômoda, na medida em que a chave de interpretação estava na cabeça de todo e qualquer leitor na cristandade. Mais ainda, os dois navegadores, que não se comunicaram entre si, coincidiram em pensar com base numa disjuntiva que a fineza linguística de Haroldo de Campos permite entender claramente: "A palavra hebraica 'arom' (desnudos) refere-se ao homem e à mulher em situação edênica [Gênesis II, 25: 'E estavam eles dois desnudos / o homem e a mulher / e não se envergonhavam']."[2]

Por um motivo relevante, a mesma palavra merecerá uma segunda tradução: "A exposição da 'nudez' ('arom') do casal primevo ('nudez' não mais inocente como em II, 25, mas agora culposa, acarretando vergonha e medo, em III, 11 [Ele disse / quem te falou que estavas nu? / Da árvore da qual ordenei não comer / Comeste]) decorre da tomada de consciência do par humano por parte da serpente."[3]

A coincidência da visão interessa sobretudo porque os dois viajantes-observadores expuseram aos leitores a impressão de que poderiam ter visto pessoas reais vivendo no estado moral de desnudez – ou, por consequência, de que o Paraíso com localização geográfica e física nos confins da Terra era tão plausível quanto a existência de uma civilização vivendo em estado de nudez.

Essa era a visão dos homens que então dominavam o emprego da tecnologia de ponta. Foram os primeiros, mas logo vieram religiosos para passar sua régua e fazer seus julgamentos. Na primeira metade da década de 1550, o superior dos jesuítas no Brasil, padre Manuel da Nóbrega, esteve às voltas com um roteiro complexo para distinguir entre desnudez e nudez – que foi exatamente o mesmo do calvinista Jean de Léry, parte do primeiro

---

2 Haroldo de Campos, op. cit., pp. 38 e 54.
3 Ibid., pp. 56-57 e 40.

Em 1505 foi publicada a primeira imagem dos homens do novo mundo: esta gravura de Johann Froschauer ilustrava o livro *Mundus Novus*, de Américo Vespúcio, tanto primeiro relato sobre o Brasil como primeiro best-seller mundial depois da Bíblia. Ela mostra a impressão primordial dos Tupi no imaginário europeu: seriam eles os seres (des)nudos do Paraíso?

Índia Tupi, de Albert Eckhout, faz parte da primeira série de imagens feitas por um artista europeu de boa formação no próprio Brasil, durante o domínio holandês de Pernambuco na década de 1630. Ela mostra, de maneira positiva – vista em detalhes que vão desde a roupa branca até o engenho de açúcar ao fundo da paisagem –, uma índia já muito influenciada pela presença europeia.

grupo protestante a pisar na América, em 1557 no Rio de Janeiro, embora, de novo, os dois nunca tivessem se encontrado ou sabido da existência das palavras um do outro.

O roteiro girava em torno de três questões: 1) Os nativos eram capazes de entender a existência de Deus?; 2) Seriam eles seres racionais?; e 3) Estariam desnudos ou nus? Tal roteiro derivava diretamente do entendimento comum dos religiosos do tempo segundo o qual a fé, a razão e a moral tinham como única origem a crença cristã.

As respostas de um e outro para essas perguntas diferiram em detalhes relevantes. Manuel da Nóbrega irritou-se com a inconstância de seus interlocutores nativos, capazes de reconhecer o Criador durante o dia e, à noite, de retomar os hábitos pagãos. Ainda assim concedeu-lhes o benefício da dúvida, afirmando que a parte positiva do querer ouvir era suficiente para a conversão; havendo fé em embrião, haveria capacidade racional a ser desenvolvida: "Toda essa gente, uma e outra, tem uma mesma alma e um mesmo entendimento [razão]."[4] Por outro lado, descartou terminantemente a desnudez: "Cremos serem descendentes de Caim e por isso andam nus e mais outras misérias."[5]

Embora seguindo o mesmo roteiro, Jean de Léry e seus colegas pastores enfrentavam um problema mais complicado. A religião reformada não reconhecia a autoridade da tradição, apenas a do livro sagrado. Dessa forma, eles tinham que julgar a reação de seus interlocutores nativos – analfabetos – pela capacidade que demonstravam de entender o que vinha escrito no livro sagrado. Diante da impossibilidade de tal comprovação, os pastores acabaram fazendo um juízo muito duro dos seus interlocutores, assim resumido por Charles Baird:

> Os pastores escreveram com indisfarçável horror sobre os habitantes da terra. Não apenas estavam acostumados a comer carne humana, mas de vários modos haviam caído ao nível dos animais. Não distinguiam o bem do mal, não tinham a concepção da existência de um Deus. Os pastores sentiam-se deprimidos pela incapacidade de incutir em tais pagãos as boas novas da Redenção.[6]

---

4 Manuel da Nóbrega, "Diálogo da conversão dos gentios", in Serafim Leite, *História da Companhia de Jesus no Brasil*, vol. 2, p. 337.
5 Id., ibid.
6 Charles W. Baird, *History of the Huguenot Emigration to America*. Nova York: Dodd, Mead and Company, 1885, cap. 7, nota 3.

Índia Tapuia, parte da mesma série, projeta nos grupos não Tupi todos os símbolos da danação: nudez mal coberta, canibalismo, animais peçonhentos. Em pouco mais de um século de contato, a impressão inicial de inocência dos nativos já se transformara num julgamento segundo o qual a qualidade moral deles era avaliada arbitrariamente.

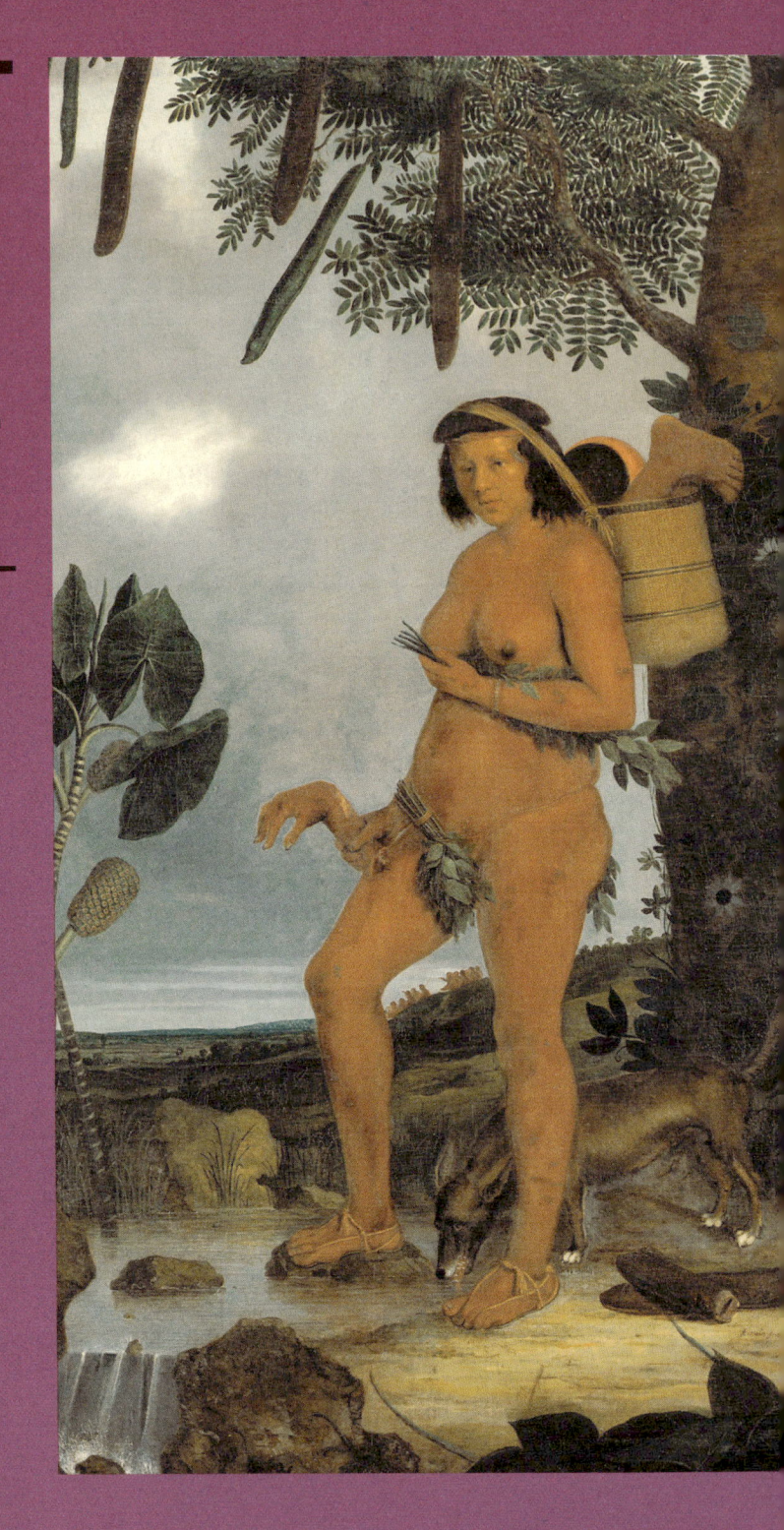

"CREMOS SEREM DESCENDENTES DE CAIM E POR ISSO ANDAM NUS E MAIS OUTRAS MISÉRIAS"

Sem fé, sem razão, sem moral. Daí a virulência do julgamento de Léry: "Pouco diferem dos brutos e no mundo não há gente mais afastada das ideias religiosas. [...] São descendentes de Caim e trazem o estigma da maldição de Deus [...] Por mim reputo descender esta gente da raça maldita de Adão."[7]

A descrição do Paraíso na Bíblia determinou as perguntas, e estas eram respondidas conforme o olhar de cada europeu que desembarcava na América. No aspecto mais positivo, a desnudez confirmava a suposição da existência física do Paraíso naquele continente. No aspecto mais negativo, havia a presença de gentios danados vivendo no mais nefando estado de pecado com sua nudez.

Tanta diferença de julgamento lança uma dúvida: e os nativos, o que é mesmo que estavam falando? Isto nos leva a um segundo Paraíso.

---

7   Jean de Léry, *Viagem à Terra do Brasil*. Belo Horizonte, Itatiaia, 2007, p. 207.

3. TERRA SEM MAL

"O reservatório de recursos biológicos do Brasil é imenso. O país tem praticamente tudo. A questão é como explorá-lo de modo sustentável e eficiente."

CHRISTIAN PATERMANN, criador das primeiras políticas bioeconômicas na União Europeia, *Guia Exame de Sustentabilidade*, novembro de 2019, em reportagem de Murilo Bonfim, p. 21.

Surpreendia-me o violento contraste entre a vida diurna e noturna da aldeia. Durante o dia "nada acontecia" – sim, as caçadas, as pantagruélicas refeições coletivas, as intermináveis conversas familiares no cair da noite, a eterna faina do milho. Mas tudo daquele jeito descuidado, ao mesmo tempo agitado e apático, errático, monótono, alegre e distraído. Toda noite, porém, madrugada adentro, eu ouvia emergir do silêncio das casas conjugais um vozear alto e solitário, ora exaltado, ora melancólico, mas sempre austero, solene, e às vezes – para mim – algo sinistro. Eram os homens, os xamãs, cantando: o Maí maracá, a música dos deuses. [...] Certas noites, três ou quatro xamãs cantavam ao mesmo tempo, ou sucessivamente, cada um a sua própria visão – pois os cantares são as narrativas do Maí Decã, a visão dos deuses. [...] O clímax da canção-visão noturna trazia o xamã para fora de sua casa, para o pátio. Ali dançava curvado, com o charuto e o aray, batendo fortemente o pé direito no chão, ofegante, sempre cantando – era a descida à terra das divindades trazidas por ele, o xamã, de sua viagem por outros mundos. E com elas, vim a saber depois, vinham os mortos, [...] esplêndidos como os próprios deuses, passear no solo que uma vez pisaram. Custava-me a crer que aquelas vozes solenes e terríveis, aqueles vultos curvados e sombrios que eu entrevia da porta da minha casa tivessem uma coisa que fosse com os homens 'diurnos', alegres, debochados, mas eram os mesmos homens.[1]

A cena descreve dois primeiros entrelaçamentos de deuses com homens. Um na troca entre o diurno e o noturno, outro no convívio direto dos espíritos com os moradores. E logo vem outro:

---

[1] Eduardo Viveiros de Castro, *Arawaté, os deuses canibais*. Rio de Janeiro: Zahar, 1986, pp. 51-53.

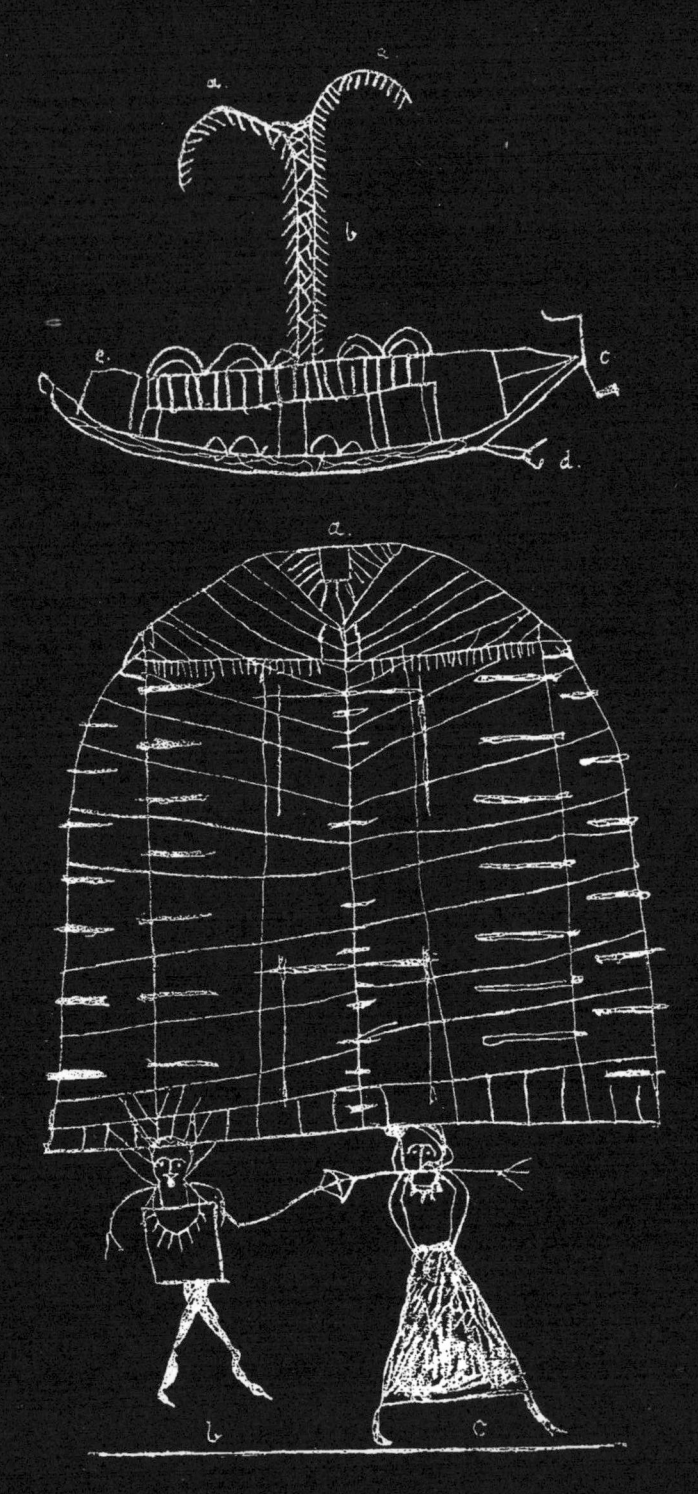

Uma raridade do início do século XX: desenhos feitos por nativos do grupo Tukano, mostrando objetos de sua cultura e retratos de pessoas em frente da taba. Como este não era um procedimento usual do grupo, esse tipo de representação já revela a transformação trazida pelo contato com os europeus – no caso, o antropólogo alemão Theodor Koch-Grünberg – ao mesmo tempo que os traços revelam ainda sua própria cultura.

As músicas dos deuses não têm nada de 'sagradas' ou esotéricas. Após terem sido cantadas por um xamã podem ser repetidas por qualquer pessoa e muitas vezes viram sucessos populares, prestando-se a variações jocosas ou adaptações de circunstância. Mulheres e crianças especialmente fazem isso. Só quem não repete o canto é, em princípio, o xamã.[2]

O divino da noite transformado na diversão do dia abriu caminho para a percepção do próprio narrador: "Percebi a presença dos deuses, como realidade ou fonte dos exemplos, para cada mínima ação rotineira. E o mais importante: foi a partir deles que pude divisar a presença e a participação dos mortos no mundo dos vivos, e com isso entrever a concepção de Pessoa."[3]

Essa descoberta leva à definição de um novo entrelaçamento: "Os deuses, portanto, foram humanos – assim como os humanos serão deuses depois da morte: eles se transformarão em Maí."[4]

Diante de tais entrelaçamentos, Eduardo Viveiros de Castro arrisca uma generalização: "Os Arawaté, como implícita ou explicitamente todos os Tupi-Guarani, postulam uma composição dual da pessoa humana, que só se manifesta plenamente após a morte."[5]

Enquanto Viveiros de Castro estudava esse povo Tupi do Pará, Pierre Clastres fazia o mesmo com os Guarani paraguaios e notava:

> O pensamento religioso destes índios está carregado da densidade de uma meditação rigorosa e liberta, desenvolvendo-se na pureza inicial de um mundo em que ainda são vizinhos deuses e viventes. Os Tupi-Guarani, dos quais os Mbyá são uma das últimas tribos, propõem o enigma de uma singularidade que, desde antes da Conquista, os levava à inquietude de procurar sem descanso o Além prometido por seus mitos, ywy mara ey, a Terra Sem Mal. Dessa busca maior e certamente excepcional junto aos índios sul-americanos, conhecemos a mais espetacular consequência: as grandes migrações religiosas de que falam os relatos dos primeiros cronistas. Guiadas por

---

2 Ibid., pp. 54-55.
3 Ibid., p. 53.
4 Ibid., pp. 214-15.
5 Ibid., p. 118.

xamãs inspirados, as tribos se movimentavam e, por meio de jejuns e danças, tentavam atingir as ricas moradas dos deuses.[6]

O próprio Clastres explica a razão pela qual foi preciso esperar mais de quatro séculos para que as crenças na união entre a vida espiritual, a existência terrena e um Paraíso – em todo semelhantes ao relato bíblico – fossem escritas por um terceiro com um mínimo de correção:

> Os xamãs Tupi-Guarani exerciam uma influência considerável sobre as tribos, sobretudo os maiores entre eles, os karaí, cujas palavras, queixavam-se os missionários, continham em si todo o poder do demônio. São textos que não dão uma única indicação sobre o conteúdo dos discursos dos karaí [...] mas traíam sem querer o seu discurso censor, reconhecendo o poder de sedução da palavra dos feiticeiros, principal obstáculo, segundo eles, para a conversão dos selvagens.[7]

Somente depois que antropólogos treinados conseguiram elaborar descrições claras da religiosidade iniciática que passa de xamã para xamã foi possível – já em pleno século XXI – que um xamã pudesse transmitir suas palavras sedutoras de iniciado com o apoio de um parceiro escritor. Diz Davi Kopenawa, pajé Yanomami, um grupo que não é Tupi-Guarani:

> O pensamento dos xamãs se estende por toda parte, debaixo da terra e das águas, para além do céu e nas regiões mais distantes da floresta e além dela. Eles conhecem as inumeráveis palavras desses lugares e todos os seres do primeiro tempo. É por isso que amam a floresta e querem defendê-la. A mente dos grandes homens dos brancos, ao contrário, contém apenas traçado das palavras emaranhadas para as quais olham sem parar em suas peles de papel. Com isso seus pensamentos não podem ir muito longe. Ficam pregados a seus pés e é impossível conhecer a floresta como nós. Por isso não se incomodam nada em destruí-la! Dizem a si mesmos que ela cresceu sozinha e cobre o solo à toa. Com certeza devem pensar que está morta, mas não é verdade. Ela só parece estar quieta e nunca muda porque

---

6 Pierre Clastres, *A sociedade contra o Estado*. São Paulo: Cosac Naify, 2003, p. 176.
7 Id., ibid.

Na estadia entre os povos Uanana, no alto rio Negro, Koch-Grünberg obteve desenhos de algumas figuras antropomórficas e de peixes da região que identificou como pacus, traíras, piranhas e tucunarés.

Mais alguns desenhos de um membro do grupo Tukano, desta vez envolvendo desde um batelão ocidental até animais como o cachorro, a arara, o jacaré e a piraíba.

"GUIADAS POR XAMÃS INSPIRADOS, AS TRIBOS SE MOVIMENTAVAM E TENTAVAM ATINGIR A RICA MORADA DOS DEUSES"

os xapiri a protegem com coragem, empurrando para longe dela o vendaval [...]. A floresta está viva, e daí vem sua beleza.[8]

Ailton Krenak, pajé de um povo de outro grupo linguístico, o Jê, também foi capaz de expor por escrito a forma como o seu povo vê a relação entre homem e natureza: "Fomos nos alienando desse organismo de que somos parte, a Terra, e passamos a pensar que ela é uma coisa e nós, outra: a Terra e a humanidade. Eu não percebo onde tem alguma coisa que não seja natureza. Tudo é natureza. O cosmos é natureza. Tudo em que eu consigo pensar é natureza."[9]

Esse brevíssimo sumário do rompimento de um silêncio secular sobre o modo próprio pelo qual importantes grupos nativos pensavam a relação entre vida espiritual e mundo natural – considerando-a como um todo único – permite que se entenda melhor como um pedaço do Brasil acabou identificado com o Paraíso.

---

8 Davi Kopenawa e Bruce Albert, *A queda do céu*. São Paulo: Companhia das Letras, 2015, p. 468.
9 Ailton Krenak, *Ideias para adiar o fim do mundo*. São Paulo: Companhia das Letras, 2019, p. 16.

4. AS AMBIÇÕES DE NÁUFRAGOS E REIS

"O que é de paz, cresce por si: de ouvir boi berrando à forra, me vinha ideia de tudo só ser o passado no futuro. Imaginei esses sonhos. Me lembrei do não saber. E eu não tinha notícia de ninguém, de coisa nenhuma deste mundo – o senhor pode raciocinar."

JOÃO GUIMARÃES ROSA, *Grande sertão: veredas*, João Guimarães Rosa. São Paulo: Companhia das Letras, 2019, p.209.

Sacerdotes e pajés moldaram a história americana com suas visões de fé e paraísos espirituais. Mas nem só dessa elite mais elevada viveu o continente: também a gente comum arriscou a vida por ali. Gonçalo da Costa, Melchior Ramires e Henrique Montes deixaram a Europa no dia 8 de outubro de 1515, como simples marujos, a bordo de uma expedição comandada pelo português João Dias de Solis, piloto-mor (ou seja, o primeiro de todos os pilotos do reino) de Castela.

O comandante estava ali porque dominava a técnica de navegar – um conhecimento tão raro que permitia ao rei que o contratou deixar de lado certos detalhes como o fato de Solis ter assassinado a própria mulher e ser conhecido pelo apelido de Bofes de Bagaço. Nem tudo era paraíso naqueles tempos – e nem mesmo tanta ferocidade evitou um registro sumário de seus últimos momentos: "[...] num desembarque na margem esquerda do rio Uruguai, [Solis] caiu em mãos dos índios, que o mataram com seus acompanhantes, e em seguida comeram-nos à vista dos que ficaram nos barcos."[1]

Os três marujos estavam entre os espectadores da deglutição do piloto-mor de maus bofes. Prudentes, resolveram deixar de lado as aventuras e voltar para casa. Uma decisão sábia, mas nem por isso isenta de dificuldades. A nau onde viajavam os vários que fugiram do massacre teve problemas com o leme e acabou naufragando no sul da ilha de Santa Catarina. Ali, no final de 1516, um grupo de sete sobreviventes espanhóis foi aprisionado e levado embora pelo português Cristóvão Jaques.

Os náufragos restantes sobreviveram porque foram aceitos pelos Guarani locais – e casaram-se com mulheres nativas. Em dez anos de convívio juntaram suas experiências com os conhecimentos das migrações para a

---

[1] José Luis Busaniche, *Historia argentina*. Buenos Aires: Solar, 1984, p. 14.

ÍNDIOS MIGRANDO PARA A TERRA SEM MAL CONDUZIRAM VIAJANTES SEDENTOS POR RIQUEZA

Terra Sem Mal – e inaugurou-se uma nova forma de percorrer o continente: um punhado de náufragos e 2 mil índios aparentados a suas mulheres partiram rumo às terras do Rei Branco, nome que davam ao soberano Inca.

Conheciam-lhe o nome e também os caminhos para lá chegar. O grupo seguiu os rios Iguaçu e Paraguai, atravessou o Chaco e se internou nos Andes. Aí terminava o território controlado pelos Tupi-Guarani, bem como a possibilidade de conversar na língua franca dos dois grupos aparentados – e começaram as batalhas dos moradores do território contra os invasores. Nesse ponto, Aleixo Garcia, um dos companheiros do trio e líder da expedição, foi morto. Francisco Pacheco assumiu o comando, conseguiu fugir e levar consigo parte da prata que haviam juntado pelo caminho.

Sem que se saiba muito bem como, essa prata acabou nas mãos dos três náufragos. Gonçalo, Melchior e Henrique, sem nunca terem ido muito além do espaço entre Santa Catarina e Cananeia (hoje no litoral sul de São Paulo, então um povoado de índios e náufragos), ficaram donos de algum metal – o que lhes valeu muito quando contaram a história para as pessoas certas. Ainda em 1526, Sebastião Caboto, à frente de uma esquadra com destino a Málaca, na atual Malásia, fez escala na taba catarinense onde viviam dois dos náufragos. Assim que ouviu o relato deles, esqueceu as ordens que trazia, assinadas pessoalmente pelo rei, contratou Henrique Montes e Melchior Ramires e mudou de rumo.

Depois de navegarem até a foz do Prata, entraram no rio Paraná, subiram o Paraguai – e tiveram uma surpresa típica do tempo: toparam com bergantins do comandante Diego Garcia. Este fizera escala em Cananeia, onde viviam Gonçalo da Costa e Francisco Pacheco, ouviu a história, viu a prata e igualmente contratou o primeiro para guiar a expedição naval em novo

Nas gravuras publicadas na Europa durante o século XVI ainda era relativamente comum a mistura respeitosa da (des)nudez nativa com as vestimentas europeias. O título desta gravura publicada juntamente com a obra *Cosmografia universal*, de André Thevet, em 1575, é *Saudação lacrimosa*. Ela mostra o hábito Tupinambá que tanto estranhava aqueles que os visitavam: serem recebidos com choro ritual dos anfitriões nus – e com a curiosidade das crianças em relação às vestes dos europeus. Mas esse tipo de representação amistosa nunca chegou a se tornar norma nas figuras e nos relatos escritos dos europeus.

Theodore de Bry foi um gravurista flamengo; sem jamais ter pisado na América, fez a vida criando imagens para relatos de viajantes. Nesta gravura de 1593 mistura os artefatos de guerra europeus e nativos em ação.

rumo. Quando os dois grupos se encontraram, após muitas rusgas associaram-se para alcançar o objetivo comum – o local de origem da prata –, mas não tiveram êxito.

E tampouco problemas: na volta para a Espanha, os dois comandantes transviados levaram também os náufragos, a prata e suas histórias. Era muito. Depois de ouvir pessoalmente os relatos, Carlos V, rei de Castela, Aragão, Leão, Navarra, Catalunha, imperador da Alemanha, Áustria, Borgonha, Sicília, Sardenha, Nápoles e Milão, concluiu que os comandantes haviam feito bem em arriscar e premiou os narradores.

Havia razões de Estado para tanta generosidade. A história era tão digna de ouvidos régios que, assim que dela teve notícia por parte de um espião, D. João III de Portugal não descansou enquanto não atraiu os náufragos aos seus domínios, onde os cumulou de favores. Henrique Montes abandonou duas de suas três esposas Guarani na Espanha em troca de dinheiro, do título de cavaleiro da Casa Real e do cargo de provedor de mar e terra de uma das armadas do reino de Portugal.

Meros quatro dias depois de receber tudo isso, ele embarcou na expedição de Martim Afonso de Sousa. No dia 3 de dezembro de 1530, os navios levantaram âncora de Lisboa. Depois de fazer escala em São Vicente, um grupo foi enviado a Cananeia, de onde partiu uma expedição com planos de refazer o percurso pioneiro de Aleixo Garcia. Todavia, essa investida aos domínios do Rei Branco acabou em tragédia, com todos os oitenta portugueses morrendo bem antes de chegarem ao destino.

Esta narrativa poderia continuar com seus altos e baixos, reis e mortos – mas a chegada até este ponto basta para mostrar até que ponto a avidez por ouro e prata estava por trás dos movimentos de todos os envolvidos. Mais difícil seria entender as motivações dos nativos – não fosse uma figura excepcional.

5. AS MARAVILHAS E AMBIÇÕES DO FERRO

"Um Tupi não chora nunca / e tu choraste! ... parte; não queremos / com carne vil enfraquecer os fortes"

GONÇALVES DIAS, *I Juca Pirama*.

Anthony Knivet era inglês, ruivo, alfabetizado, barbudo – e escravo. Embarcou num navio pirata e foi capturado em Santos, passando a servir à família Correia de Sá no Rio de Janeiro.

Corria o ano de 1596 e o litoral era inteiramente dominado por índios Tupiniquim e portugueses – nada menos do que 36 anos depois que os Tupinambá e seus aliados franceses haviam sido expulsos do litoral. Com o objetivo de ampliar o domínio da terra, o escravo inglês fazia parte de um grupo incumbido de atravessar o continente por terra e chegar até Potosí, na atual Bolívia, onde os espanhóis tinham descoberto prata. Depois de semanas de marcha, resolveram se apresentar numa aldeia. O destino foi selado numa conversa, mais tarde rememorada em forma escrita: "'Combinemos bem o que vamos fazer e dizer.' Retorquiram os portugueses: 'Diremos que somos portugueses.' Ao que contrapus: 'Direi que sou francês.'"[1]

Na entrada da aldeia, todos foram amarrados com as cordas de prisioneiros. E, depois de apresentadas todas as nacionalidades, teve início um ritual não muito feliz para os visitantes: "'Tu me vês? Sou aquele que matou muitos da tua nação, e te matará.' Depois de ter assim discursado, chegou-se por detrás do português e, pregando-lhe uma bordoada na nuca, fê-lo rolar ao chão. Logo em seguida assentou-lhe outro golpe mortal. Então, com um dente de capivara, rasgaram os selvagens toda a pele do morto."[2]

O ritual repetiu-se onze vezes, até que fosse devidamente deglutido em banquete ritual o último dos portugueses desossados. Nesse longo intervalo, o prisioneiro inglês refletiu sobre seu destino, mas uma surpresa o esperava:

---

1 Anthony Knivet, *Vária fortuna e estranhos fados*. São Paulo: Comissão do IV Centenário de São Paulo, 1956, p. 83.
2 Ibid., p. 84.

"ENTÃO, COM UM DENTE DE CAPIVARA, RASGARAM OS SELVAGENS TODA A PELE DO MORTO"

Para os franceses era aliado e herói, de tal modo que aparece identificado como "Rei Cunhambebe" na gravura de André Thevet. Como tinha a fama de ter comido sessenta peros, não mereceu a mesma espécie de respeito nos escritos portugueses.

"Ao ver todos os portugueses mortos esperava o mesmo; entretanto, quando os índios cessaram os festins, vieram dizer-me: 'Nada receies, pois os teus antepassados foram nossos amigos e nós, amigos deles.'"[3]

A roda do destino não tinha acabado de girar desde os combates da Guanabara, 36 anos antes. Um chefe veio até ele para lembrar "do tempo em que os Tupinambá tinham comércio com os franceses, e de nada careciam".[4] Aliviado, o inglês sugeriu que poderia levar a tribo novamente a essa situação de abundância. Zás! "Na manhã seguinte, apresentaram-se pelo menos vinte chefes na choça onde eu dormia."[5]

Ali mesmo foi decidida uma migração para a Terra Sem Mal – ou seja, Knivet foi ouvido como um karaí, um pajé em contato direto com os grandes espíritos. Assumiu o papel de guia de uma migração que era também transcendental. Já no primeiro dia, 5 mil homens passaram a seguir o "francês". A notícia da viagem espalhou-se, e o número de errantes aumentava todo dia, chegando, segundo os cálculos do líder, a 30 mil pessoas – num tempo em que 2 mil viviam em São Paulo.

Mas o destino não foi exatamente favorável. O grupo bateu no mar na altura da atual São Francisco do Sul, em Santa Catarina. Logo apareceu uma expedição, comandada por Martim de Sá, filho do amo do inglês. Com um tiro de canhão fez "todos se deitarem em suas redes, como se fossem homens sem vida ou sem almas".[6]

Para imensa perplexidade daqueles que esperavam ser conduzidos a um estado de abundância, os Tupinambá viram seu guia "francês" revelar-se agora aliado dos portugueses e acusador daqueles que vinha conduzindo – e para estes o destino foi trágico: "Os portugueses massacraram velhos, mulheres e todos aqueles que tinham tido interferência direta na morte dos seus patrícios."[7] E Knivet foi designado feitor dos sobreviventes, agora transformados em escravos para serem levados ao Rio de Janeiro.

A história mostra até que ponto os valores nativos foram influenciados pela chegada dos europeus. Também eles misturaram a ambição de bens (no caso, o ferro) com o viver na Terra Sem Mal, num fenômeno assim descrito por Eduardo Viveiros de Castro:

---

3 Ibid., pp. 84-85.
4 Ibid., p. 86.
5 Ibid., pp. 86-87.
6 Ibid., p. 89.
7 Ibid., p. 90.

O aguaí, desenhado a um modo europeu que lembra as representações da Árvore da Vida (em torno da qual dançam os (des)nudos de *A Idade do Ouro*, na página 15), é uma árvore que tinha relação com o poder sagrado para os Tupinambá: as sementes serviam para os maracás, com os quais pajés se comunicavam com os deuses, ou para os chocalhos, que protegiam guerreiros das cobras nas matas.

Eis um tema que fez fortuna, na construção da imagem negativa do Índio – sujeito leviano, capaz de fazer qualquer coisa por um punhado de anzóis – e que continua a frequentar os pesadelos de muitos observadores bem--intencionados: antropólogos, indigenistas, missionários progressistas que gostariam de ver 'seus' índios recusarem, em nome de valores mais altos da cultura nativa, as quinquilharias com que lhes acenam. [...] Sem pôr em dúvida as vantagens materiais muito palpáveis que 'facas grandes e pequenas' oferecem a povos desprovidos de metalurgia, penso que esta explicação exprime um utilitarismo banal, terminando por validar juízos como o dos jesuítas. A alternativa de se considerar a 'venalidade' e 'leviandade' indígenas como camuflagem estratégica, que permite a obtenção de coisas preciosas (como instrumentos de ferro, ou a tranquilidade) em troca de concessões irrelevantes (como a alma, ou o reconhecimento dos poderes constituídos), não é inteiramente falsa, mas me parece insuficiente. Certamente muitos povos indígenas trataram e tratam os brancos como *idiots savants* de quem se pode subtrair objetos maravilhosos em troca de gestos de fachada. Mas [...] esse argumento esquece que em muitos casos as concessões foram bem reais, e que os efeitos da introdução de bens e valores europeus sobre as estruturas sociais nativas foram profundos. [...] Ele ignora, sobretudo, que a cultura estrangeira foi muitas vezes visada em seu todo como valor a ser apropriado e domesticado.[8]

Assim se coordenava um movimento que arrancava Paraíso e Terra Sem Mal de seu sentido original, o de um lugar privilegiado pelo divino na Terra – mas esse foi um longo processo e deixou marcas.

---

8 Eduardo Viveiros de Castro, *A inconstância da alma selvagem*. São Paulo: Cosac Naify, 2002, pp. 222-23.

6. O GÊNESIS NOS MAPAS DO BRASIL

"Doença respiratória misteriosa mata dois na China e gera alerta nos EUA"

Folha de S.Paulo, 17 de janeiro de 2020 (https://www1.folha.uol.com.br/mundo/2020/01/doenca-respiratoria-misteriosa-mata-dois-na-china-e-gera-alerta-nos-eua.shtml).

"Ministério da Saúde confirma primeiro caso de coronavírus no Brasil"

G1, 26 de fevereiro de 2020 (https://g1.globo.com/ciencia-e-saude/noticia/2020/02/26/ministerio-da-saude-fala-sobre-caso-possivel-paciente-com-coronavirus.ghtml).

"Coronavírus: OMS decreta pandemia; o que muda nos cuidados com a saúde?"

UOL, 11 de março de 2020 (https://www.uol.com.br/vivabem/noticias/redacao/2020/03/11/coronavirus-oms-decreta-pandemia-mas-o-que-isso-muda.htm).

"Corona chega às favelas; prefeitura do Rio confirma caso na Cidade de Deus"

UOL, 22 de março de 2020 (https://noticias.uol.com.br/saude/ultimas-noticias/redacao/2020/03/22/corona-chega-as-favelas-prefeitura-do-rio-confirma-caso-na-cidade-de-deus.htm).

"O Ministério da Saúde informou o primeiro caso de Covid-19 entre indígenas Yanomami no dia 8 de abril"

Amazônia Real, 9 de abril de 2020 (https://amazoniareal.com.br/morre-jovem-yanomami-por-covid-19-em-roraima-diz-sesai/?fbclid=IwAR2ib5jq4tEQkzEAzTIcSJ3HYFsmaA3VOsN1Vp5xl0eqAwlrKTuw-ai-0HQ).

O conhecimento da cristandade sobre o mundo, antes das navegações e da descoberta da América, era acumulado do modo possível: de um lado, juízos baseados em fatos e evidências onde cabia; e, de outro, para cobrir as muitas lacunas, era preciso fazer acréscimos de informação intuitiva ou mitológica.

Essa mescla de conhecimentos gerava fenômenos curiosos. Usando intuição e mitologia, cartógrafos já registravam a existência de terras a oeste da Europa desde a Antiguidade, quase sempre sob a forma de ilhas atlânticas. A fonte real para esse tipo de registro pode ter vindo de navegadores cartagineses, romanos, normandos, celtas ou vikings, mas os nomes das terras eram míticos.

Uma análise exaustiva de todo esse conhecimento anterior ao proporcionado pela tecnologia de navegação portuguesa foi realizada por Sérgio Buarque de Holanda e exposta em sua obra clássica, *Visão do Paraíso*. Ele se dedicou especialmente a uma denominação de lugar inscrita em mapas celtas que, ao longo de séculos, ilustraram textos sobre as navegações de São Brandão, ocorridas no século V:

> Em alguns casos transforma-se a ilha de São Brandão em um arquipélago, que pode incluir, como sucede no mapa de André Benincasa, de 1467, a do Brasil, ou Braçile, que no século anterior, em 1367, a carta de Pizzigano colocava, por sua vez, com o nome de Ysola de Braçir, entre as chamadas 'Benaventuras'. Essa fantástica ilha do Brasil, tão estreitamente vinculada à mitologia de São Brandão, pertence, com esta, à antiga tradição céltica preservada até os dias de hoje, e que aparentemente nada tem a ver com a presença em ilhas atlânticas de plantas tais como a urzela ou o sangue-de-drago,

A protoforma dos registros do interior do continente foi a foz do rio da Prata, assim desenhada por um italiano em 1587.

POR TODA A EUROPA OS MAPAS MOSTRAVAM O LAGO DO PARAÍSO, DE ONDE NASCIAM QUATRO RIOS, NO CORAÇÃO DO BRASIL

que dão um produto tintorial semelhante, na cor purpurina, a outro que, pelo menos desde o século IX, era conhecido no comércio árabe e italiano sob os nomes de 'brasil' ou 'verzino'.[1]

Essa mistura de relato de viagem, linguagem simbólica e conhecimento científico era então a regra também no que se refere ao julgamento sobre a existência terrestre de um paraíso:

> [A essa existência] não parecem opor-se definitivamente as Sagradas Escrituras, pois, do contrário, qual a razão da presença daqueles querubins incumbidos pelo Senhor de fechar o caminho [em Gênesis III, 24] que levava à árvore da vida? Parecia claro que o Paraíso continuava a existir fisicamente em alguma parte da Terra, da banda do Oriente, como está no Gênesis, ao menos que toda a narração bíblica tivesse sentido meramente alegórico. [...] De qualquer modo, nada militava fortemente contra a realidade material e presente daquele jardim que Deus plantou para o primeiro homem. E a existência de crenças semelhantes entre os antigos pagãos seria, ainda nesse caso, um convite para que se amalgamassem, fortalecendo-se mutuamente, as diferentes tradições.[2]

O conhecimento tecnológico implicado na arte de navegar não foi uma ruptura suficiente para interromper o milenar processo de coletar informações para a confecção de mapas. Para o historiador Jaime Cortesão, a viagem dos náufragos de Cananeia marcou o nascimento de toda uma era cartográfica na Europa, centrada no registro de uma grande ilha no continente:

> Uma série de testemunhos coevos coincidem em afirmar que a ilha dos cartógrafos se filia em informações indígenas. E, ao que pensamos, desde 1528, coincidindo com as primeiras explorações do Paraguai, em cujo curso, entremeado de terrenos pantanosos, os expedicionários encontraram em relativa abundância objetos de prata. [...] Daí por diante não faltaram testemunhos coincidentes, o primeiro dos quais remonta a 1543, ano em que o espanhol Fernando de Rivera, a darmos crédito ao seu próprio depoimento, subiu o Paraguai até chegar às suas fontes. Ao chegar a Assunção, no ano seguinte,

---

1 Holanda, Sérgio Buarque de. *Visão do Paraíso*. São Paulo: Brasiliense/Publifolha, 2000, p. 209.
2 Ibid., pp. 186-87.

contava que os índios ao norte da lagoa dos Xaraiés o informaram da existência das Amazonas e da existência de um lago, a Casa do Sol, os dois próximos dali. Amazonas e índios, habitando a margem deste lago, eram ricos em ouro, prata e pedras preciosas.[3]

Assim se juntaram os relatos dos Guarani buscadores da Terra Sem Mal e compradores de ferro, relatos voltados tanto para crentes do Paraíso Terrestre como para buscadores de ouro. De acordo com Sérgio Buarque de Holanda, "as duas noções, a de fantásticas riquezas e a de um mundo de maravilhosas delícias, facilmente se enlaçam, pois uma natureza extremamente pródiga torna admissível que se ultrapasse até o sobrenatural. Essa associação se faz, aliás, no próprio Gênesis, com o ouro e as pedrarias do rio Fison,[4] no jardim do Paraíso".[5]

Este compósito de Bíblia e ouro, de âmbito europeu e americano, de terreno e espiritual, de ciência e relato, ganhou forma cartográfica já em 1561, quando o português Bartolomeu Velho assinalou, no centro do continente, um grande lago do qual nasceriam quatro rios continentais, cada qual correndo numa direção e formando uma imensa ilha. Amazonas, Prata e São Francisco continuaram mantendo uma relação realística com os nomes atuais de cursos fluviais; apenas o rio que corre para oeste não manteve essa identidade.

A partir daí começou um novo processo de identificação cartográfica do Paraíso Terrestre no interior da América do Sul que se difundiria por toda a Europa.

---

[3] Jaime Cortesão, *Raposo Tavares e a formação territorial do Brasil*. Rio de Janeiro: Imprensa Nacional, 1938, pp. 35-36.
[4] Gn, II, 11,12. Na tradução de Haroldo de Campos: "O nome de um é Fison, o-que-salta / Ele circunda toda a terra de Havilá / na qual há ouro / E o ouro daquela terra de lá / é bom / E há bdélio e pedra-ônix."
[5] Sérgio Buarque de Holanda, op. cit., p. 202.

Na versão do português Fernando Vaz, ainda no século XVI, o lago de onde nascem quatro rios é posto inteiramente nos domínios lusitanos – com o meridiano de Tordesilhas bem a oeste.

7. CADA POTÊNCIA COM SEU MAPA

"Nós cortamos árvores; nós matamos ou enjaulamos animais para mandar aos mercados. Nós provocamos disrupção em ecossistemas; nós movimentamos vírus para além de seus hospedeiros naturais. Quando isso acontece, eles têm necessidade de um novo hospedeiro. Muitas vezes, somos nós."

DAVID QUAMMEN, autor de *Spillover: Animal Infections and the Next Human Pandemic*. *The New York Times*, 28 de janeiro de 2020 (https://www.nytimes.com/2020/01/28/opinion/coronavirus-china.html).

A fixação da imagem do Paraíso com seus quatro rios nos mapas da América do Sul tinha origem no texto bíblico – mas era mais do que espiritual. Jaime Cortesão entendeu assim o processo: "Próprios de épocas heroicas, concebidos pela intuição duma realidade mal conhecida e que por isso mesmo a imaginação desfigurava segundo um modelo ideal, os mitos geográficos correspondiam a uma necessidade de ação e por isso mesmo foram estímulo de grandes empreendimentos."[1]

Embora a forma do Paraíso com quatro rios se mantivesse nos mapas portugueses, espanhóis, holandeses e italianos por mais de um século, o registro do que havia ao redor desses rios foi sendo redesenhado ao sabor de uma mistura de incursões terrestres por parte de europeus acompanhados de nativos e de disputas monárquicas por domínios na Europa. Com isso, o mito foi lentamente afastado do âmbito religioso e tornou-se elemento de geografia e luta por fronteira política – por meio de um processo no qual novos nomes foram atribuídos à figura original.

Foram os espanhóis os primeiros europeus a terem uma presença permanente na área que, no mapa, seria a do Paraíso terrestre. Em 1537, o casamento de trezentos expedicionários comandados por Juan de Ayolas com um mínimo de trezentas mulheres Guarani (a poligamia era costume nesse povo) resultou não só na fundação da cidade de Assunção como no compartilhamento de técnicas agrícolas ou de manejo de espécies desconhecidas dos europeus e, também, no domínio militar da região do Alto Paraguai.

Quatro anos depois desse evento, no território do atual Peru, o espanhol Francisco Pizarro empregou outro método de conquista, próprio das

---

1 Jaime Cortesão, op. cit., p. 31.

AOS POUCOS O DESENHO BÍBLICO FOI SENDO ADAPTADO PARA AS CONVENIÊNCIAS POLÍTICAS DAS GRANDES COROAS

disputas entre Estados centralizados: submeteu o soberano Inca Atahualpa, fez fortuna com a prata que extorquiu de seus súditos como resgate e abriu caminho para a descoberta das minas do metal.

Diz a lenda que, no território da atual Bolívia, quatro anos mais tarde, em 1545, um pastor chamado Hualpa foi obrigado a dormir num ermo gelado, uma montanha a 5 mil metros de altitude. Para sobreviver, ele teria feito uma fogueira; no dia seguinte, ao acordar, viu que o fogo fizera aparecer prata. A notícia se espalhou. Um ano depois, surgira na encosta montanhosa um vilarejo de 2.500 casas chamado Potosí. Trinta anos depois, quando se contou o número de pessoas, havia 120 mil moradores na cidade – num tempo em que Roma tinha 75 mil, Amsterdã abrigava 40 mil e Lisboa, 100 mil. Na virada para o século XVII eram 200 mil habitantes – tantos quanto em Paris, a maior cidade da Europa.

As condições de vida ali não eram nada amenas. O frio era tão intenso que apenas depois de um século um bebê sobreviveu ao primeiro ano de vida. Morriam 15 mil pessoas por ano – a grande maioria escravos trazidos do mundo todo. Do outro lado da balança, 60 milhões de moedas de prata eram produzidas anualmente. Parte delas pagava não apenas pelos escravos, mas também por mercadorias que vinham de todo o mundo para dar sentido à vida dos moradores.

Para a Espanha, tornou-se crucial proteger toda essa riqueza. E uma das soluções foi tentar isolar a zona vizinha às minas, identificada nos mapas pelos quatro rios paradisíacos. Com esse objetivo, nomes diferentes começaram a surgir, como "lagoa dos Xaraiés" (referência a um grupo não Tupi-Guarani) e lago Paytiti (palavra Guarani). Aos poucos, os novos topônimos foram substituindo o bíblico "Lago Dorado".

Em 1623, período em que Portugal estava sob domínio espanhol, o cartógrafo Antonio Sanches fez este mapa do continente, com o lago de onde nasciam os quatro rios bem visível a oeste e ao norte – numa região que nenhum português havia percorrido até aquele momento.

7. Cada potência com seu mapa

Ao mesmo tempo, os mapas espanhóis traçavam invariavelmente a fronteira com Portugal, acertada no Tratado de Tordesilhas em 1494 por um meridiano (num tempo em que não havia cálculo preciso de longitude), por meio de uma linha reta que ficava sempre a leste do grande lago.

Já os portugueses, ávidos pelas riquezas mas desprovidos de metais, foram dando nomes próprios para suas pretensões de domínio sobre o lago: Vupabuçu (quando a informação vinha da Bahia) ou Paraupava (na documentação paulista) eram palavras Tupi que significavam "Lagoa Grande" – os três nomes constavam dos mapas portugueses, nos quais a linha fronteiriça aparecia a oeste do acidente geográfico.

Quando os holandeses conquistaram o Nordeste brasileiro na década de 1630, os seus naturalistas e geógrafos mantiveram a informação nativa de que o lago seria a nascente do rio São Francisco (cuja foz era parte da conquista) – e incluíram em seus mapas tanto as denominações espanholas como as portuguesas, acrescentando a de "Eupana", vocábulo cujo significado até hoje é objeto de discussão.

Como todos esses mapas eram adquiridos por espiões de várias nacionalidades, o mito geográfico se espalhou por toda a Europa. Porém, na segunda metade do século XVII, a função deles como motor de epopeias continuava fazendo sentido apenas para os portugueses, carentes de metais preciosos. Buscando o lago a partir dos rios, eles foram fazendo geografia por desilusão: ainda no século XVI, os paulistas descobriam a nascente do São Francisco e chegavam à foz do Amazonas, via Araguaia-Tocantins, mas sem passar pelo lago. Dessa forma um dos rios míticos foi retirado do mapa. Na década de 1650, Antônio Raposo Tavares atravessou a região onde, segundo os mapas, estaria o lago e confirmou que nada tinha a ver com a nascente do Amazonas. Assim foi separado um segundo rio nos mapas.

A partir daí, os portugueses passaram a denominar o Grande Lago, que efetivamente existia, conforme dito pelos Tupi-Guarani, como "Pantanal". O mito que movera dois séculos de especulação e esforços desapareceria de todo em 1719, quando Pascoal Moreira Cabral encontrou ouro em Cuiabá. O rio Fison da Bíblia mostrava seu metal – e o Paraíso Terrestre começou a desaparecer das mentes, ainda que à custa de muita violência.

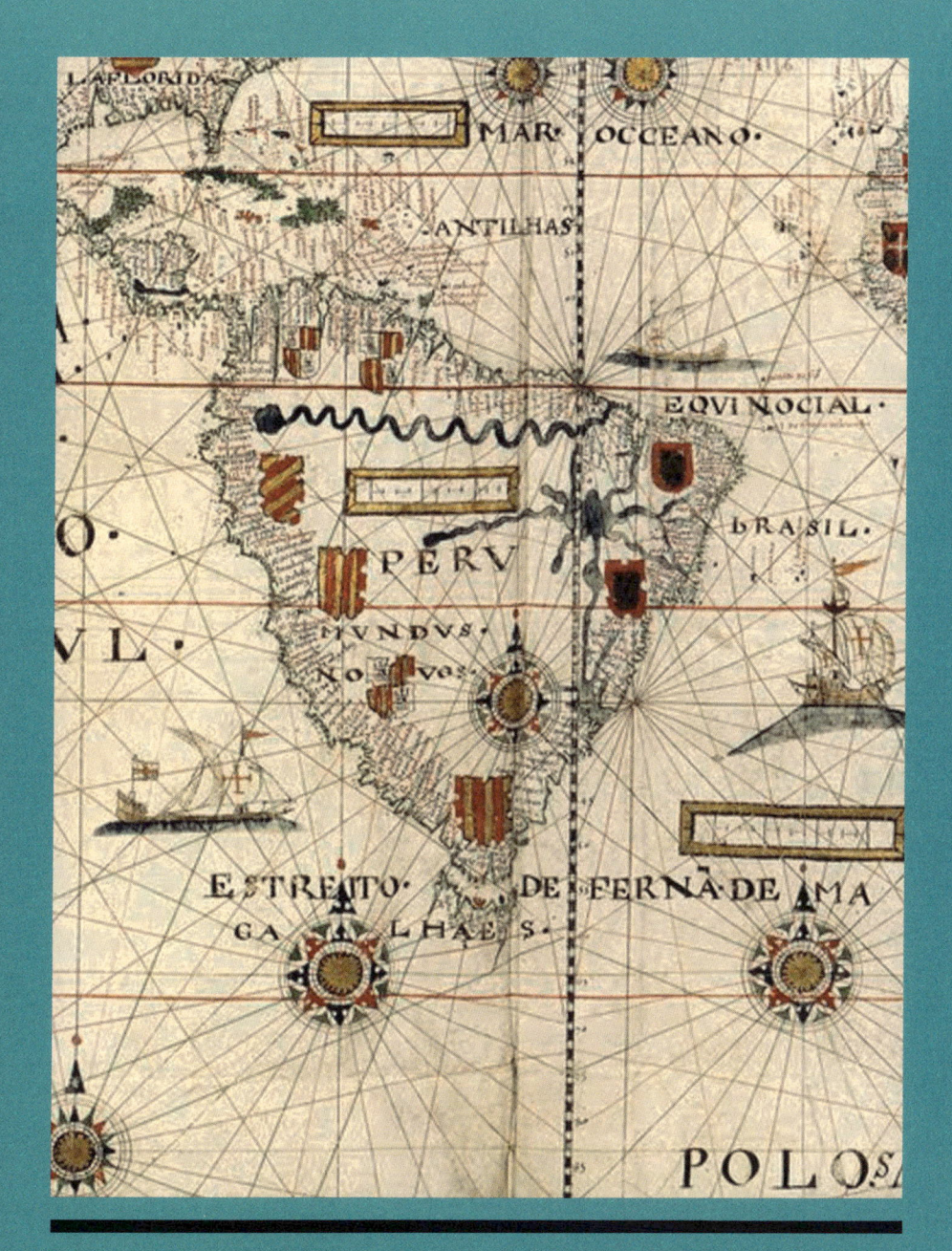

O português Domingos Teixeira desenhou desta forma o continente em 1573, ainda no reinado de D. Sebastião. O lago de onde nascem os rios foi colocado bem a leste – com a linha de Tordesilhas marcando a área como sendo de domínio português. Este mapa é uma das primeiras fontes a partir das quais a descrição do Gênesis passou a ser representada como realidade física do novo continente. Essa representação coincidiu com o domínio da designação do território onde estaria o Paraíso como "Brasil".

7. Cada potência com seu mapa

8. TRUCIDANDO A MÃE

"Depois que mãe [Deméter] e filha [Perséfone] se reuniram, Deméter devolveu a fertilidade e o crescimento à terra. Proporcionou então os Mistérios Eleusianos. Essas eram cerimônias religiosas impressionantes, que os iniciandos eram proibidos de revelar. Através dos mistérios, as pessoas encontravam uma razão para viver com alegria e morrer sem medo da morte."

JEAN SHINODA BOLEN, *As deusas e a mulher*. São Paulo: Paulus, 2018, p. 241.

É como parar numa memória confortável, agradável, de nós mesmos: por exemplo, mamando no colo de nossa própria mãe. Uma mãe farta, próspera, carinhosa, nos alimentando forever. Um dia ela se move e tira o peito de nossa boca. Aí a gente dá uma babada, olha em volta, reclama porque não está vendo o seio da mãe, não está vendo aquele organismo materno alimentando toda a nossa gana de vida, e aí a gente começa a estremecer, a achar que aquilo não é o melhor dos mundos, que o mundo está acabando e a gente vai cair em algum lugar. [...] Todas as histórias antigas chamam a Terra de Mãe, Pacha Mama, Gaia. Uma deusa perfeita e infindável, fluxo de graça, beleza e fartura. Veja-se a imagem grega da deusa da prosperidade, que tem uma cornucópia que fica o tempo todo jorrando riqueza sobre o mundo... Em outras tradições, na China e na Índia, na América e em todas as culturas mais antigas, a referência é de uma provedora maternal.[1]

Com essas palavras o pajé Ailton Krenak descreve uma mãe dupla, tanto aquela cujos seios físicos proporcionam leite como as deusas que proporcionam a fartura planetária. Trata-se de uma duplicidade universal, presente em todas as culturas. E traz suas nuances, assim analisadas por Carl Jung:

O tema das duas mães indica a ideia de um duplo nascimento. Uma das mães é verdadeira, humana; já a outra é mãe simbólica, caracterizada como divina, sobrenatural ou com qualquer outro atributo extraordinário. Em alguns casos ela tem traços mais humanos; trata-se então da projeção da ideia arquetípica sobre determinadas pessoas do ambiente, o que leva a complicações.[2]

---

1 Ailton Krenak, op. cit., pp. 59-61.
2 Carl Gustav Jung, *Símbolos da transformação*. Petrópolis: Vozes, 2013, p. 380.

Tais complicações entre o mundo real e o simbólico têm uma emanação clara na cultura ocidental: o nascimento de Cristo.

Como o nascido foi seu próprio gerador, a história de sua concepção é tão estranhamente coberta por acontecimentos simbólicos, que encobrem e fazem alusão ao mesmo tempo. Assim é a extraordinária afirmação da concepção da Virgem Maria, uma concepção sobrenatural compreendida como fato metafísico, de um lado, e que de outro psicologicamente afirma que um conteúdo do inconsciente ('filho') nasceu sem a participação natural de um pai humano (isto é, o consciente). [...] Em linguagem psicológica isso quer dizer que um arquétipo central, a imagem divina, se renovara ('renascido') e se 'encarnara' de modo perceptível ao consciente.[3]

A noção de um Paraíso Terrestre expressa esse tema da vida renovada pelo feminino no Antigo Testamento. Como nota Sérgio Buarque de Holanda, a união do aspecto físico da mãe provedora com a verdade espiritual se fundia no termo "natureza":

Se, como se pensou por muito tempo, a natureza é um verdadeiro espelho do pensamento divino e, a par disso, um livro imenso – o *Codex vivus* semelhante ao *Codex scriptus* da Bíblia, segundo a comparação de Campanella – parecia razoável julgar que justamente através das espécies vivas menos comuns quisesse o Senhor deixar a seu modo impressas as mais raras e supremas verdades.[4]

Mas tal coincidência entre a racionalidade divina e a fartura humana expressa na natureza foi justamente o que desapareceu com a materialização da conquista:

O Paraíso Terrestre é, pela sua própria essência, inatingível aos homens. [...] De fato, com o declinar do mundo medieval a ideia da corrupção e degenerescência da natureza afetará mais vivamente aqueles para quem a ideia da salvação se tornará um ideal longínquo e póstumo. Ao mesmo tempo irá esbater-se pouco a pouco, embora teoricamente ainda válida, a ideia de que

---

3 Ibid., p. 381.
4 **Sérgio Buarque de Holanda, op. cit., p. 240.**

"A NATUREZA É UM VERDADEIRO ESPELHO DO PENSAMENTO DIVINO E, A PAR DISSO, UM LIVRO IMENSO"

De cima para baixo: Davi Kopenawa e Ailton Krenak.

o Céu, um céu cada vez mais distante, cuida de interferir a todo momento nos negócios humanos.[5]

A noção de uma natureza corrompida pela Queda de Adão e da sua fartura como expressão da tentação e do pecado foi um tema explicitamente aludido por George H. Williams ao expor a obra puritana na América do Norte em contraponto à Visão do Paraíso, num argumento assim resumido por Sérgio Buarque:

> Em contraste com eles [os descobridores ou conquistadores latinos que buscam o Paraíso Terrestre], os peregrinos puritanos, e depois os pioneiros do Oeste americano, vão buscar nas terras novas um abrigo para a Igreja verdadeira e perseguida, e uma "selva e deserto", na acepção dada a estas palavras nas santas escrituras, que através de uma subjugação espiritual e moral, mais ainda do que pela conquista física, se há de converter no Éden ou Jardim do Senhor. [...] Assim, [...] o calvinista Cotton Mather, de Boston, vê na nova plantação de templos [...] o equivalente de um 'horto fechado', como se fora o Jardim do Éden.[6]

A ideia de que o Éden seria uma construção humana acarretou um severo julgamento dos nativos que, como em tantas culturas, seguiam o modelo da natureza como mãe dadivosa e escritura sagrada que mostrava por exemplos. Como relata a historiadora americana Betty Wood:

> Apenas três ou quatro anos depois de consolidarem o primeiro estabelecimento em Boston, os puritanos passaram a interpretar o comportamento dos nativos de modo a reforçar a imagem deles como bárbaros. Essas pessoas estariam não apenas ameaçando a civilização inglesa como fazendo isso de modo a colocar em risco a própria existência da Abençoada Sociedade Puritana.[7]

A inversão completa do lugar da natureza – do livro divino da fartura para a selva de pecados – e do Paraíso – de obra de Deus na Terra para obra dos

---

5 Ibid., p. 230.
6 Ibid., pp. xiv-xv.
7 Betty Wood, *The Origins of American Slavery*. Nova York: Hill and Wang, 1997, pp. 99-100.

verdadeiros fiéis que lutam contra ameaças permanentes – não foi apenas justificativa de puritanos para trucidarem nativos. Foi uma ideia ocidental que se disseminou com a riqueza da América. Não à toa Sérgio Buarque encontrou a última defesa do Paraíso Terrestre num personagem inusitado: Pedro de Rates Hanequim, holandês de nascença, judeu, morador no Brasil, conspirador contra o rei e preso pela Inquisição em 1741. Poderia ter sido condenado à morte por qualquer dessas características, mas o foi por outro motivo:

> Seus erros [...] consistiram em sustentar com obstinação impávida que o Paraíso terreal ficara e se conservara no Brasil, entre as serranias de Minas. Acrescentava haver ali uma árvore [que dava frutos] à feição das maçãs ou figos, e esta era a árvore do Bem e do Mal, e assim também que o das Amazonas, o São Francisco e outros dois eram os quatro rios que saíam daquele horto. [...] afirmava que Adão se criou no Brasil e passou de pé enxuto a Jerusalém, abrindo-se para isso as águas do mar Oceano [...] enfim que as marcas de suas pisadas ainda se podiam ver na Bahia. [...] [e] que o dilúvio não foi universal, já que poupou o Brasil.[8]

Pedro de Rates foi submetido durante três anos a todo tipo de tortura para que reconhecesse os seus erros. Como jamais o fez, foi condenado a morrer por afogamento, depois queimado, e que o pó e cinza fossem espalhados para não restar memória de sua morte. E conclui Sérgio Buarque: "No limiar da era das Luzes [...] se vai criando um clima cada vez mais irrespirável para os delírios da imaginação que não se deixem represar no âmbito de uma estreita e insuspeitável ortodoxia."[9]

A cornucópia da deusa e os seios generosos da mãe passaram a sobreviver apenas em culturas que não sucumbiram à nova ordem, na mente daqueles aptos a ler o livro da natureza. O feminino foi expulso para fora da consciência, fora da ordem. Virou coisa de bruxa e tentação carnal. E assim se fez um mundo.

---

8 **Sérgio Buarque de Holanda**, op. cit., pp. xxiv-xxv.
9 Id., ibid.

9. A QUEDA NO *HOMO ECONOMICUS*

"Quanto menos viciada está a sociedade, mais tranquilos estão os cidadãos."

DIOGO ANTÔNIO FEIJÓ, "Causas da tranquilidade do Brasil", *O Justiceiro*, 4 de dezembro de 1834.

Enquanto viajantes e nativos trocavam informações e realizavam explorações; enquanto pastores reformados e inquisidores católicos enquadravam desviantes nas normas da fé; enquanto cartógrafos e geógrafos reduziam essa mistura a mapas com muita informação e pouca intuição e mitologia, reconfigurava-se um novo propósito terreno. Ainda no século XVI, Francis Bacon viu com clareza essa mudança:

> Alguns modernos incorreram num grande vácuo quando, com grande leviandade, tentaram construir uma filosofia natural sobre o primeiro capítulo do Gênesis [...] buscando assim os mortos entre os vivos. É da maior importância coibir e frear tal vacuidade, tanto mais que dessa mescla danosa de coisas divinas e humanas não só surge uma filosofia absurda como uma religião herética.[1]

A mescla do divino com o humano, ainda depois do tempo de Bacon, resistiria apenas em palavras metafísicas como estas de Antônio Vieira:

> Haver-se Deus de fazer homem foi novidade que assombrou aos profetas quando a ouviram. Porém, que esse mesmo Deus, mesmo sendo imenso, se houvesse ou pudesse encerrar num círculo tão breve como o ventre de uma Virgem: *In utero*? Essa foi a maravilha que excede todas as medidas de toda capacidade criada. Não se diga já que a imensidade de Deus não tem cir-

---

[1] Francis Bacon, *Novum Organum*. São Paulo: Abril Cultural, 1973, p. 40. Col. Os Pensadores, vol. 13.

"AS COISAS ACUMULADAS PELAS ARTES MECÂNICAS NOS INCLINAM PARA ADMIRAR SUA OPULÊNCIA"

cunferência, pois o ventre de Maria, assim como Deus é imenso, o concebe dentro de si.[2]

O horror de tal confusão entre o divino e o humano como origem de uma filosofia da natureza levaria Bacon a fazer a formulação de noções radicalmente diferentes. Os tempos em que filósofos levavam a sério a *Lumen naturae* como fonte de revelação espiritual ou o *Codex vivus* como fonte da moralidade – e da natureza no duplo papel de mãe pródiga e deusa fecunda – seriam redefinidos pela negação do oco, do feminino, do duplo.

Como notou Max Horkheimer, "a feliz conjunção que [Bacon] vislumbra entre o intelecto humano e a natureza das coisas é de tipo patriarcal: o intelecto que vence a superstição deve ser o amo da natureza desencantada. O saber, que é poder, não conhece limites nem na escravização das criaturas".[3]

O novo objetivo da vida numa terra sem paraíso é definido por Bacon de forma muito direta:

> De todos os signos nenhum é mais certo ou nobre que o tomado dos frutos. Com efeito, os frutos e os inventos são como garantias e fianças de verdade das filosofias. Ora, de toda essa filosofia dos gregos e todas as ciências particulares dela derivadas não há um único experimento que se possa dizer que tenha contribuído para aliviar e melhorar a condição humana.[4]

O foco da busca humana da felicidade deveria ser outro:

---

2 Padre Antônio Vieira, "Sermão de Nossa Senhora do Ó", em *Sermões*, vol. 10. Porto: Lello & Irmão, 1951, p. 209.
3 Max Horkheimer, *Dialectica del iluminismo*. Buenos Aires: Sur, 1970, p. 16.
4 Francis Bacon, op. cit., p. 49.

Quem puser ante os olhos a variedade e o magnífico aparato de coisas introduzidas e acumuladas pelas artes mecânicas para o cultivo do homem estará, certamente, muito mais inclinado para admirar-se de sua opulência do que sua penúria.[5]

A partir dessa filosofia moral, dois corolários importantes se impuseram: a ganância era não só permissível como desejável, dado que refletiria o ordenamento "natural" do ser humano; e, uma vez que este é definido como ator puramente "racional", ele pode ser entendido com o apoio apenas do cálculo matemático.

O filósofo britânico Adam Smith (1723-1790) revestiu o argumento com matizes teológicos, argumentando que a virtude poderia ser mais eficientemente alcançada com base no interesse próprio. A exegese da frase bíblica "Ninguém pode servir a dois senhores; pois odiará um e amará o outro, ou será leal a um e desprezará o outro. Não podeis servir a Deus e a Mâmon"[6] ganhou uma versão mais *business friendly*: a busca de Mâmon aproxima de Deus.

Em *A riqueza das nações*, Adam Smith propõe uma sociedade que busca a felicidade humana segundo as finalidades do interesse próprio e do acúmulo material – que Adam Smith acreditava serem a chave para a felicidade –, consolidando-se assim a guinada no sentido de um paraíso que não estava mais na natureza, mas no fazer contínuo do homem.

O filósofo inglês Jeremy Bentham (1748-1832) levou adiante o novo ideal, concebendo um ser humano que atua em função de um equilíbrio perpétuo entre prazer e dor: o que de fato importa são as consequências dos atos, ou a capacidade de obter o prazer e fugir do sofrimento. As intenções espirituais seriam eliminadas da definição do humano, que se reduziria a uma dimensão essencial: todas as decisões humanas seriam informadas por esse cálculo essencial, a tal ponto que serviria para definir o ser humano como racional. Essa nova definição permite aplicar sobre o objeto assim postulado uma série de operações determinadas por esse cálculo: simplifi-

---

5 Ibid., p. 58.
6 Mt VI, 24.

cando-o, descomplicando-o e, enfim, tornando-o mais previsível para fins de teorias e modelagem. Assim nasce o *Homo economicus*.[7]

Bentham então faria a operação inversa, do indivíduo racional ao plano social: "O interesse próprio predomina sobre o interesse social."[8] A relação social nada mais seria do que a soma dos interesses individuais. A comunidade seria, então, relegada a uma "entidade fictícia – embora necessária para a conveniência do discurso".

Homem e natureza estavam enfim radicalmente separados como conceitos.

---

7 John Stuart Mill, "On the Definition of Political Economy, and on the Method of Investigation Proper to It", *London and Westminster Review*, outubro de 1836; *Essays on Some Unsettled Questions of Political Economy*, 2nd ed. Londres: Longmans, Green, Reader & Dyer, 1874, dissertação 5, parágrafos 38 e 48.

8 Jeremy Bentham, *A Fragment on Government; And, An Introduction to the Principles of Morals and Legislation*. Blackwell's Political Texts. Oxford: Blackwell, 1789.

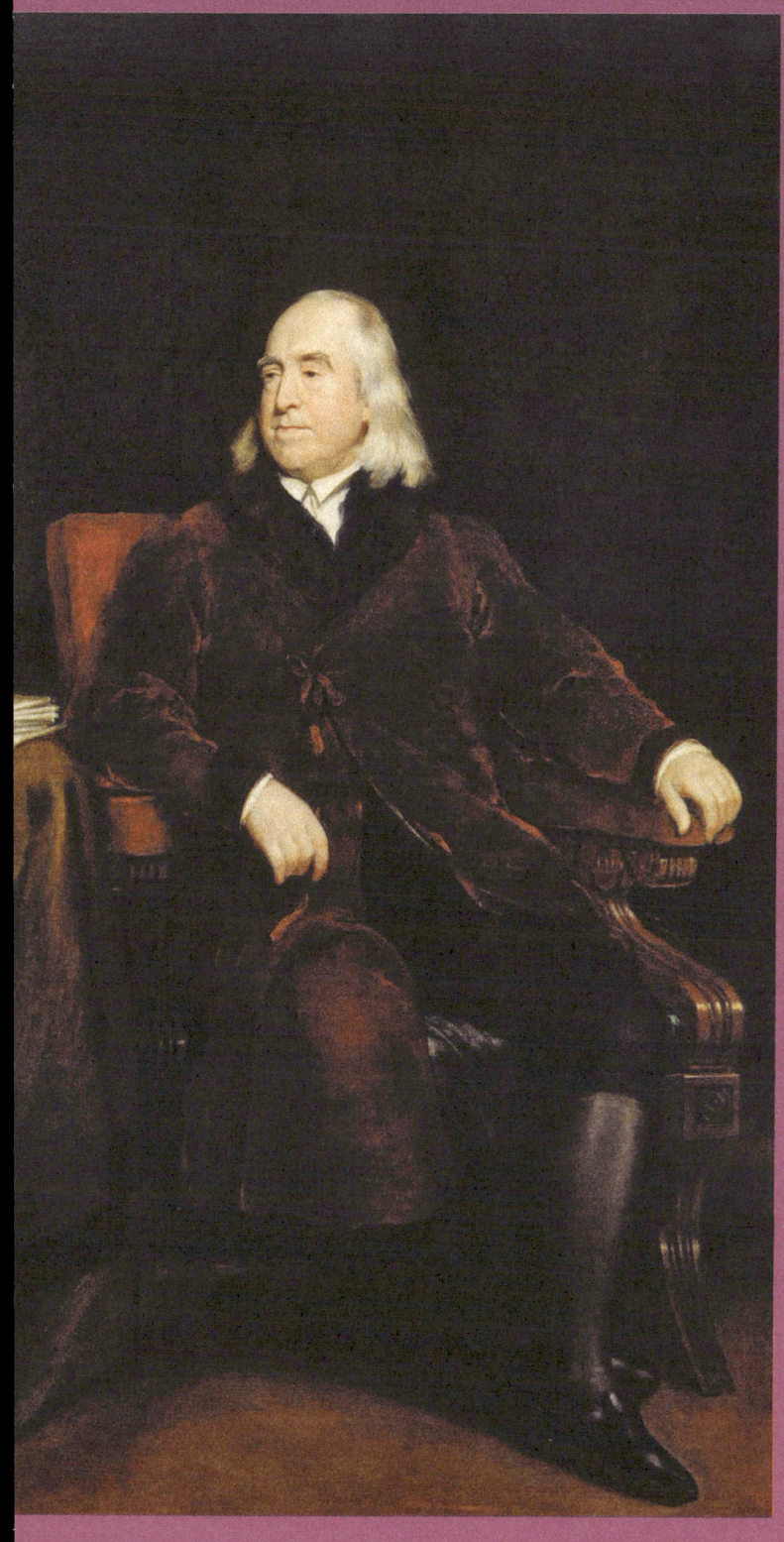

Adam Smith (na página ao lado) e Jeremy Bentham (ao lado) foram os grandes elaboradores da noção de valor advindo do trabalho contínuo.

10.
AS MÁQUINAS DE FOGO

"Ruas vazias e freio na poluição: Meio Ambiente se beneficia com expansão do coronavírus"

O Globo, 24 de março de 2020 (https://oglobo.globo.com/sociedade/coronavirus/ruas-vazias-freio-na-poluicao-meio-ambiente-se-beneficia-com-expansao-do-coronavirus-24324162).

EMISSÕES DE CO$_2$
(Gigatoneladas)

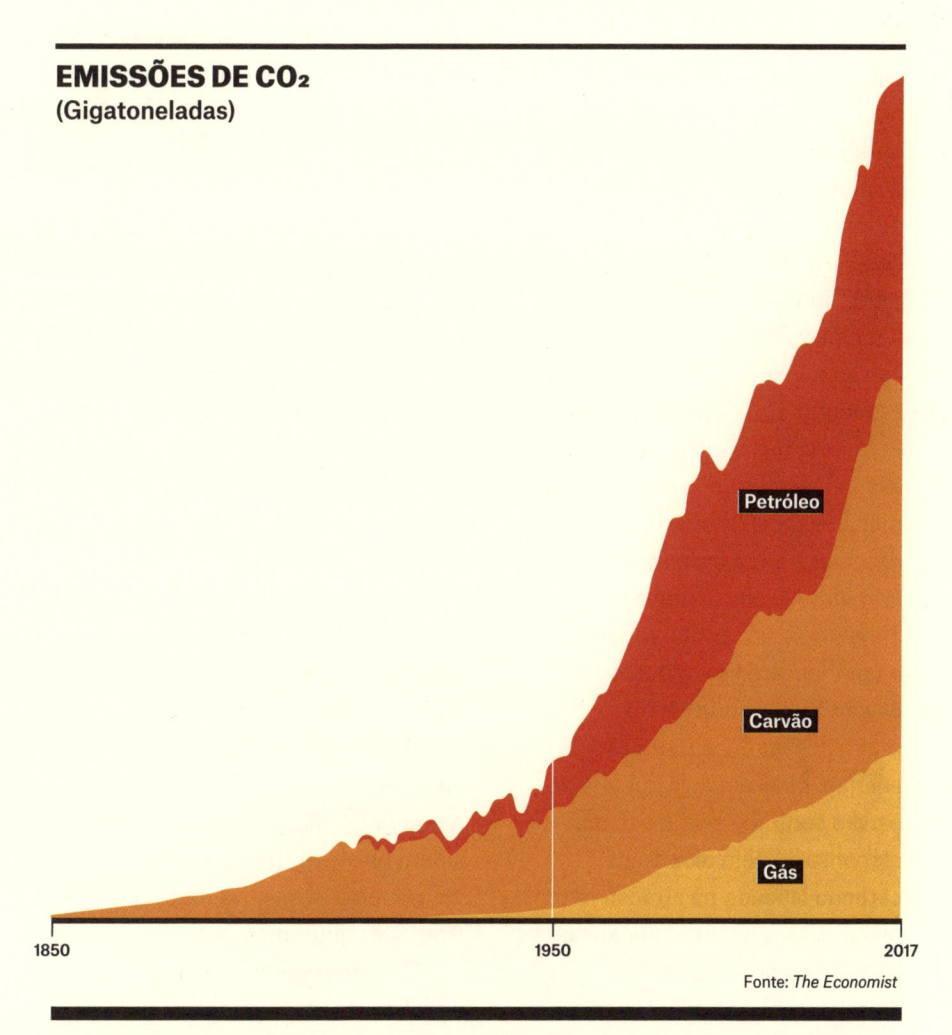

Petróleo

Carvão

Gás

1850 — 1950 — 2017

Fonte: *The Economist*

Um indicativo relevante para entender o gráfico acima vem de sua própria autoria: a tradicional revista inglesa *The Economist*, fundada em 1843. A editoria de meio ambiente vem adquirindo uma importância cada vez maior na estrutura da editora – numa clara reversão da tendência analítica de ignorar a natureza vinda do século XVIII.

Existem incontáveis gráficos e cálculos que mostram as transformações da vida humana a partir do surgimento do ideal de trabalho estrênuo, da produção incessantemente ampliada por meio da reaplicação dos resultados e, por fim, do acúmulo de bens materiais. Todos os indicadores refletem a mesma característica de aceleração constante, muitas vezes associada ao triunfo do *Homo economicus*.

O gráfico acima também possui essa forma. Nele, é evidente

um patamar multimilenar de produção de energia pelo fogo, ou seja, por meio da combustão de alguma substância. Trata-se de um patamar estável – até que, no início do século XIX, tudo muda com o aparecimento de uma máquina que, ao queimar carvão mineral, consegue esquentar água e produzir vapor. Esta nova forma de gerar vapor acabou se revelando eficiente em milhares de aplicações práticas, desencadeando a chamada Primeira Revolução Industrial.

Note-se um ponto importante no gráfico: até hoje a queima de carvão continua sendo muito relevante na produção de energia. Mais ainda, a queima de carvão continua sendo a maior responsável pelo dióxido de carbono lançado na atmosfera do planeta. Mas há uma mudança: depois de dois séculos de crescimento contínuo, sofre uma primeira inflexão negativa em tempos de paz. Não está ainda no mapa, mas os indicativos são de uma forte queda com a recessão de 2020.

O petróleo aparece como fonte energética relevante no início do século XX, com o uso do carvão ainda em crescimento.

A invenção que difundiu o uso do petróleo foi o motor de combustão interna. A partir

A queima de carvão mineral para produzir vapor e movimento é ainda hoje a principal fonte de energia do planeta.

de sua disseminação, muitos Estados passaram a construir redes de infraestrutura com base em rodovias, para a circulação de veículos a motor, e em ferrovias com trens puxados por locomotivas movidas por derivados de petróleo.

Desde a Segunda Guerra Mundial, o gás natural também passou a ser utilizado como combustível, sobretudo em instalações industriais que requeriam calor em grande escala, como na siderurgia. Como no caso do petróleo, essa nova fonte veio se somar às anteriores.

E os três combustíveis são igualmente empregados para gerar a energia elétrica que ilumina residências e move fábricas e cidades em quase todo o planeta.

Em conjunto, carvão, petróleo e gás são os responsáveis por quase todo o dióxido de carbono que vem se acumulando na atmosfera do planeta. Sua curva crescente sustentava a crença de que o progresso humano acontecia na contramão da natureza, no ritmo de nações vencedoras.

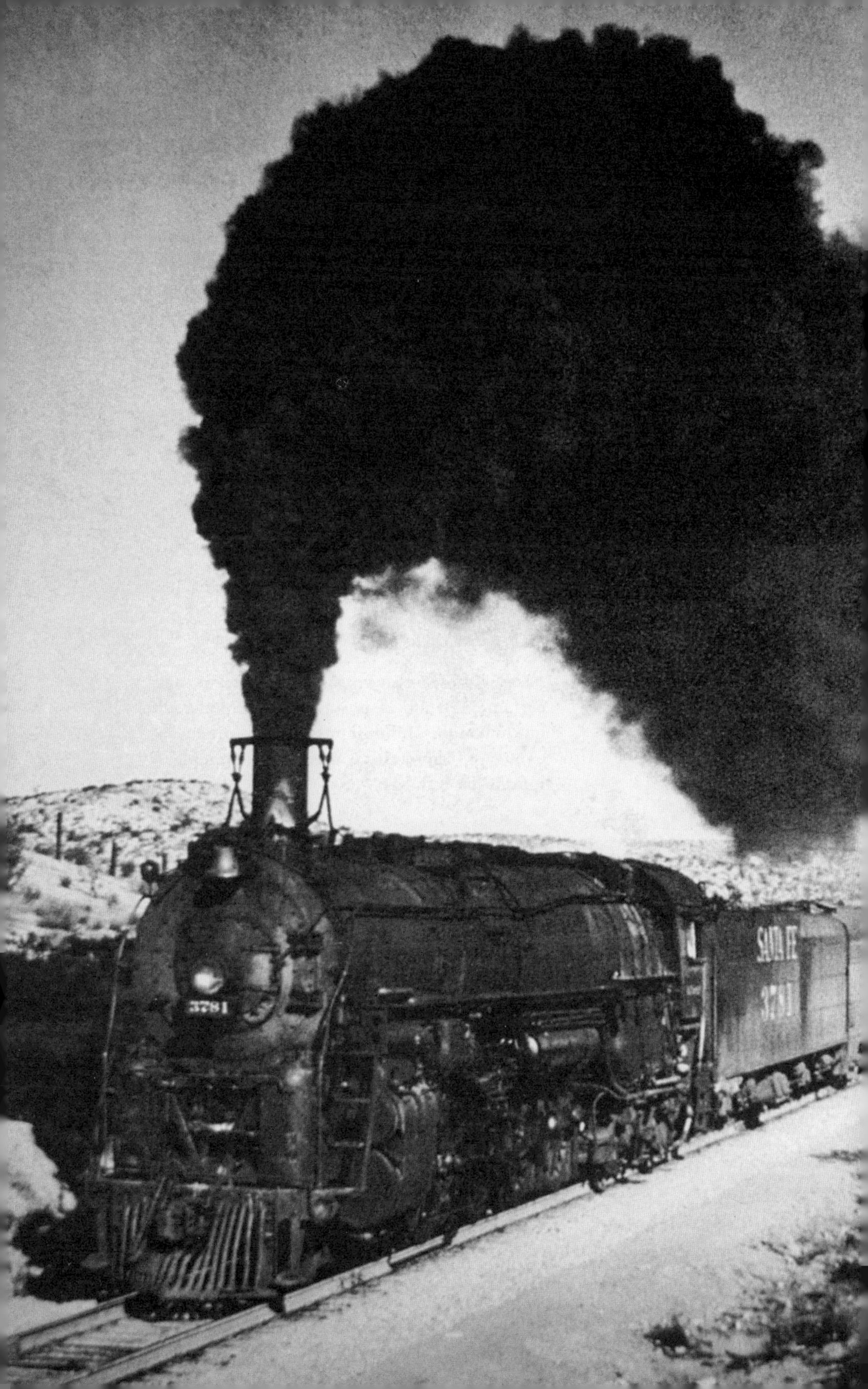
3781
SANTA FE

11.
QUEM QUEIMOU?

"Não sei se isso é uma vingança da natureza, mas certamente é uma resposta dela. (...) Hoje acredito que temos que diminuir nossa taxa de produção e consumo e aprender a entender e contemplar o mundo natural."

PAPA FRANCISCO sobre o coronavírus (https://noticias.uol.com.br/internacional/ultimas-noticias/2020/04/08/papa-pandemia-pode-ser-resposta-da-natureza-as-mudancas-climaticas.htm).

EMISSÕES DE CO₂
(Gigatoneladas)

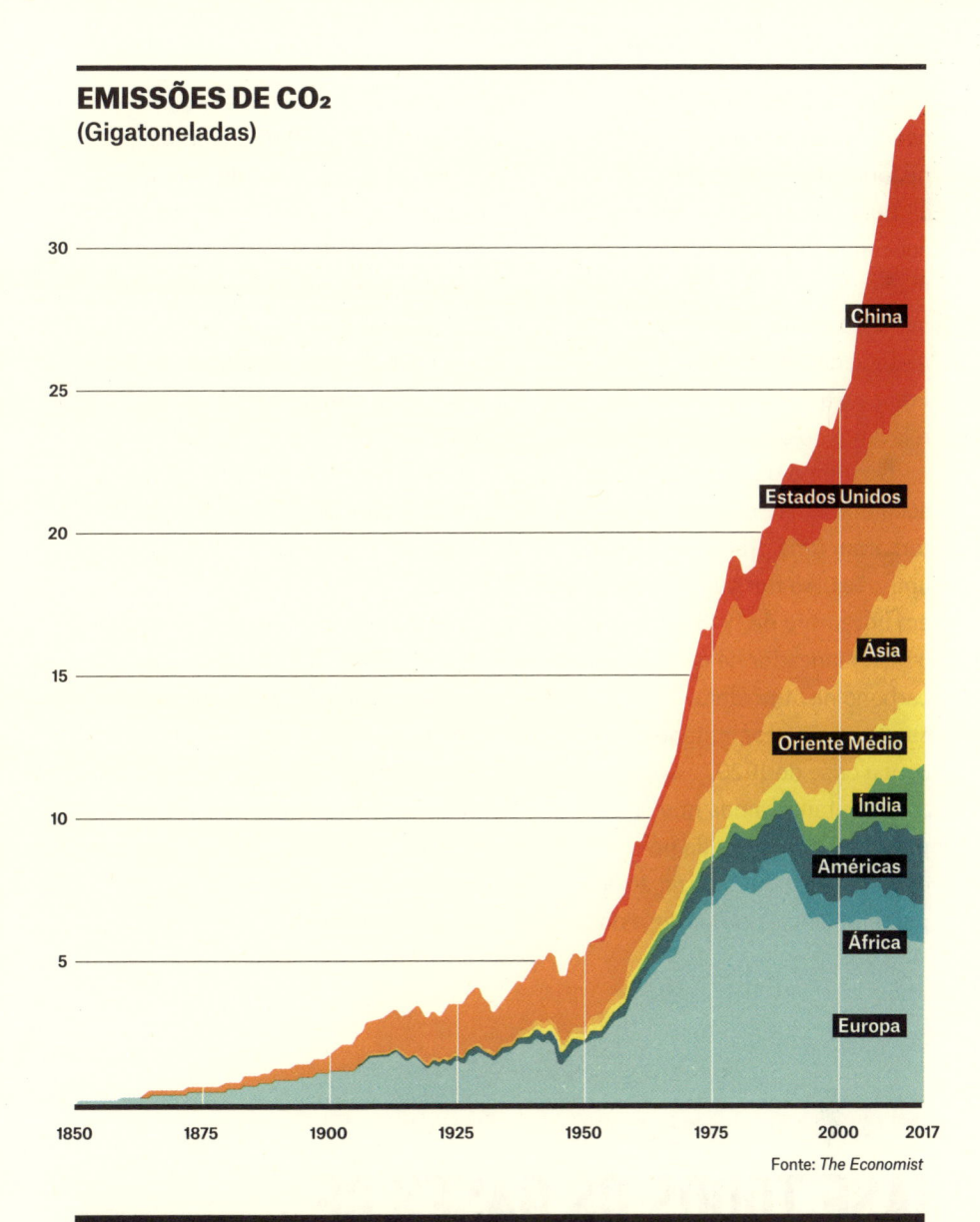

Fonte: The Economist

Uma das características relevantes das emissões é a da aceleração. Foi preciso um século, entre 1850 e 1950, para elas chegarem a 5 gtons; do meado do século XX, até 2000, as emissões quintuplicaram – até que ultrapassaram os 30 gtons em 2010. Parece pouco, mas é muito: daí em diante o ritmo de expansão caiu bastante, juntamente com as novas abordagens da questão ambiental.

Desde uma perspectiva geopolítica, quando se examina o histórico da emissão de dióxido de carbono, notável é a tendência à concentração. A ruptura do patamar milenar começou pela Inglaterra no início do século XIX; na segunda metade desse século, a Alemanha, a França e a Itália passaram a ter papel relevante no conjunto europeu.

No último quartel do mesmo século XIX, os Estados Unidos se tornaram uma grande fonte de emissões. Ao fim da Primeira Guerra, em novembro de 1918, o país era o maior lançador de dióxido de carbono na atmosfera – e só perderia essa posição momentaneamente com a crise de 1929.

Entretanto, ainda que outros países tenham entrado no caminho da industrialização, a predominância da Europa e dos Estados Unidos foi quase total até a década de 1960. Só então as emissões da Ásia e do Pacífico (sobretudo do Japão, mas também da Austrália), da América Latina e da Índia tornaram-se relevantes no cômputo global.

O ano de 1975 assinala o início de uma mudança significativa: até então um país que pouco queimava combustíveis fósseis para o funcionamento de máquinas, a China passou a se industrializar em ritmo acelerado – e com isso fez aumentar muito as suas emissões, especialmente devido ao uso do carvão mineral, o combustível em maior disponibilidade no país.

Portanto, trata-se, a rigor, de um clube bastante seleto de emissores históricos. Mas eles criaram um problema que não tem nada de nacional nem local.

QUASE TODOS OS GASES DE EFEITO ESTUFA QUE HOJE CIRCULAM NA ATMOSFERA FORAM EMITIDOS POR POUCOS PAÍSES DESENVOLVIDOS

Poço de petróleo no estado do Oklahoma, nos Estados Unidos, em foto de 1922, momento em que essa fonte de energia se tornou dominante em escala mundial.

12.
ANTROPOCENO

"A maior riqueza do homem
é a sua incompletude.
Nesse ponto sou abastado.
Palavras que me aceitam como sou – eu não aceito.

Não aguento ser apenas um sujeito que abre portas,
que puxa válvulas, que olha o relógio,
que compra pão às 6 horas da tarde,
que vai lá fora, que aponta lápis,
que vê a uva etc. etc.

Perdoai
Mas eu preciso ser Outros.
Eu penso renovar o homem usando borboletas."

―
MANOEL DE BARROS, in *Retrato do artista quando coisa*.
Rio de Janeiro: Record, 1998.

CONCENTRAÇÃO ATMOSFÉRICA DE CO₂
(partes por milhão)

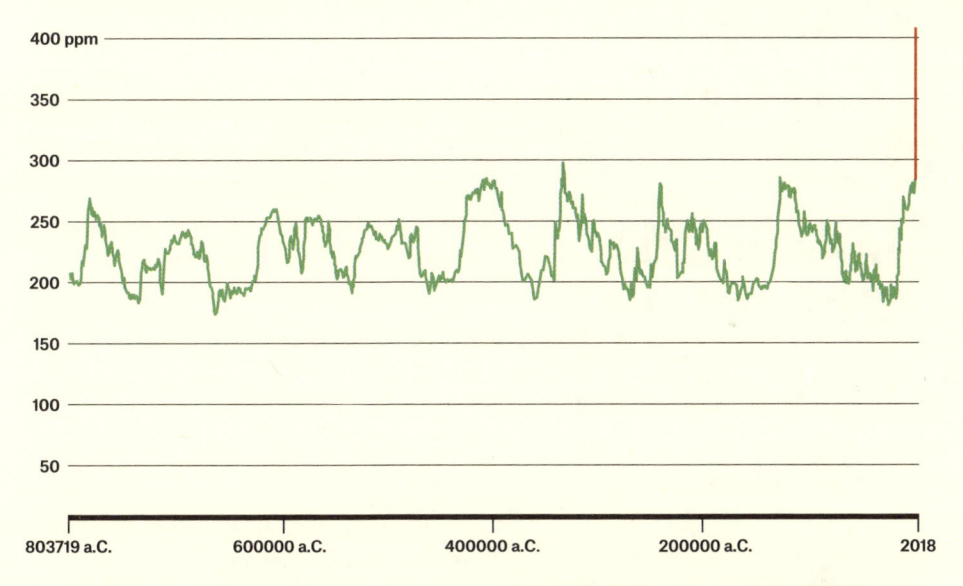

Fonte: EPICA Dome C CO₂ record (2015) & NOAA (2018)

Perfurações nas geleiras mais antigas do planeta permitem ir medindo a concentração de gás carbônico na atmosfera desde eras muito remotas. As medidas mostram ciclos que variam de acordo com a atividade solar – e uma grande exceção presente derivada da atividade humana.

Até o século XIX, a estabilidade multimilenar dos níveis de dióxido de carbono lançado na atmosfera, apesar do uso do fogo pelo homem, tem uma explicação: o gás liberado pelas atividades humanas nos milênios anteriores ao *Homo economicus* não permanecia necessariamente na atmosfera. De um lado o fogo, em especial da lenha, ia para a atmosfera; do outro, plantas em crescimento retiravam gás carbônico da atmosfera e liberavam oxigênio em troca, recapturando assim o carbono de volta à terra e mantendo o equilíbrio.

Ainda assim, a quantidade de dióxido de carbono variava, porque o crescimento de plantas não é o único ciclo natural que determina a quantidade de gás na atmosfera. Esses níveis de gás também variam ao longo dos milênios em função dos ciclos da atividade solar: aumentam e diminuem, provocando alterações nas temperaturas na

OS ÚLTIMOS DOIS SÉCULOS DE ATIVIDADE HUMANA CRIARAM UMA MARCA QUE VAI AFETAR MUITAS GERAÇÕES

Terra. Quando a atividade solar diminui, caem também os níveis de dióxido de carbono na atmosfera, bem como as temperaturas, e aumenta a quantidade de gelo; já o inverso acontece nas fases de maior atividade solar. Esses são ciclos longos, em geral medidos em centenas de milhares de anos. Um ciclo de aumento de atividade solar está ocorrendo nos últimos milênios. Por causa dele, houve um incremento no dióxido de carbono atmosférico por causas naturais.

Tanto a atividade humana quanto os ciclos solares precisam ser levados em conta para responder a uma pergunta: a atividade humana de queimar combustível fóssil para mover suas máquinas provoca mudanças climáticas irreversíveis?

Como a resposta a essa questão afeta interesses monumentais, nas últimas décadas formaram-se correntes de opinião altamente interessadas em convencer pessoas. Pressionados por essas correntes de opinião, emissores contumazes encomendaram estudos de todo tipo a fim de demonstrar, alternativamente, que as emissões humanas ou não provocam mudanças climáticas relevantes, ou que as alterações registradas se devem a fenômenos naturais, como no caso do aumento da atividade solar.

Por outro lado, milhares de estudos científicos trazem dados mostrando o contrário: apesar do aumento da atividade solar, o mundo assiste hoje a uma série de transformações ambientais que se devem quase exclusivamente à atividade humana.

Cada uma das correntes emprega dados para fundamentar suas crenças. A partir deles se fazem previsões de eventos – sempre tendenciosas. Como os dados da atividade humana são inegáveis, o argumento central dos defensores de emissões passou a ser o de que o aquecimento global e as mudanças climáticas se devem quase exclusivamente ao aumento da atividade solar.

O conjunto de evidências apontando para os efeitos da atividade humana nas condições que asseguram a vida no planeta tem fontes científicas mais variadas. Uma delas são os estudos de geólogos, que acompanham as características de longuíssimo prazo na vida planetária. Para muitos deles, as marcas humanas ganharam tal escala que os levaram a criar o conceito de Antropoceno.

Com esse nome designam uma nova era geológica, especificamente caracterizada pelos efeitos da ação humana. Essa era tem como um dos seus marcadores, encontrável em qualquer estrato de solo do planeta, os isótopos espalhados pelas bombas atômicas detonadas na superfície terrestre durante a década de 1950.

A imagem de umas poucas bombas atômicas marcando um planeta é adequada também para entender algo essencial: embora os emissores sejam poucos, o gás emitido viaja sem fronteiras, espalhando-se por toda a atmosfera.

Outra marca é aquela que se vê no gráfico: em vermelho aparecem as emissões que estão acima dos ciclos solares, como a marca da atividade humana definindo as alterações no meio ambiente que marcam a nova era geológica. Tal marca soma-se a tudo que já se sabe sobre aquecimento global.

A partir dessa constatação com nome de era, a do Antropoceno, é possível entender melhor a noção de um Paraíso Restaurável.

13.
A ROTA DO MUNDO

"Entretanto, embora neste momento a quarentena seja fundamental para deter a epidemia, instaurar o isolamento em longo prazo provocará um desmoronamento econômico e não proporcionará nenhuma proteção genuína contra as doenças infecciosas. Pelo contrário. O verdadeiro antídoto contra uma epidemia não é a segregação, e sim a cooperação."

___

YUVAL NOAH HARARI, artigo publicado em *El País*, 13 de abril de 2020 (https://brasil.elpais.com/opiniao/2020-04-13/na-batalha-contra-o-coronavirus-a-humanidade-carece-de-lideres.html).

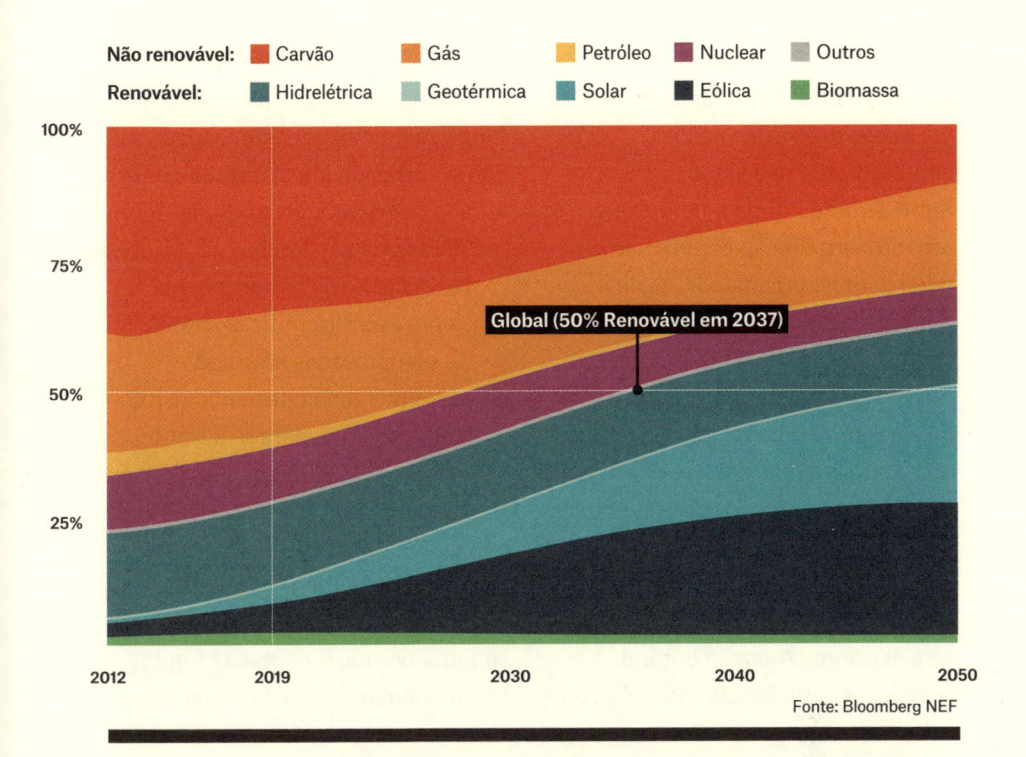

Não renovável: ■ Carvão ■ Gás ■ Petróleo ■ Nuclear ■ Outros
Renovável: ■ Hidrelétrica ■ Geotérmica ■ Solar ■ Eólica ■ Biomassa

Global (50% Renovável em 2037)

Fonte: Bloomberg NEF

A questão ambiental se interpenetrou a tal ponto com o cálculo sobre economia que a agência econômica Bloomberg criou uma nova empresa, a Bloomberg NEF (New Energy Finance), especialmente para lidar com o novo cenário. O gráfico acima sintetiza uma série que será apresentada em seguida. Foi construído com base na evolução de custos das diversas fontes de energia desde 2012; a partir dessa evolução passada foram criadas as projeções para o futuro. A indicação mais importante está na data de 2037: ela indica o momento em que a energia renovável deve dominar 50% do mercado, com base em seus custos cada vez menores. Ações de governos para subsidiar/taxar fontes, que podem adiantar ou atrasar o processo, foram eliminadas dos cálculos.

Assim como o Mapa da Produtividade Natural (ver páginas 6 e 7), o gráfico acima é resultante de uma nova maneira de pensar a economia. Melhor dizendo, este pode ser o instrumento crucial para acompanhar a construção de uma nova economia mundial.

Nos últimos cem anos, o papel de resumo central do desenvolvimento econômico coube sobretudo aos gráficos de evolução do Produto Interno Bruto, o PIB, nos quais é representado o valor em dinheiro do total de bens e serviços produzidos por um país – e o crescimento desse valor era a meta maior de todas as sociedades nacionais.

Nesse gráfico, as nações simplesmente não estão representadas. Toda a figura se organiza em função de um marco geral para a humanidade, assinalado por uma data: 2037. Nesse caso não se trata de uma meta quantitativa, mas de se alcançar um estado de equilíbrio. A data indica o momento em que metade da energia consumida pela produção econômica viria de fontes renováveis.

Quem está acostumado com os antigos gráficos de PIB acha isso estranho. Antes, o critério principal era de âmbito nacional, ou seja, o assunto de maior relevância econômica dizia respeito apenas às decisões de políticos e economistas locais. O desempenho econômico se confundia com a produção de um país, sem levar em conta qualquer critério qualitativo ou relativo aos limites do crescimento. Os economistas tinham uma palavra adorável para designar todo o resto: eram "externalidades" que tinham de ser desconsideradas nos cálculos.

A partir dos anos 1970, contudo, começaram a surgir, em várias disciplinas científicas básicas (sobretudo biologia, geologia e climatologia), predições matemáticas que apontavam uma crescente influência dos fenômenos da natureza nas sociedades humanas. Como era de esperar em situações novas, tais predições foram no início menosprezadas como coisas de idealistas, de gente incapaz de lidar com as duras realidades da economia.

No decorrer do tempo, porém, essas previsões científicas foram sendo comprovadas uma após outra, de tal modo que nem mesmo os economistas puderam deixar o assunto de lado.

O gráfico transforma uma antiga "externalidade" em parte imanente, em ponto que ordena os cálculos econômicos. O que era curiosidade se torna norma. E norma de fundo tão econômico como qualquer outra. O crescimento das fontes renováveis é estimado unicamente em função de sua capacidade de competir com preços, de se impor pela eficiência. Assim, o cálculo internaliza a volta da Terra a uma condição de fertilidade. Um Paraíso Restaurável.

A confecção do gráfico não leva em conta um fator muito importante para acelerar o movimento: o apoio de governos mediante subsídios que podem acelerar a transformação (caso sejam dados para fontes renováveis) ou retardá-la (caso entregues a produtores de combustíveis fósseis).

Também não leva em conta os movimentos cíclicos como a recessão de 2020, que provoca o mesmo tipo de aceleração (as formas mais competitivas ganham mercado) ou retardamento (a capacidade inovadora pode cair com as mudanças de preços relativos entre as fontes em competição).

Com tais cuidados se pode analisar mais detidamente a figura. Ela se divide em duas partes inteiramente distintas. À esquerda está um período – que vai de 2012 a 2019 – para o qual os dados refletem eventos do passado, ou seja, os números se referem a fenômenos efetivamente acontecidos.

Concentrando-se nos dados reais é possível notar que o mais essencial com relação à meta a ser atingida em 2037 começou a acontecer nesse curto período de sete anos. Como se pode ver no gráfico, já ocorreu um crescimento da geração de energia eólica num ritmo muito superior ao de todos os demais concorrentes energéticos.

Embora a energia eólica satisfaça a meta da produção de energia renovável – e muito do seu desenvolvimento tenha ocorrido em decorrência do empenho em reduzir as emissões de gás carbônico –, o principal motivo do atual crescimento desse setor é estritamente financeiro: basicamente, os custos de geração caíram abaixo daqueles das fontes de energia concorrentes.

Esta é a razão central pela qual se prevê, na parte do gráfico que é projeção até 2050, que a energia eólica abocanhe uma fatia cada vez maior do mercado energético – estritamente por razões de competitividade de custos. Se tudo ocorrer como aponta o gráfico, em pouco mais de três décadas uma nova fonte de energia terá saído do estágio de laboratório para se tornar dominante no mercado mundial.

A parte histórica do mapa contém outra indicação de tendência similar. Em 2012, a produção de energia solar não passava de uma curiosidade. Contudo, tal como no caso da energia eólica, após um período de acelerado desenvolvimento e queda no custo de geração, a produção de energia solar tornou-se competitiva em relação às fontes tradicionais. Daí a previsão: em apenas três décadas, a energia solar será a segunda forma mais corriqueira de geração de energia.

Caso se confirmem essas tendências, em 2050 as duas formas de geração energética surgidas no atual milênio iriam dominar o mercado mundial, sendo responsáveis por nada menos que metade de toda a energia consumida no planeta.

Começa a parecer economia, mesmo sem PIB? É, mas ainda falta uma guerra.

14. A FORÇA (E O PROBLEMA) DO FÓSSIL

"A política, infielmente praticada, tudo perverte. Ia-se criando entre nós, por incessante acumulação de privilégios odiosos, uma casta que para si mesma ideara e estabelecera uma justiça especial, a refletir-se como se fora um astro do apocalipse, um sol de sombra, nos preceitos tortuosos de um código de escravização."

JÚLIO MESQUITA, *O Estado de S. Paulo*, 3 de março de 1927, p. 3.

A CONJUNTURA DE TRANSIÇÃO ENERGÉTICA
Demanda de energia primária (exajoules)

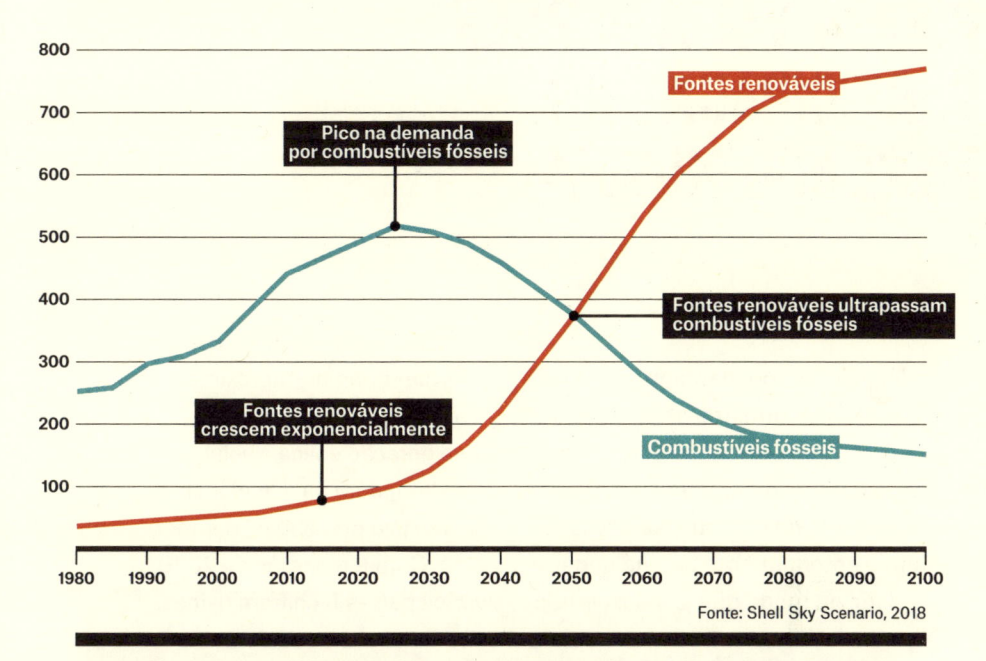

- Pico na demanda por combustíveis fósseis
- Fontes renováveis crescem exponencialmente
- Fontes renováveis ultrapassam combustíveis fósseis
- Fontes renováveis
- Combustíveis fósseis

Fonte: Shell Sky Scenario, 2018

Este gráfico é parte de um documento oficial da Shell, uma das maiores empresas petrolíferas do planeta. Mostra como a instituição enfoca hoje o comportamento futuro de seus principais produtos atuais na relação de competição com a energia vinda de fontes renováveis. A previsão é de que, ao longo da década de 2020, a produção de combustíveis fósseis alcance o apogeu. Da década de 2030 em diante começaria um declínio – e, a partir da década de 2060, a produção retornaria a um patamar anterior ao da década de 1980. Já o ritmo de produção da energia renovável acelera o tempo todo. Em 2050 essas fontes dominam o mercado e vão abocanhando fatias cada vez maiores de participação.

O gráfico acima, preparado antes da recessão de 2020, mostra como uma das maiores produtoras mundiais de energia fóssil via o futuro do mercado de petróleo: demanda em decadência previsível.

Esta figura é simétrica e complementar à do capítulo anterior. Mas o próprio fato de a projeção vir de um agente relevante do mercado de energia ajuda a mostrar o cenário com mais otimismo. Nas contas da empresa, em 2050 haveria o domínio das fontes renováveis – treze anos mais tarde que no gráfico antecedente.

Mas a diferença de data não chega a constituir uma diferença do

PETRÓLEO E GÁS NATURAL PODEM VIR A PERDER PARTICIPAÇÃO NO MERCADO MUNDIAL

relógio: o tempo marcado nos dois casos é o de uma transformação que se prevê inexorável, tão inexorável que nem mesmo um dos maiores produtores de combustíveis fósseis tem o entendimento de que pode resistir, de modo que já vai tratando de se adaptar aos novos tempos.

Faz sentido, especialmente quando se pensa com os dados do gráfico do capítulo anterior. Nesse caso o relógio corre mais rápido: de quase 60% do mercado, em 2012, os fósseis devem passar para cerca de 30% em 2050. Uma perda rápida quando se pensa nesse mercado – com consequências econômicas e geopolíticas gigantescas.

A queda seria proporcionalmente maior na produção de carvão, o combustível fundamental para a geração de energia desde a Primeira Revolução Industrial, no século XIX. Daqui a menos de trinta anos, o carvão deve ser responsável por cerca de 10% da energia mundial – aproximadamente a mesma fatia ocupada hoje pela geração eólica e solar.

O impacto da decadência do carvão já é perceptível por todo lado. Com a recessão de 2020, vários países fecharam usinas, enquanto outros aceleraram as desativações. Embora com queda menos acentuada, o petróleo e o gás natural já eram vistos como casos problemáticos mesmo antes dessa retração.

A pancada em 2020 foi grande. Tão grande que nem o preço menor do petróleo foi capaz de reverter a equação de longo prazo que está por trás das projeções de problemas. A exploração desses recursos requer projetos de enorme magnitude, os quais levam tempo para serem implantados e começarem a gerar receita.

Essas características eram uma bênção em tempos nos quais o ouro negro era o rei da energia. Quem tivesse escala de capital para estabelecer e operar um projeto desses podia contar com um horizonte muito longo de ganhos. Como as fontes produtoras eram poucas, os consumidores tiveram sempre que tolerar preços controlados pelos donos do negócio.

Até a virada do milênio, uma estrutura similar de capitalização predominou nos dois maiores setores concorrentes. A principal fonte de energia limpa do planeta nesse período foi (e ainda é) a energia hidrelétrica. Mas também esta exigia grandes usinas, cujos projetos levavam décadas para serem implantados. E nesse caso não havia exatamente concorrência: em geral tais usinas são fornecedoras monopolistas, vendendo eletricidade a preços inteiramente regulados e tabelados.

Mais restrita ainda é a situação da energia nuclear. Não apenas são plantas monopolistas, mas a própria tecnologia de construção é controlada e regulada por poucos países – claro, com tarifas também sempre tabeladas.

O impacto do desenvolvimento de fontes renováveis de energia é bastante diverso em cada um desses três casos caracterizados por projetos de grande capitalização. No caso das hidrelétricas, os fatores ambientais têm sido um constrangimento cada vez maior em novos projetos – mas nada indica que a operação delas corra risco.

No caso da energia nuclear, os riscos ambientais também pesam muito contra a sua adoção mais ampla. Porém, como a operação não emite gases de efeito estufa, há ainda quem defenda a continuidade dessa forma de produção de energia.

As vantagens relativas da geração de energia por meio de usinas hidrelétricas e atômicas provavelmente vão garantir que sobrevivam no futuro, ainda que novos projetos venham a ser cada vez mais raros.

Tudo isso coloca o setor do gás natural e do petróleo no centro de um grande drama econômico. Projetos de usinas eólicas são relativamente pequenos e baratos se comparados ao desenvolvimento de um campo petrolífero. Já o aproveitamento da energia solar está literalmente ao alcance de qualquer indivíduo – e até mesmo os projetos de grande escala são pequenos se comparados aos padrões do petróleo.

O fato é que todas essas contas foram feitas e refeitas em muitos lugares. Depois do exercício, vários países que dependem do petróleo, mas não o produzem, chegaram à conclusão de que teriam muito a ganhar se virassem produtores de energia renovável. E um mundo econômico novo se fez.

15. ALEMANHA: DO ACASO À NECESSIDADE

"Para uma pessoa como eu, para quem a liberdade de movimento foi um direito duramente conquistado, tais restrições só podem se justificar por sua absoluta necessidade."

———

ANGELA MERKEL sobre o isolamento e o fechamento de fronteira para combater o novo coronavírus. *Folha de S.Paulo*, 29 de março de 2020 (https://www1.folha.uol.com.br/mundo/2020/03/com-1o-pronunciamento-na-tv-em-14-anos-merkel-mostra-que-a-lider-europeia-esta-de-volta.shtml).

[Esse pronunciamento foi o primeiro feito por Angela Merkel em rede nacional, depois de 14 anos na chefia do governo]

A situação política da Alemanha não andava nada boa em 2005. Uma série de problemas com os partidos que se alternavam regularmente no poder havia décadas desaguou num impasse. A coisa só foi resolvida quando Angela Merkel foi indicada para tentar formar um governo de coalizão. Ela foi atrás do Partido Verde; embora tivesse porte e base eleitoral, nunca havia sido mais que um coadjuvante secundário no jogo parlamentar nacional.

Ao fim e ao cabo do balé de formação de um gabinete com maioria, a primeira-ministra tinha se comprometido a transformar o programa dos verdes em guia para a direção da nação. Naquele momento, o compromisso com metas ambientais parecia pouco mais que um simpático conjunto de declarações de intenções com algum efeito propagandístico – mas inócuo na prática.

Em todo caso, como a ideia sem tradição funcionou como cimento para um acordo político inusitado, seu valor foi percebido por Angela Merkel. Como era época de seu país indicar o dirigente máximo para a União Europeia, ela tentou o mesmo caminho na escala comunitária – e a ideia funcionou melhor ainda como ideal político. A entidade aceitou se engajar em torno do meio ambiente, mas dessa vez num programa que tinha metas quantitativas claras e um horizonte de tempo para serem efetivadas.

A fórmula 20-20-20 (20% de aumento na eficiência do uso da energia; 20% de redução na emissão de gases de efeito estufa; 20% de aumento na produção de energia renovável) até 2020 tornou-se o norte de planejamento estratégico de todos.

Era uma alternativa tão nova que bem podia ser esquecida. Oportunidades não faltaram: em 2007 o acordo político que levara os verdes ao poder foi desfeito e eles voltaram a ser um partido minoritário de oposição. Mas o valor de sua proposta não foi rechaçado – e ela continuou funcionando como norte de planejamento tanto para a nação como para a união de nações.

Da esfera política e ordenadora da ação estatal a nova noção foi se espalhando para a seara legislativa. Foi ampliada a Lei da Energia Renovável, diretriz pioneira. Tão pioneira que acabou servindo de modelo para outros países que resolveram seguir o caminho – até se tornar a peça legislativa mais copiada no exterior de toda a estrutura legal alemã.

Com isso uma nova função acabou surgindo para o sistema de metas: servir como diferencial capaz de dar orgulho aos alemães. O sueco Johan Rockström, diretor do Instituto de Pesquisa sobre Impactos

Climáticos de Potsdam, narra desta forma a transformação:

> O mundo inteiro olha para o modo como a Alemanha, uma nação com economia baseada em indústria e engenharia, e a quarta maior economia do planeta, está tomando a decisão histórica de aposentar o carvão. Se um país geograficamente pequeno, dependente do setor, com pouca insolação e apenas com bons ventos pode fazer essa transição, qualquer outro país pode fazer o mesmo.[1]

Traduz assim a sensação de pioneirismo, de que o esforço vai trazer benefícios para muito além do trabalho do dia a dia.

Mas o que realmente interessava era outro tipo de objetivo. A Alemanha tinha a ambição de que o modelo ambiental servisse de caminho para manter uma liderança tecnológica capaz de aumentar a força competitiva da economia como um todo. No projeto alemão, as metas ambientais eram caminho fundamental para uma economia competitiva.

Desse ponto de vista, os resultados iniciais pareciam muito tímidos. Ainda em 2012, o país tinha uma matriz na qual o carvão era o combustível dominante, respondendo por mais da metade da geração de eletricidade; as usinas nucleares vinham logo a seguir, com cerca de um quarto da energia gerada. Como um todo, as fontes renováveis representavam pouco mais de 10% da matriz nacional – quase totalmente por conta de hidrelétricas.

Matrizes são conjuntos de números conhecidos por sua estabilidade no tempo: ganhar um ponto em cada uma delas muitas vezes requer um esforço muito grande, de modo que as variações costumam ser quase imperceptíveis – mas então algo mudou.

Mudanças em série começaram a surgir por uma miríade de caminhos. Nenhum grande tiro com arma pesada, nenhuma inauguração espetaculosa. E, no entanto, as renováveis começaram a ganhar mercado muito velozmente. A transformação acelerada estava em marcha, a ponto de metas muito ambiciosas terem sido anunciadas ainda antes de 2020 – momento em que a União Europeia estava consolidando seu programa de metas com sucesso.

A Alemanha anunciou sua intenção de, até 2022, ter uma economia na qual 50% da energia

---

1 "Germany Would End Coal Use by 2038 under New Plan", Associated Press, 27 de janeiro de 2019 (https://www.marketwatch.com/story/germany-would-end-coal-use-by-2038-under-new-plan-2019-01-27).

METAS DE CLIMA E ENERGIA 2020 DA UNIÃO EUROPEIA

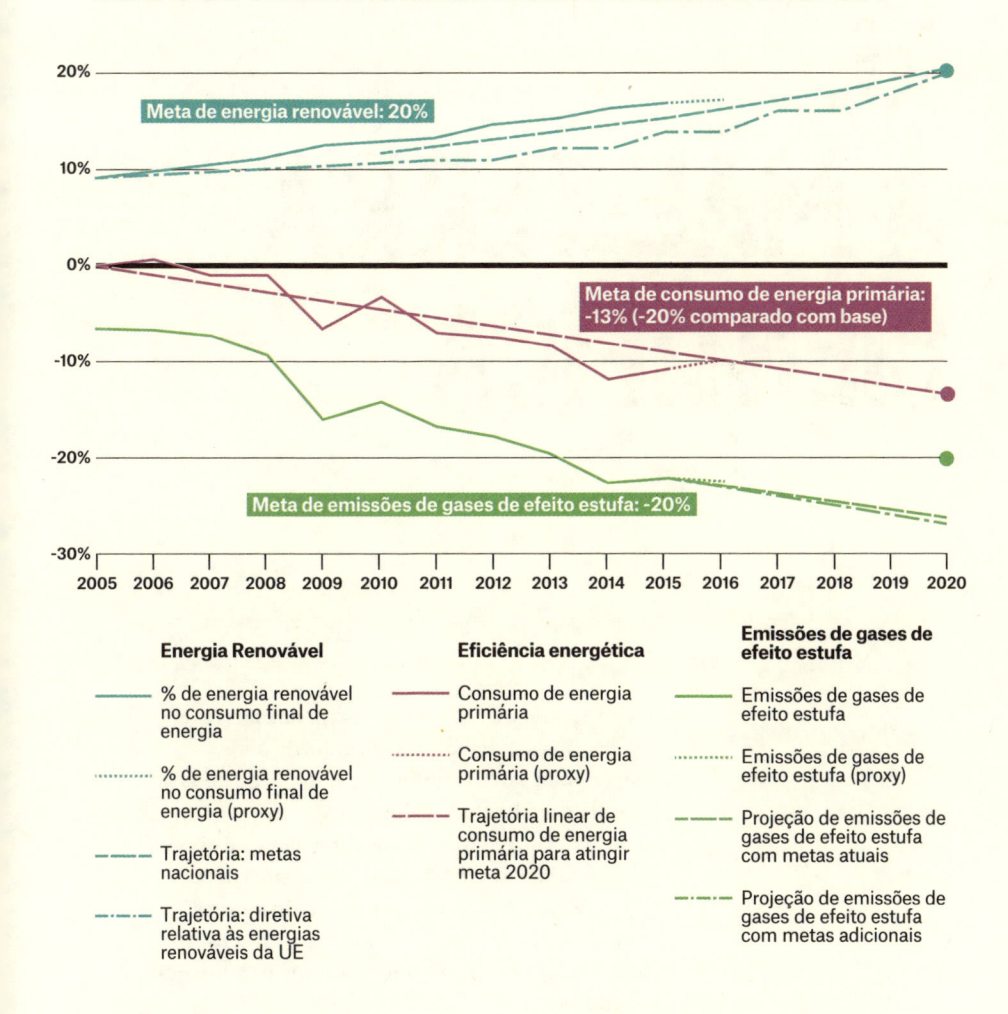

Meta de energia renovável: 20%

Meta de consumo de energia primária: -13% (-20% comparado com base)

Meta de emissões de gases de efeito estufa: -20%

Energia Renovável
- % de energia renovável no consumo final de energia
- % de energia renovável no consumo final de energia (proxy)
- Trajetória: metas nacionais
- Trajetória: diretiva relativa às energias renováveis da UE

Eficiência energética
- Consumo de energia primária
- Consumo de energia primária (proxy)
- Trajetória linear de consumo de energia primária para atingir meta 2020

Emissões de gases de efeito estufa
- Emissões de gases de efeito estufa
- Emissões de gases de efeito estufa (proxy)
- Projeção de emissões de gases de efeito estufa com metas atuais
- Projeção de emissões de gases de efeito estufa com metas adicionais

viesse de fontes renováveis – uma revolução completa, quando se considera a estabilidade desse tipo de indicador. Com tal meta, a participação das energias renováveis no mercado simplesmente quadruplicaria em apenas dez anos.

A recessão ligada à Covid-19 adiantou momentaneamente o cronograma: o consumo de carvão e de petróleo caiu acima daquele das demais fontes – e o governo redobrou a aposta no caminho. Mas, antes de considerar os resultados como fruto da ação estatal, é preciso levar em conta certas avaliações culturais capazes de fazer pessoas seguirem metas mesmo quando parecem poéticas demais.

15. Alemanha: do acaso à necessidade

16.
A MÃE TERRA CIENTÍFICA

"Feche os olhos, aguce os ouvidos, e da mais leve respiração ao mais selvagem ruído, do mais simples som à mais sublime harmonia, do mais violento e apaixonado grito às mais suaves palavras da doce razão, é somente a Natureza que fala, revelando sua existência, seu poder, sua vida e suas relações e estruturas, de tal modo que um cego, a quem é vedado o mundo infinitamente visível, é capaz de apreender no audível tudo o que é infinitamente vivo."

—
JOHANN WOLFGANG VON GOETHE. In *A invenção da Natureza*. São Paulo: Editora Crítica, 2019, p. 11.

23 de junho de 1802. Alexander von Humboldt, 32 anos, vai escalando o Chimborazo. O vulcão extinto, nas proximidades de Quito, no Equador, era então considerado a mais alta montanha do mundo. Comporta-se como o cientista meticuloso que é: anota a hora, a altitude, cada forma de vida que vai encontrando.

A 5.486 metros de altitude registra a última forma de vida que encontrou, um líquen crescendo em meio a uma rocha. A partir daí só descreve os sofrimentos para respirar, os carregadores que abandonavam a expedição, a densa bruma ao redor, os sangramentos nos pés e nas mãos. Quando atinge os 5.917 metros, tudo muda: céu limpo, o cume majestoso adiante, uma paisagem imensa se descortinando abaixo. Andrea Wulf descreve o momento seguinte: "Humboldt começou a enxergar o mundo de maneira diferente. Viu a Terra como um único e imenso organismo vivo, no qual tudo estava conectado, e concebeu uma nova visão que ainda hoje influencia a forma como compreendemos o mundo natural."[1]

Logo em seguida a visão inspirou um desenho do vulcão, no qual apareciam as diversas formas de vida características de cada estrato de altitude, desde a floresta tropical na base até as rochas nuas do topo, passando por todas as formações intermediárias.

O desenho, por sua vez, foi a síntese a partir da qual Humboldt construiu a narração de *Quadros da natureza*, livro cujo argumento foi assim sintetizado por Andrea Wulf:

---

[1] Andrea Wulf, *A invenção da natureza – A vida e as descobertas de Alexander von Humboldt*. São Paulo: Planeta do Brasil, 2019, p. 25.

Tratava-se de um livro científico que não tinha vergonha de ser lírico. Para Humboldt, a prosa era tão importante quanto o conteúdo, e ele insistiu com seu editor para que nem uma única sílaba fosse alterada, por temer que a "melodia" de suas frases fosse destruída. As explicações científicas mais detalhadas podiam assim ser ignoradas pelo leitor médio, porque Humboldt escondeu suas anotações em notas ao final de cada capítulo. Assim mostrou como a natureza podia exercer enorme influência na imaginação das pessoas. A natureza, escreveu, estabelecia uma comunicação misteriosa com nossos "sentimentos interiores". Um céu azul e límpido, por exemplo, desencadeava emoções diferentes daquelas disparadas por um céu de nuvens negras. Uma paisagem tropical, densamente povoada por palmeiras e bananeiras, gera um efeito diferente de uma floresta de abetos com troncos delgados e brancos. Um fato que hoje poderíamos dar como favas contadas – a existência de uma correlação entre o mundo externo e nosso estado de ânimo – foi uma revelação para os leitores.[2]

A concepção de uma unidade entre homem e natureza, vida espiritual e mundo material, ciência e arte ganhou largo curso na cultura alemã depois que Goethe publicou *A metamorfose das plantas*, em 1790. O livro defendia a ideia de que haveria uma forma arquetípica primordial a partir da qual cada uma das espécies de plantas seria derivada.

Pouco depois da publicação, Goethe receberia em Iena a visita do jovem Alexander von Humboldt. Os dois passaram meses fazendo medições, dissecando animais, escrevendo poemas e discutindo romances. Enquanto Goethe ia ficando conhecido como o maior literato alemão daquele tempo (sem descuidar de suas medições e seus interesses científicos), o jovem Humboldt partiria para uma viagem de cinco anos pelo interior da América do Sul, na qual atravessou desertos, a Amazônia e as paisagens andinas.

Na volta da viagem, com o livro publicado, os dois voltaram ao debate e ao desenvolvimento da ideia central de uma continuidade entre homem e natureza. Humboldt levou-a adiante em constantes tratados como naturalista, que acabaram exercendo profunda influência em pesquisadores de todo tipo – *Quadros da natureza* foi o livro de cabeceira de Charles Darwin a bordo do *Beagle*, funcionando como contraponto direto para a criação da teoria da evolução.

---

2 Andrea Wulf, op. cit., pp. 200-01.

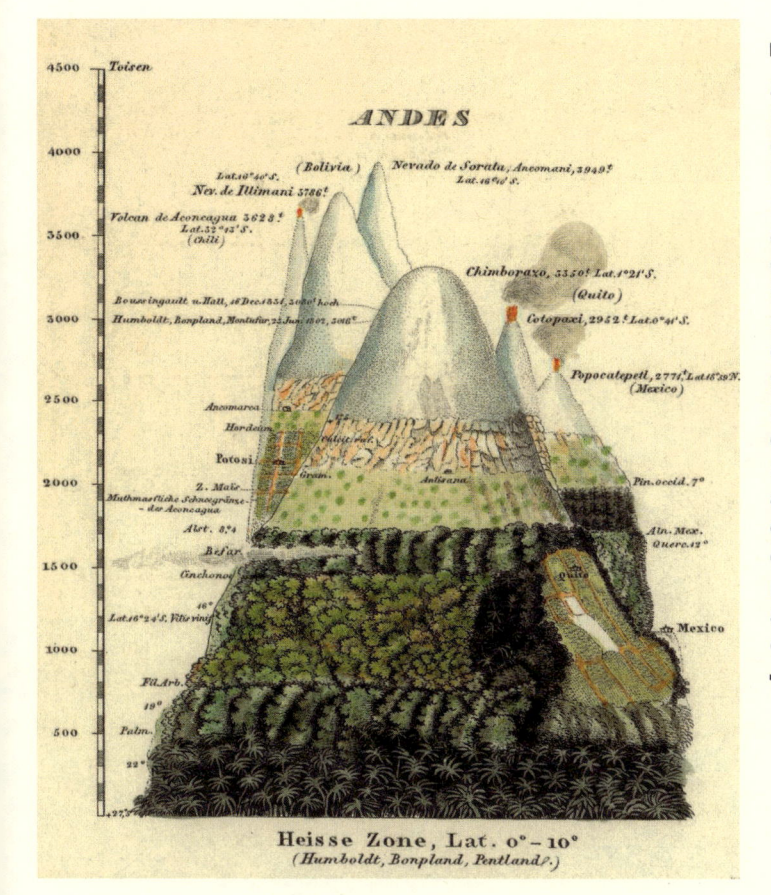

Alexander von Humboldt fez este desenho logo após ter tido uma visão sobre a integração entre todas as formas de vida na natureza e entre elas e a vida espiritual em plena escalada do Chimborazo. Sua visão formou a base de sua obra posterior e esta influenciaria poderosamente a cultura alemã e a biologia.

A manutenção dessa influência permitiu que na Alemanha se desenvolvesse uma variante peculiar do Iluminismo, na qual a razão não aparecia como oposto dos sentimentos e intuições, a ciência como o contrário da arte ou – depois de Freud, já no século XX – como a consciência desligada de um inconsciente.

Mas, até 2005, esse tipo de ideal nunca serviu de espinha dorsal para a elaboração de um projeto de destino nacional. Era, no momento em que foi adotado, apenas a base programática de um partido político relevante. Uma vez adotado, no entanto, os eventos se desencadearam – colocando um mundo em movimento a partir de baixo.

17. DE PONTO ABANDONADO A CENTRO TECNOLÓGICO

"No dia em que minhas palavras forem terra...
Serei um amigo para o perfilhamento do trigo
No dia em que minhas palavras forem ira
Serei amigo das correntes
No dia em que minhas palavras forem pedras
Serei um amigo para represar
No dia em que minhas palavras forem uma rebelião
Serei um amigo para terremotos
No dia em que minhas palavras forem maçãs de sabor amargo
Serei um amigo para o otimismo
Mas quando minhas palavras se transformarem em mel...
Moscas cobrirão
Meus lábios!"

———
MAHMOUD DARWICH, "Árvore dos Salmos". In *O poeta da Nação Palestina*, Fortaleza: Ten. Mund, 2008.

O vilarejo de Feldheim não estava conhecendo bons dias após a queda do Muro de Berlim. Situado no estado de Brandemburgo, na antiga Alemanha Oriental, e a apenas 60 quilômetros de Berlim, sua construção mais conspícua era uma instalação empregada pelas forças armadas da União Soviética. Quando os russos partiram, foram embora também os antigos empregos. Em todo o estado de Brandemburgo, o nível médio de desemprego chegou a superar os 30% da população. Em Feldheim, restaram uns poucos agricultores, se esfalfando para produzir numa região inclemente por causa dos ventos constantes que a fustigavam.

Nesse cenário desolador apareceu, em 1995, o estudante de engenharia Michael Raschemann. Após se reunir com os agricultores locais, conseguiu que se associassem em torno de interesses mútuos. O futuro engenheiro estava começando uma pequena empresa de energia eólica e queria vender geradores; e os agricultores estavam receptivos a qualquer proposta que lhes desse algum dinheiro.

Assim estabeleceu-se um acordo. A empresa vendeu quatro geradores para a cooperativa – que obteve financiamento subsidiado para a empreitada. Era um projeto na modestíssima escala da vila, com apenas 47 casas e 128 moradores.

Para a construção e operação foram criados empregos suficientes para reverter a situação crônica até então vigente. Com a operação dos geradores, o custo da eletricidade começou a cair, o que estimulou os moradores a dar outro passo na mesma direção.

Em 2008, eles aprovaram o investimento numa usina de biogás. A matéria-prima para se produzir metano era toda local: esterco das criações de porcos, restos orgânicos das colheitas e gravetos e folhas caídos das árvores. A ideia era que a pequena usina fornecesse energia nos momentos em que ventava pouco e a produção dos geradores eólicos se tornava insuficiente. A fim de otimizar a eficiência energética, também foi desenvolvido um software que ajudava os moradores a planejar o consumo de energia, aproveitando os períodos de mais vento e minimizando o uso do biogás, mais caro.

A combinação dos três recursos provocou uma redução ainda maior das contas de energia – e jogou ainda mais para o alto a ambição dos moradores. No mesmo ano em que se decidiram pela usina de biogás, também aprovaram a construção de uma usina de energia solar fotovoltaica nas antigas instalações militares. O projeto foi concebido para fornecer

A energia eólica acabaria transformando o pacato vilarejo rural de Feldheim em centro mundial de inovação tecnológica em energia renovável. Em menos de uma década o caso local tornou-se modelo não apenas para a matriz energética da Alemanha e da União Europeia como passou a ser copiado em todo o mundo.

eletricidade para seiscentas casas – um número muito acima das 47 moradias do vilarejo.

A intenção era clara e não passou despercebida. Até a década de 1990, os poucos moradores do vilarejo eram consumidores cativos da energia fornecida pela E.On, um gigante avaliado em 20 bilhões de euros. Do ponto de vista da companhia, a rede de energia estava ali para fornecer a clientes pagantes – não para facilitar a venda da energia gerada por terceiros. Por isso, a E.On simplesmente se recusou a permitir o tráfego de energia em sua rede.

Numa decisão inusitada, os moradores enfrentaram o gigante. Com o apoio de seu parceiro fornecedor de material e tecnologia, cada morador investiu 3 mil euros na instalação de uma rede própria de energia inteiramente informatizada – mesmo tendo que enfrentar também a burocracia estatal. Embora nenhuma lei proibisse que uma cooperativa de agricultores vendesse eletricidade, as autoridades foram implacáveis, multiplicando as notificações burocráticas e exigindo, por exemplo, comprovar o fornecimento contínuo em qualquer situação, algo que fazia sentido para fornecedores de grandes fábricas ou hospitais mas era irrelevante para umas poucas instalações e residências.

Foram dois anos de luta. Em 2010, o vilarejo se declarou independente energeticamente e tornou-se o primeiro aglomerado urbano a ser abastecido só por energia renovável na Alemanha (na verdade, ficou um resquício do passado: a rede da grande empresa conseguiu garantir o fornecimento de energia dos inquilinos das casas, uma vez que a lei só assegurava a independência de decisão para os proprietários).

A essa altura, em 2011 o recém-acontecido desastre nuclear de Fukushima levou a Alemanha a desativar todos os reatores do país em prazo curto. A coincidência levou muita gente a ver com outros olhos o que estava acontecendo por ali. Em pouco tempo, Feldheim ganhou uma nova atividade: a de mostrar ao mundo o funcionamento do seu modelo energético. Agora, o vilarejo recebe todos os anos cerca de 3 mil interessados em aprender a tecnologia da geração de energia limpa.

A inauguração da usina solar também coincidiu com a revisão das leis que dificultavam a venda de energia. Atualmente mais de 99% da eletricidade gerada em Feldheim é exportada – garantindo receita adicional para moradores que pagam 30% a menos por energia que a média nacional. A exceção foi virando regra, o que obrigou até mesmo os gigantes a se tornarem humildes.

18. ENERGIA LIMPA: MUITOS GANHAM, GRANDES PERDEM

"Qual é essa nova ordem que necessariamente deve existir e substituir aquilo que morre? Ou será que estamos numa situação historicamente nova, na qual nós, cada um de nós, devemos assumir a responsabilidade de nossas vidas, das de nossos filhos e da nossa humanidade, sem intermediários, na prática de cada dia, na multidimensionalidade de nossa existência? Ah, a velha utopia autogestionária. Mas por que não? E, sobretudo, qual é a alternativa?"

MANUEL CASTELLS, *Ruptura: A crise da democracia liberal*. Rio de Janeiro: Zahar, 2018, p. 147.

GERAÇÃO DE ELETRICIDADE
(terawatt/hora)

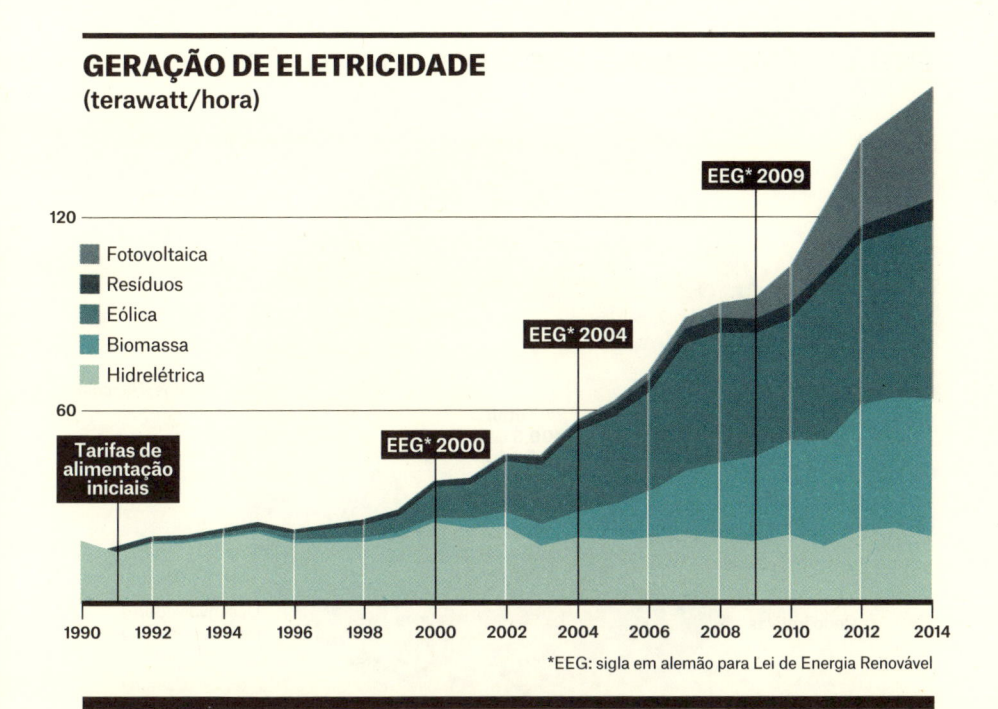

- Fotovoltaica
- Resíduos
- Eólica
- Biomassa
- Hidrelétrica

Tarifas de alimentação iniciais — EEG* 2000 — EEG* 2004 — EEG* 2009

*EEG: sigla em alemão para Lei de Energia Renovável

O crescimento da produção de energia a partir das fontes renováveis na Alemanha já tinha ganhado velocidade própria antes que o país adotasse as metas ambientais como norte para sua missão nacional, entre 2005 e 2007. Mas a mudança de orientação acelerou o processo, inclusive com a multiplicação de fontes de energia relevantes. Depois de séculos de domínio do carvão e do petróleo, o foco mudou.

O exemplo de Feldheim acabou se tornando simbólico – mas esteve longe de ser o único na Alemanha. Nas duas últimas décadas, as administrações de nada menos que 71 regiões do país adotaram a meta de só empregar energia renovável. Com isso, proporcionalmente à população, o país passou a liderar o mundo no esforço para implantar uma economia sustentável.

Está sendo uma mudança e tanto. Em pouco mais de uma década, o consumo de energia renovável registrou taxas de crescimento explosivas. Até meados da década de 1990, a única fonte renovável relevante na matriz energética alemã era a hidrelétrica. Vinte anos depois, com o aumento dessa fonte praticamente estagnado, a geração de energia renovável se multiplicara por oito (ver gráfico acima). A energia eólica se tornou a principal fonte, mas tanto o aproveitamento da radiação solar quanto o da biomassa ultrapassaram a geração hidrelétrica.

ENERGIAS RENOVÁVEIS NAS MÃOS DO CIDADÃO

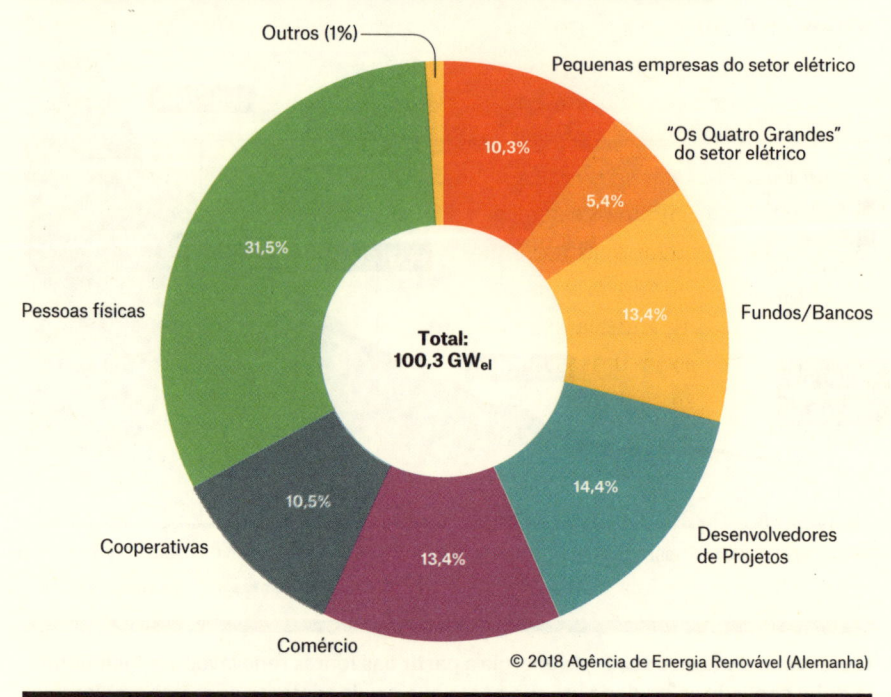

- Outros (1%)
- Pequenas empresas do setor elétrico — 10,3%
- "Os Quatro Grandes" do setor elétrico — 5,4%
- Fundos/Bancos — 13,4%
- Desenvolvedores de Projetos — 14,4%
- Comércio — 13,4%
- Cooperativas — 10,5%
- Pessoas físicas — 31,5%

Total: 100,3 GW$_{el}$

© 2018 Agência de Energia Renovável (Alemanha)

A maior mudança trazida pelo desenvolvimento da energia renovável na Alemanha é a descentralização: pessoas físicas tomaram 31,5% do mercado. Cooperativas agrícolas, pequenas empresas, desenvolvedores alternativos também detêm fatias expressivas – e as grandes empresas ficaram com apenas 5,4%.

Os novos produtores abocanharam uma impressionante fatia do mercado nacional de energia: nada menos que 47,3% do total da eletricidade consumida no país passou a ser fornecido pelas empresas recém-chegadas ao mercado. E sempre de forma competitiva, uma vez que não houve aumento nos preços pagos pelos consumidores.

Essa renovação produtiva não se deu por acidente. Ao longo de todo o período, a despeito do revezamento dos partidos no comando do país, a meta central do Paraíso Restaurável sempre foi mantida. Mas houve mudanças relevantes determinadas pelas circunstâncias. Uma delas foi o acidente nuclear de Fukushima, no Japão, em 2011. Até então, a Alemanha tinha nas usinas nucleares a sua segunda fonte mais importante de energia, responsável por quase um quarto do consumo total.

Do ponto de vista da emissão de gases que provocam aquecimento da atmosfera, a opção nuclear é neutra – por isso, no geral, aparece com a cor cinza nos gráficos de matrizes energéticas. Por causa disso, muitos países decidiram manter em funcionamento os seus reatores nucleares e concentram os esforços no combate aos meios mais poluentes.

Mas resta a questão da segurança. Acidentes em usinas nucleares acontecem – e deixam um rastro forte de destruição ambiental. Após o acidente de Fukushima, a Alemanha decidiu-se por uma política deliberada de desativação rápida de seu parque nuclear. Isto só foi economicamente viável porque as diversas formas de gerar energia renovável vinham ganhando competitividade. No final, tomaram a grande fatia de mercado da energia atômica sem provocar aumentos nas contas de energia.

O avanço deu-se também sobre uma segunda fonte fóssil: o carvão. Neste caso, porém, a competição desencadeou conflitos de difícil solução. Em 1990, a Alemanha passou por um grande processo de reunificação. Durante quatro décadas sob regime comunista, a Alemanha Oriental era mais pobre do que a Ocidental; e a produtividade menor da sua economia levou ao desaparecimento de muitos empregos.

Uma das atividades empregadoras mais importantes que sobraram foi o setor carvoeiro. As minas do leste do país produziam carvão barato – mas de uma variedade pouco eficiente em termos calóricos e particularmente danosa em termos ambientais. Com esse cenário, era difícil implementar uma política agressiva de substituição do carvão, sobretudo diante da reação dos sindicatos e das empresas – na região estão concentrados os maiores índices de oposição às mudanças.

Portanto, houve ali uma acomodação: a substituição do carvão ocorreu em ritmo deliberadamente lento – com todas as suas consequências. Embora caindo de 50% para 30% na matriz energética em duas décadas, a Alemanha viu-se obrigada a manter em operação muitas usinas de carvão. Com isso, cinco das dez maiores fontes europeias de emissão de gases associados ao efeito estufa estão no país.

Em 2019, no entanto, o governo anunciou novos planos para o setor. Quatro grandes usinas a carvão serão desativadas até 2022 – e toda a extração de carvão será paralisada até 2038. Ao mesmo tempo, o governo anunciou investimentos da ordem de 40 bilhões de euros para a criação de empregos e de negócios inovadores nas regiões afetadas.

E essa é apenas uma parte da renovação da estrutura produtiva da Alemanha e da competitividade da sua economia, impulsionadas pela adoção de metas ambientais como norte da sociedade.

19.
A NOVA REDE

[Sinais dos tempos na realidade pré-coronavírus]

"Uma revolução avança sobre o campo. (...) Blockchain, internet das coisas, inteligência artificial, realidade imersiva, reconhecimento facial, ciência de dados, análise preditiva, computação em nuvem, robótica. A adoção em massa de tecnologias inovadoras mudará a forma como usamos a terra. A transformação do agronegócio tende a ser a mais disruptiva entre as indústrias."

———

EDIANE TIAGO, "Startups para salvar a Terra". *Época Negócios*, outubro de 2019, p. 69.

[Sinais dos tempos na realidade do pós-coronavírus]

"XP vai adotar trabalho remoto permanente e anuncia nova sede 'campestre'"

———

O Globo, 11 de junho de 2020 (https://oglobo.globo.com/economia/xp-vai-adotar-trabalho-remoto-permanente-anuncia-nova-sede-campestre-24474932).

Assim que as novas fontes de energia renovável se tornaram competitivas, a pressão por mudança começou a se espraiar por toda a economia alemã – muitas vezes gerando novos conflitos. Um dos mais importantes pode ser entendido a partir da disputa dos produtores de Feldheim com a E.On, a companhia distribuidora de energia elétrica.

Não se tratava apenas de uma batalha econômica e regulatória, mas também de uma ruptura de conceitos. A rede construída pelos moradores incorporava novas funções. Levava em conta muitas entradas (os moinhos eólicos, o digestor de biogás e as placas solares) e muitas saídas (cada ponto de consumo). Com tudo isso, a rede tinha que processar muita informação o tempo todo, tentando produzir os balanços entre entradas e saídas a partir de análises de dados.

A gestão econômica mudou na mesma velocidade. Muitos dos consumidores eram também produtores. O sistema precisava processar entradas financeiras para determinada conta no momento do fornecimento e cobranças em dinheiro no momento do consumo. Assim, a movimentação financeira ocorre apenas sobre os saldos: quem vendeu mais do que consumiu tem um crédito, quem consumiu mais do que produziu tem um débito.

Acrescentando essas características, a rede de Feldheim desempenha essencialmente uma função de prestadora de serviços, interligando muitos produtores a muitos consumidores – e ganhando dinheiro com a eficiência da administração, e não mais com a concentração das funções monopolistas de produtora e distribuidora em determinada área.

Feldheim foi uma novidade mundial em vários sentidos. Até eclodir o conflito com a distribuidora tradicional, o desenho do mercado de energia elétrica seguia um padrão mundial: poucas empresas com muito capital conseguiam uma posição monopolista instalando usinas de geração e redes de distribuição. Sendo um monopólio, os preços eram regulamentados pelo Estado; lidando com monopólios, os reguladores estatais impunham normas universais (voltagem, segurança de fornecimento, atendimento aos consumidores, etc.), tudo isso resultando em preços tabelados – os quais ajudavam as empresas a montar projetos de longo prazo para novas instalações, fechando assim o ciclo produtivo. Para os consumidores restava apenas pagar a conta e reclamar quando as coisas não davam certo.

A energia renovável alterou de forma radical essa situação, a

AS ANTIGAS GRANDES EMPRESAS DE ENERGIA DEMORARAM PARA SE ADAPTAR – E AGORA LUTAM PARA SOBREVIVER

começar pelo número de produtores. Em 2019, nada menos que 42% do total da energia renovável vendida na Alemanha foi gerado por indivíduos – 31,5% por empresários individuais, 10,5% por pequenos agricultores. As empresas de eletricidade tiveram que lidar com milhares de Feldheims ao mesmo tempo, nem sempre com sucesso.

A primeira a encarar o desafio foi a E.On. Até o fim da batalha, em 2010, ela era uma das quatro grandes do mercado de energia alemão, com todos os benefícios decorrentes da vida regulamentada. Produzia lucros regulares no ritmo da economia do país, de modo que o desempenho de suas ações acompanhava a média da bolsa alemã (ver gráfico na página 115).

A multiplicação de produtores independentes e redes inteligentes provocou uma ruptura. A empresa demorou para perder o antigo orgulho monopolista e se acostumar a pensar em si como um elefante em loja de louças.

Quando afinal entendeu o que se passava, a salvação veio com a decisão de, literalmente, se dividir em duas: a empresa velha, que continuaria funcionando nos moldes centralizados tradicionais, e uma empresa nova, inteiramente dedicada a aperfeiçoar algoritmos capazes de assegurar serviços eficientes para a nova combinação, envolvendo a aquisição de eletricidade gerada por produtores atomizados e a distribuição de eletricidade para consumidores também atomizados.

Quando a mudança se consolidou, a guerra amenizou. A antiga mentalidade hierárquica e senhorial dos tempos de monopólio em luta contra pequenos produtores e inovadores tecnológicos deu lugar a acomodações maiores, nas quais as fatias de mercado foram sendo distribuídas de maneira a satisfazer ambas as partes. Valia a pena, pois esta passara a ser a regra em escala nacional.

DESEMPENHO DA AÇÃO DA EMPRESA E.ON VS. DESEMPENHO DO ÍNDICE DE REFERÊNCIA NA ALEMANHA (DAX)

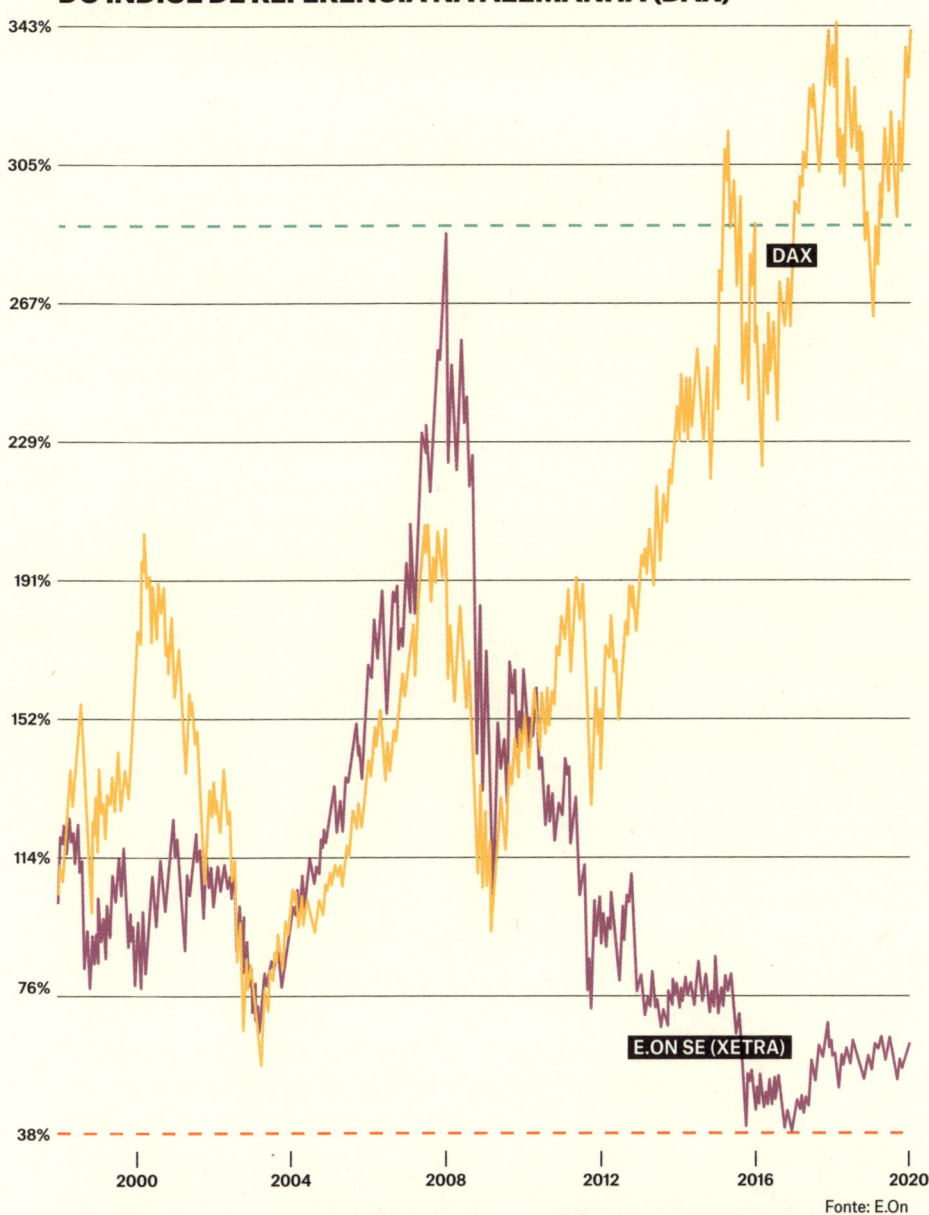

Fonte: E.On

A realidade da energia renovável também criou perdedores na Alemanha. Até o início da década de 2010 as ações da E.On (em roxo), uma das quatro grandes distribuidoras, acompanhavam o índice geral do mercado acionário alemão (em amarelo). A partir da descentralização da produção, a empresa perdeu valor relativo.

19. A nova rede

20. A ESCALA NACIONAL

"Minha pátria é minha infância:
por isso vivo no exílio."

ANTÔNIO CARLOS DE BRITO, CACASO. "Lar doce lar". *Beijo na boca e outros poemas.* São Paulo: Brasiliense, 1985, p. 63.

Com a produção e a distribuição divididas meio a meio entre energia renovável e energia fóssil, a pergunta central na Alemanha passou a ser outra: quando todo o país vai ser uma grande Feldheim? Não é uma pergunta de resposta tão simples quanto parece, pois a metade a ser mudada é exatamente aquela que abriga as grandes indústrias, as metrópoles financeiras – enfim, o pedaço rico e influente do país.

Atualmente, dois terços da capacidade produtiva de energia solar e eólica estão instalados nas regiões norte e nordeste – as áreas mais pobres da antiga Alemanha Ocidental e a antiga Alemanha Oriental. Por outro lado, o grande mercado de consumo está nas regiões sul e oeste. O resultado é uma combinação complicada.

As linhas de transmissão que ligam o norte ao sul não foram projetadas para transportar fluxos de energia tão fortes quanto aqueles que acontecem em dias de ventos particularmente intensos no norte. Além disso, nesse momento é transportado um pico de energia de baixo custo, que provoca problemas competitivos. As indústrias fazem contratos de fornecimento com os produtores, mas a rede não é capaz de transportar essa energia com eficiência. Em geral sobra energia não transportada no norte e as grandes usinas do sul muitas vezes vendem a preços abaixo do custo a energia alocada para cobrir essa situação.

A situação de desequilíbrio entre oferta e demanda criou uma divisão regional (ver gráfico na página 118) e tornou-se um dos principais problemas a serem sanados para que a rede inteligente de energia se transforme em realidade no país como um todo. Ao longo de 2017 ocorreram descompassos entre oferta e demanda em 329 dias do ano – na prática, quase todos os dias. Tudo isso acarreta custos para produtores que não conseguem colocar energia na rede e outros que acabam vendendo com prejuízo – estimado pelo governo entre 600 e 800 milhões de euros anuais, dependendo das flutuações dos ventos.

A solução existe: construir 7,7 mil quilômetros de linhas de transmissão entre as regiões produtoras de energia eólica no norte e o mercado de consumo no sul. Solução racional, mas que não chega a agradar ao gosto refinado dos consumidores. Assim que foram anunciados os projetos, começou um movimento de protesto conhecido como NIMBY – abreviatura de *Not In My Backyard* ("Não no meu quintal").

Dos protestos aos processos foi um passo pequeno. Em março de 2018, o governador da Turíngia

DISTRIBUIÇÃO DE ENERGIA RENOVÁVEL NA ALEMANHA

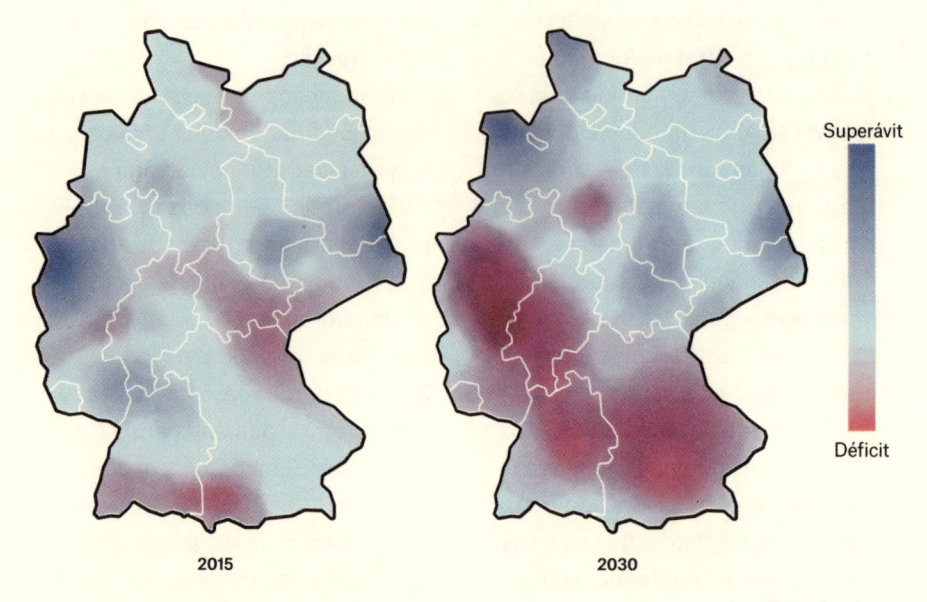

Superávit

Déficit

2015   2030

Fonte: Amprion

A energia renovável começou como fenômeno local na Alemanha: ainda em 2015, quase toda a produção era consumida nas próprias regiões produtoras, de modo que o problema de transportar energia pelas redes nacionais praticamente não aparecia. As redes de distribuição eram pouco pressionadas. A projeção para 2030 é a de um violento contraste entre as regiões produtoras de energia renovável (em azul) e os centros onde o consumo é maior que a produção (em vermelho). Esse cenário vai exigir a completa reestruturação das redes de distribuição de energia, com base na inteligência artificial.

AS REDES DE TRANSMISSÃO DE ENERGIA INTELIGENTES VÃO PERMITIR O DOMÍNIO DAS NOVAS FONTES

entrou com uma ação contra a linha de transmissão que passaria em seu quintal, apontando a vizinha Hesse como alternativa mais adequada – e a resposta veio sob a forma de outra ação judicial. Por conta de ações judiciais desse tipo, o país só conseguiu concluir 950 quilômetros das novas linhas de transmissão.

Sem dúvida são conflitos – mas de uma rota que tem outros traços. Já não está mais em disputa SE a rede será múltipla em termos de fornecimento de energia renovável, mas COMO a energia renovável vai acabar virando a linha de comando do sistema.

As mudanças conceituais relevantes já foram implantadas. A descentralização já é a norma para os produtores – e a gestão inteligente dos recursos, aquela das empresas que operam a rede. Também vai ficando claro que as grandes unidades produtivas que sobrarem, sejam as hidrelétricas ou algumas poucas usinas que queimam combustíveis fósseis, terão a função de recurso de última instância, empregado apenas quando falharem as demais opções.

Essa imensa transformação produtiva e tecnológica não está acontecendo apenas na Alemanha. Em grau que varia de país para país, a transformação produtiva também passou a acontecer na União Europeia, depois que esta adotou as metas ambientais como objetivo estratégico das diversas economias nacionais.

21.
HOMEM NA LUA

"Pacientes de regiões afetadas na Itália e na França já estão recebendo tratamento em clínicas na Alemanha e em países vizinhos. 'É emocionante ver esta cadeia de solidariedade', diz política francesa que clamou por ajuda."

BRIGITTE KLINKERT, chefe de governo do Departamento do Alto Reno, na França. DW, 28 de março de 2020 (https://www.dw.com/pt-br/solidariedade-europeia-em-tempos-de-covid-19/a-52948102).

Com a aproximação do ano de 2020 – e do prazo final do primeiro programa de futuro da União Europeia baseado em metas ambientais –, a sensação de que um caminho viável havia sido encontrado foi se reforçando. Em primeiro lugar, pelo sucesso: muitas metas do Plano 20-20-20 estavam sendo ultrapassadas. Em seguida, pela ambição: o caminho parecia promissor e isso estimulava a continuidade da jornada.

Tudo isso tornou plausível o passo seguinte. Embora com alguns detalhes ainda em negociação, a presidente da Comissão Europeia, a alemã Ursula von der Leyen, anunciou, em discurso pronunciado no dia 11 de dezembro de 2019, a meta para a Europa se tornar o primeiro continente neutro em termos de carbono até 2050, lançando o chamado "Green New Deal", ou "Pacto Verde".

A alusão ao New Deal – programa implementado pelo presidente Franklin Roosevelt nos Estados Unidos da década de 1930, não foi a única referência a esse país no breve discurso, cuja íntegra merece ser conhecida. De forma concisa, a presidente da União Europeia resume as relações necessárias entre uma utopia ambiental – aqui neste livro denominada Paraíso Restaurável – e as transformações sociais e tecnológicas dela decorrentes:

> Este é um dia muito especial. Esta manhã, o colegiado de comissários aprovou o Pacto Verde para a Europa.
>
> O Pacto Verde é, por um lado, a nossa visão de um continente neutro em termos de clima em 2050 e, por outro, um roteiro detalhado para o cumprimento dessa meta. São cinquenta ações previstas até 2050.
>
> Nosso objetivo é reconciliar a economia com o nosso planeta, reconci-

> **"QUEREMOS SER OS PIONEIROS EM INDÚSTRIAS FAVORÁVEIS AO CLIMA, EM TECNOLOGIAS LIMPAS E EM FINANCIAMENTO VERDE"**

Ursula von der Leyen, 11/12/2019.

liar a maneira como produzimos e como consumimos com o nosso planeta e fazê-la funcionar para o nosso povo.

Desse modo, o Pacto Verde Europeu trata, por um lado, de reduzir as emissões e, por outro, de criar empregos e de incentivar a inovação.

Estou convencida de que o antigo modelo de crescimento baseado em combustíveis fósseis e poluição é obsoleto e inadequado para o nosso planeta. O Pacto Verde é a nossa nova estratégia de crescimento – é uma estratégia de crescimento que dá mais retorno do que tira do nosso meio ambiente.

Estamos de fato empenhados em fazer as coisas de forma diferente. Queremos ser os pioneiros em indústrias favoráveis ao clima, em tecnologias limpas e em financiamento verde.

Mas também temos de nos assegurar de que ninguém fique para trás. Ou seja: ou essa transição funciona para todos e é justa, ou não vai funcionar. Portanto, uma parte crucial do Pacto Verde Europeu é um mecanismo de transição justo. O Pacto Verde é um roteiro amplo: também nos preocupamos com a biodiversidade e as florestas, a agricultura e os alimentos, as cidades verdes e com a economia circular.

Ainda não temos todas as respostas. Hoje é o começo de uma jornada. Mas este é o momento europeu do "homem na Lua". O Pacto Verde é muito ambicioso, mas também vai levar em conta o impacto de cada passo dado.

O Pacto Verde é um convite para que todos participem.

Os cidadãos europeus estão mudando seu estilo de vida a fim de contribuir para a proteção do clima e do planeta. Portanto, o nosso Pacto diz a eles que a Europa está ao seu lado. Estou convencida de que o Pacto Verde Europeu é algo que devemos aos nossos filhos porque não somos donos deste planeta. Nós apenas temos a responsabilidade de cuidar dele, e agora é hora de agir.[1]

É notável a menção explícita ao programa espacial norte-americano que levou o homem a pisar na Lua na década de 1960. Somente com o impulso das utopias é que acontecem as mudanças reais. E a relação entre ideais e realidade acabou sendo recombinada num cenário muito diferente daquele em que foi proferido o discurso.

Em março de 2020 a União Europeia já enfrentava a realidade da Covid-19 e da recessão a ela associada. E nesse ambiente o Green Deal Europeu deixou de ser um plano de intenções para se transformar em diretriz oficial para a condução da maior economia global no novo cenário. Todo o investimento necessário para conduzir a recuperação passará a obedecer à meta de zerar o balanço entre emissões e captura de carbono de toda a economia – não apenas o da produção elétrica – até 2050.

Essa é a primeira parte da estrutura forte que está por trás das previsões de inversão da tendência secular em relação aos combustíveis fósseis, ainda com a recessão. E não é a única – repetindo-se em cultura muito diferente.

---

1 "Press remarks by President von der Leyen on the occasion of the adoption of the European Green Deal Communication", Comissão Europeia, 11 de dezembro de 2019 (https://ec.europa.eu/commission/presscorner/detail/en/speech_19_6749).

22. CHINA: DE CANDIDATA IMPROVÁVEL A LÍDER

"A China tornava-se a metáfora da China. A vista de muitos ocidentais quase não distinguia a China através de uma cortina de neve: uma ídola de jade assentada imóvel sobre as ruínas do Tempo. Pois vosso Lao-Tsé não escrevera: 'Nada façais porque tudo se fará. Tudo é possível à inação.'"

MURILO MENDES, "Carta aos chineses". *Poesia completa e prosa*, Rio de Janeiro: Nova Aguilar, 1994, p. 1.032.

Desde o instante em que tomou o poder, em 1949, Mao Tsé-Tung passou a perseguir uma ideia: transformar a China numa potência econômica. O lema era claro: "O Grande Salto para Adiante". Num país essencialmente agrícola, a execução do programa dependia sobretudo do estímulo à exportação de produtos primários e à importação de tecnologia e indústrias.

Os métodos foram muito duros. O governo, controlado pelo Partido Comunista, comandava o processo de recolher os excedentes da produção dos agricultores e colocar os produtos à disposição da burocracia central. Em seguida estes eram mandados aos países fornecedores de tecnologia – basicamente a então União Soviética e seus satélites. Do bloco soviético, os chineses recebiam a conta-gotas a ajuda tecnológica e os equipamentos para montar indústrias.

O principal argumento a favor desse esforço monumental era militar. Em tempos de Guerra Fria, a competição e o conflito com os Estados Unidos eram motivos mais do que suficientes para a União Soviética se mostrar mais colaborativa. Por conta disso, a China providenciou duas guerras contra seu inimigo capitalista em apenas quinze anos: Coreia e Vietnã.

Desse modo, conseguiu aquela que considerou sua maior vitória: a explosão de sua primeira bomba atômica, em 1964. O feito foi saudado como prova de que o regime comunista estava de fato levando a China rumo ao crescimento econômico.

A conta foi altíssima. A extração forçada dos gêneros produzidos no campo acabou resultando na chamada Grande Fome, que provocou mortes estimadas entre 20 e 40 milhões de camponeses – o dobro das vítimas da Segunda Guerra Mundial. O desenvolvimento da capacidade industrial também seguiu o mesmo diapasão. Ficaram famosas as fornalhas de fundo de quintal, o método adotado para aumentar a produção siderúrgica no país. Construídas por famílias e comunidades patrióticas, muita gente queimou portas de casa e cadeiras para fundir colheres, ferragens – e até equipamentos agrícolas.

Porém a China continuou atrasada – mesmo depois da chamada Revolução Cultural, na qual morreram centenas de milhares de artistas, intelectuais e gente da elite urbana. Mao Tsé-Tung colheu mais um fracasso, mas não deixou de ser radical: em 1972, ao receber a visita do presidente norte-americano Richard Nixon, anunciou um novo caminho para a China, uma combinação de iniciativa privada e estatismo.

As imagens da fartura agrícola formaram a base inicial sobre a qual se projetou, especialmente na década de 1950, a imagem de Mao Tsé-Tung como o líder que levaria a China a um novo futuro; o plano inicial, chamado pela propaganda de "O Grande Salto para Adiante", custou a morte pela fome de pelo menos 20 milhões de pessoas.

"NINGUÉM NA CHINA SE DÁ AO LUXO DE CONFIAR NO PRÓPRIO CONHECIMENTO"

O sucessor de Mao Tsé-Tung, Deng Xiaoping, que ficaria no poder de 1978 a 1992, foi o responsável por levar adiante um programa batizado de Quatro Modernizações. Os resultados, medidos pelo PIB, foram excepcionais. Em 1976, o Produto Interno Bruto do país era estimado em 154 bilhões de dólares e a economia chinesa disputava o décimo lugar no ranking mundial com o Brasil. Em 2000, apenas três anos depois da morte de Xiaoping, o PIB chinês chegava a 1,2 trilhão de dólares e a sua economia era a segunda maior do planeta.

Peter Hessler, um jornalista do *The New York Times* que escreveu quatro livros sobre a China, notou o que lhe pareceu peculiar na realidade local:

> Quando se vive na China como estrangeiro, há dois momentos críticos de reconhecimento. O primeiro, logo na chegada, quando somos confrontados com a nossa própria ignorância. Linguagem, costumes, história – tudo precisa ser reaprendido, e a tarefa parece impossível. Porém, assim que nos acostumamos com o ambiente, percebemos que todos se sentem mais ou menos do mesmo jeito. Tudo muda muito depressa; ninguém na China se dá ao luxo de confiar no próprio conhecimento. Quem mostra a um camponês como encontrar trabalho numa fábrica? Como um agricultor maoísta aprende a montar um negócio? Quem tem a mais leve pista para tocar uma agência de aluguel de carros? Tudo parece inusitado e as pessoas se tornam mestres da improvisação.[1]

Essa capacidade de improvisar, associada a 3 mil anos de história, tornou-se crucial quando o país se lançou em outro projeto revolucionário: tornar-se um dos pioneiros da economia sustentável.

---

1 Peter Hessler, "Wheels of Fortune". *The New Yorker*, 26 de novembro de 2007 (www.newyorker.com/magazine/2007/11/26/wheels-of-fortune).

23. DA PERIFERIA AO CENTRO DO PODER

"我咽下一枚铁做的月亮"
[Em livre tradução: "Eu engoli uma lua de ferro"]

—

XU LIZHI, Trabalhador, Poeta (2014).

[Xu Lizhi contrapõe dois extremos – a lua romântica da poesia clássica chinesa e a brutalidade da industrialização moderna. Aos 24 anos, Xu Lizhi se jogou do prédio da fábrica em que trabalhava e morreu. Expôs o mito da oportunidade e da mobilidade social nas linhas de montagem. A revista *Time* publicou sua breve história de vida junto com seu trabalho sob o título "O poeta que morreu pelo seu telefone".]

Em 2001, os moradores do vilarejo de Huashui, na província chinesa de Zhejiang, começaram a se alarmar diante das possíveis consequências da instalação de uma fábrica de pesticidas no distrito industrial em construção no local. Sobretudo quando começaram a circular relatos dos casos de doenças que grassavam em Luzhai, onde havia outra fábrica do mesmo tipo.

Os rumores não comoveram as autoridades do Partido Comunista e a produção de pesticidas teve início tal como planejado. Então aconteceu o chamado "Incidente de 20 de Outubro": moradores obrigaram o secretário local do partido a andar descalço pelo interior da fábrica e a cheirar a fumaça tóxica. À primeira vista, esse ato pareceu não ter consequências e prosseguiu a instalação de outras fábricas.

Em 2003, havia treze fábricas de pesticidas, corantes e produtos farmacêuticos em Huashui. Os poluentes lançados por elas degradaram os milenares campos de arroz, que se transformaram em pântanos amarelentos. A renda dos agricultores desabou e foi preciso passar a comprar alimentos em outras regiões.

Em 2005, os moradores mais velhos se organizaram para a luta e iniciaram uma campanha contra o funcionamento do distrito industrial. Representantes de dez vilarejos da região começaram a tentar impedir a chegada de insumos nas fábricas. Uma semana depois, o governo regional enviou um contingente de 1.500 policiais para sufocar os protestos – que, a essa altura, contavam com 20 mil anciãos dispostos a impedir o abastecimento das fábricas. Os choques foram violentos e centenas de pessoas ficaram feridas. O evento viralizou na internet e 50 mil pessoas entraram no site do movimento a fim de contribuir com fundos e disseminar as propostas. Tudo isso acabou acordando os dirigentes e, por fim, onze fábricas foram desativadas.

Uma vez alertada para o problema, a direção nacional do Partido Comunista reagiu. No Plano Quinquenal para 2006-2010, pela primeira vez temas como reflorestamento, redução das diversas modalidades de poluição e limpeza dos rios viraram objetivos governamentais. Naquele mesmo ano de 2005, a China se tornara a maior emissora de gases de efeito estufa no planeta.

A avaliação dos danos ocasionados pelo crescimento industrial desenfreado revelou uma situação assustadora. Em 2010, a China tinha 459 cidades nas quais a poluição estava associada a uma quantidade de casos de câncer muito acima da média mundial. Mais de 70% dos rios e lagos do país

Com muita fumaça tóxica, a China pavimentou o caminho da bicicleta para o automóvel.

estavam de tal modo degradados que era proibido o contato com as águas. Em 2010, segundo relatório da embaixada dos Estados Unidos em Pequim, o nível de poluentes na capital chinesa era 500 vezes mais alto que o recomendável.

Durante muito tempo, as autoridades chinesas se preocuparam mais com a multiplicação das indústrias do que com os eventuais danos que estavam causando. Quando se fez a conta com foco nos prejuízos, os resultados foram estarrecedores. O custo do desabastecimento de água, da perda de terras aráveis e dos danos à saúde foi estimado em até 18% do PIB. A essa altura os protestos ambientais estavam suplantando os tradicionais protestos contra autoridades corruptas.

Pressionados pela escala dos prejuízos, o agravamento do problema e a crescente insatisfação popular, os dirigentes chineses saíram em busca de uma solução. Entre 2013 e 2015, o nível de poluição atmosférica nas 74 maiores cidades caiu em 26%. Então houve outro salto. Em 2015, catorze anos depois do primeiro incidente e dez anos após a mudança no rumo das políticas oficiais, a nova posição do governo foi consolidada publicamente. Dias antes do Congresso Anual do Partido Comunista, foi liberado para divulgação nacional um

O contato com a economia de mercado e o Ocidente, a partir de 1972, permitiu a industrialização e o crescimento da renda na China – um crescimento feito inicialmente sem nenhum cuidado com o meio ambiente.

documentário sobre os efeitos da poluição atmosférica. Nos primeiros vinte minutos de exibição, o vídeo foi assistido por 150 milhões de usuários na internet.

Era a confirmação de uma mudança radical na postura oficial. O Plano Quinquenal de 2016-2020 era totalmente voltado para a questão ambiental. E não se tratava mais de um esforço de contenção de danos. Dez das treze grandes metas nacionais para o período estavam relacionadas com o meio ambiente.

A China tinha agora a ambição de não apenas chegar a uma economia de carbono neutro – isto é, uma economia na qual haja equilíbrio entre as emissões de carbono para produzir energia e a captura de carbono pelos organismos vivos – como a de se tornar o principal fornecedor mundial de equipamentos industriais para a produção de energia limpa.

Essa transformação da economia limpa em meta central de todo o esforço nacional é um exemplo daquilo que se pode chamar de Paraíso Restaurável – no caso, um paraíso com história própria.

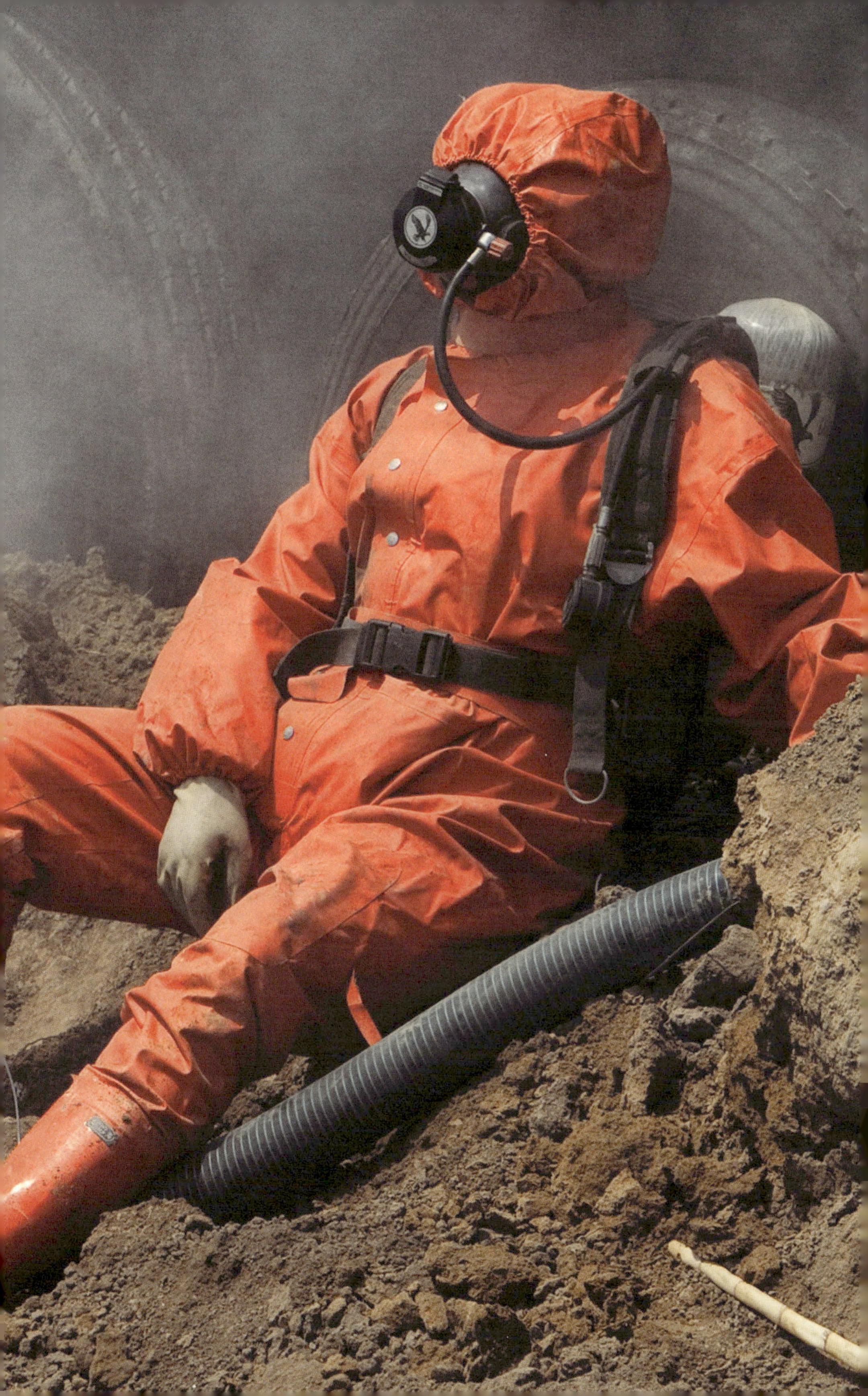

24. TAOISMO E MARXISMO

"世外桃源"
Shiwai Tao Yuan
["Paraíso da primavera de flor de pêssego"]

[A expressão "paraíso da primavera de flor de pêssego", em livre tradução, nasce de um conto escrito em 421 da era comum sobre a descoberta de um paraíso onde as pessoas levam uma existência em harmonia com a natureza. Um pescador navega num rio; nas margens, uma floresta de pessegueiros florescendo. Encontra uma aldeia onde é tratado como convidado e muito bem alimentado. Depois de vários dias o pescador parte; grava bem na memória todos os pontos de referência. De volta à capital, conta sobre o paraíso e manda mensageiros à procura dele. Todos se perdem e morrem. Desde então ninguém mais pergunta sobre o caminho.]

A extraordinária guinada da China na direção do equilíbrio ambiental exigiu complicadas acrobacias mentais. Não se passa do registro tradicional da produção crescente para o das metas ambientais sem um forte exercício de mudar conceitos – ou de buscar no passado cultural local valores que agora devem ser recuperados.

Em 2018, o presidente Xi Jinping, ao explicar a política governamental de metas ambientais para a população, começou um discurso batendo no cravo tradicional: citou um trecho da *Dialética da natureza*, de Friedrich Engels, obra clássica do marxismo que descreve como, na Mesopotâmia, na Grécia e na Anatólia da Antiguidade, a terra se tornou desértica depois que os homens transformaram as florestas em terras agrícolas.

Contudo, logo em seguida Xi Jinping recorreu a outra tradição, citando Lao-Tsé (século VII a.C.), o fundador do taoismo, e Mêncio (século IV a.C.), o grande discípulo de Confúcio, para ressaltar a necessidade imperiosa de preservar o meio ambiente. Sabia onde estava tocando. Por volta de 80% da população chinesa conduz-se segundo os valores do taoismo, do confucionismo e do budismo – uma herança milenar que uns poucos séculos de cristianismo e marxismo mal abalaram.

As tentativas de evocar essa base cultural começaram a ser ensaiadas nos anos críticos da mudança de rumo da política governamental. Em 2008, o acadêmico norte-americano James Miller conversou com Pan Yue, vice-ministro do Meio Ambiente da China, de quem ouviu o seguinte:

> Por que a proteção do ambiente é um tema importante? Um dos princípios básicos da cultura tradicional chinesa é o da harmonia entre homens e natureza. Diversos filósofos enfatizaram o benefício político de um meio ambiente saudável. Assim é a visão confucionista de que homens e natureza formam um todo único, a intuição taoista do Tao como reflexo da natureza ou a crença budista de que todos os organismos vivos são iguais. As várias filosofias chinesas ajudaram nossa cultura a sobreviver por milênios – e

Nei Jing Tu, ou o mapa da alquimia interna, desenho taoista que mostra a relação da vida do espírito com o corpo humano e a natureza.

são uma arma poderosa para impedir uma crise ambiental e construir uma sociedade harmoniosa.[1]

Exemplo dessa harmonia – agora chamada em auxílio da política de governo – é a crença taoista de que uma única energia (*qi*, ou *ch'i*) perpassa tudo o que existe no Universo, do brilho das estrelas aos movimentos das formigas, sem distinção entre aspectos espirituais e materiais. Por conta disso, em muitos tratados taoistas o corpo humano é descrito como uma paisagem natural, constituído de montanhas, rios e vales – ou seja, o ser humano como um microcosmo do macrocosmo natural.

A partir de imagens como essas os dirigentes partidários criaram seu Paraíso Restaurável. Começaram a apresentar os novos objetivos de planejamento estratégico ambiental como modelo da construção de uma sociedade mais equilibrada e harmoniosa – e de uma forma compreensível pela maioria da população: como uma tentativa de manter fluindo o *qi* universal.

A união de um tempo tecnológico com outro filosófico deu resultado. Como disse Calvin Quek, um dirigente do Greenpeace, "o governo leu as folhas de chá ao monitorar redes sociais como Weibo ou WeChat. Quando a situação realmente apertou veio a reação do partido antes da completa explosão social. O recado básico foi algo do tipo: 'Agora estamos no controle e vamos resolver o assunto.' E acho que conseguiram apoio popular para a nova política".[2]

Sem dúvida, a mudança de rota começou com críticas e protestos populares contra os problemas ambientais – que viralizaram na rede. Mas a questão ganhou outra escala a partir do momento em que o governo percebeu que não adiantava buscar legitimidade apenas com o apelo ao aumento da produção – e se mostrou favorável também a temas como a saúde e o bem-estar da população.

Mesmo se tratando de um governo central muito autoritário, e que deixa pouca margem para as trocas de ideias democráticas, nem por isso o regime comunista mostrou-se incapaz de mudar radicalmente suas prioridades políticas ou de recuperar antigas ideias filosóficas a fim de construir uma nova legitimidade política – com resultados práticos muito relevantes.

---

1 James Miller, "Pan Yue's Vision for Ecological Civilization", 8 de dezembro de 2008, por Mary Evelyn Tucker (https://sites.duke.edu/jamesmiller/2008/12/08/a-meeting-with-pan-yue/).
2 Calvin Quek é o responsável pelo setor de economia sustentável do Greenpeace no Leste da Ásia.

25. TECNOLOGIA DAS METAS

"Não importa se os gatos são pretos ou pardos, desde que cacem os ratos."

DENG XIAOPING

INVESTIMENTO EM ENERGIAS RENOVÁVEIS
Investimento em tecnologias de energias renováveis por ano, por região (em US$ Bilhões)

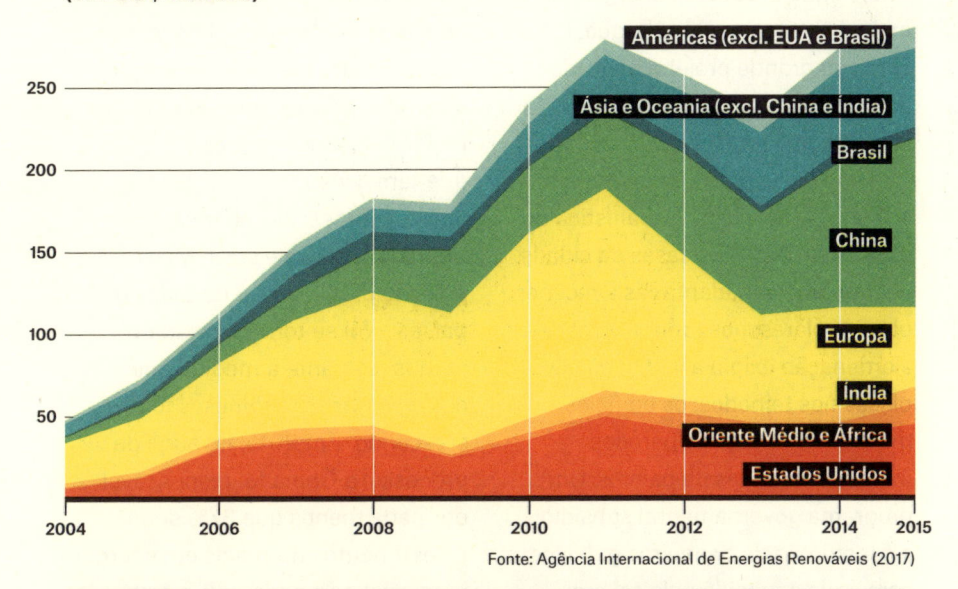

Regiões (de cima para baixo): Américas (excl. EUA e Brasil); Ásia e Oceania (excl. China e Índia); Brasil; China; Europa; Índia; Oriente Médio e África; Estados Unidos.

Fonte: Agência Internacional de Energias Renováveis (2017)

O investimento em tecnologias para o emprego de energias renováveis praticamente quintuplicou ao longo da década 2004/2015. A Europa dominou o cenário até 2013, quando a China acelerou seus investimentos e tornou-se a principal potência na área. Os Estados Unidos foram perdendo participação relativa no bolo. E o Brasil tem importância suficiente para ser destacado como um dos países relevantes no cenário dos investimentos mundiais.

A China não vive apenas de antigas filosofias. Até o momento em que o governo passou a pensar em economia limpa, a vida na cidade de Dezhou, na província de Shandong, era marcada apenas por uma grande herança da indústria extrativista do carvão – que não era lá essas coisas: apesar dos 5 milhões de habitantes, a cidade mineradora não tinha sequer um aeroporto.

Porém, como era a segunda cidade com mais insolação no país, acabou sendo escolhida como modelo para o programa de energia solar chinês. E, sendo a escolha de um regime altamente centralizado, veio com todos os incentivos possíveis e imagináveis: terrenos subsidiados para a instalação de empresas, isenção de impostos e taxas, acesso a generosas linhas de financiamento.

O pacote acabou atraindo gente como Huang Ming, um engenheiro da indústria petrolífera que mudou o foco de seus interesses. Em pouco tempo ele se tornou o maior produtor chinês – e mundial – de placas solares que produzem energia por meio do aquecimento da água. E para seu grande projeto, batizado de Vale Solar, ele contou com muita ajuda do governo local.

Uma das mudanças favoráveis ocorreu na legislação urbanística do município. Todas as casas da cidade tiveram que ser adaptadas e receber placas solares; nos prédios menores, a ordenação exigiu a instalação de placas nos telhados; os edifícios maiores deveriam ter paredes inteiras revestidas de painéis. Um programa governamental subsidiou a construção de banheiros públicos com água aquecida pelo sol em todas as casas rurais da região.

Mas o investimento frutificou. Os gastos do governo regional atingiram 740 milhões de dólares em 2011 – ano em que se contavam 120 indústrias espalhadas pela região, com faturamento da ordem de 3,5 bilhões de dólares.

Embora fosse vitrine, Dezhou era apenas a parte mais visível da mudança. O despejo de recursos no desenvolvimento de energia renovável esteve à altura do poder de um governo centralizado. Até a decisão chinesa, o desenvolvimento tecnológico na área era relativamente pulverizado em todo o mundo. A entrada da China acabou por mudar radicalmente o quadro.

Em 2014, no auge dos investimentos, o país se tornou imediatamente o líder mundial em investimentos, com algo em torno de 34% do total.

Um dado relevante para aquele ano: nele, o Brasil foi o segundo maior investidor na área – algo que tem a ver com suas diversas possibilidades: hidrelétrica, etanol, biomassa, eólica e solar. Mas a posição brasileira – e de todos os países – foi se tornando cada vez menos relevante à medida que os investimentos chineses foram crescendo. Em 2015, no auge do processo, a China foi responsável por nada menos que 37% dos investimentos mundiais em energia renovável, tornando-se a maior produtora mundial de energia renovável, especialmente solar.

O volume de investimentos chineses traduziu-se em resultados materiais. Em 2017 foram inauguradas usinas solares que produziam 53 GW de energia – 3,7 vezes a capacidade da usina hidrelétrica de Itaipu, a maior do Brasil e uma das maiores do mundo. Tamanha capacidade produtiva correspondeu, naquele ano, a pouco mais da metade da energia solar instalada no planeta. Sozinha, significava um incremento de 13% de toda a produção mundial.

Foi então que começaram os conflitos. Os projetos de Huang Ming passaram, literalmente, a disputar espaço com a tradicional produção de carvão. Apareceram conflitos em torno de propriedade de terras – e os subsídios convidativos dos primeiros tempos foram substituídos por uma política bem menos atraente do governo local.

Não se tratava de um fenômeno apenas local. A partir do ponto em que a produção de energia renovável – tanto solar como eólica – atingiu um patamar de custos altamente competitivo em relação aos combustíveis fósseis, iniciou-se uma reação. Em 2018 e 2019 a produção de carvão chinesa voltou a crescer, dessa vez em meio a grandes conflitos regulatórios num mercado agora competitivo. A questão, portanto, havia se tornado mundial.

> Um dos muitos prédios da cidade de Dezhou projetados para funcionarem também como unidades de produção de energia solar. A concentração maciça de investimentos em tecnologia nessa fonte de energia transformou, em menos de uma década, a cidade isolada em centro de ponta de energia solar do planeta.

26. ESCALA GLOBAL

"Neste tempo de isolamento, precisamos de conexão mais do que nunca. Ligue para os seus entes queridos, escreva cartas de amor virtuais. Tecnologias como comunicação virtual, streaming e transmissão a longa distância são partes da nossa colaboração comunitária. Nós vamos aprender a beijar e abraçar uns aos outros através das ondas da web. Vamos encontrar uns aos outros, redistribuir a renda, fazer greves. Vamos entender a nossa própria importância nos lugares em que precisamos ficar. A comunhão ultrapassa as paredes. Ainda podemos estar juntos."

[Britney Spears ganhou destaque nas redes sociais – e muitos memes – após compartilhar uma citação da artista Mimi Zhu, que apoia a redistribuição e a greve trabalhista na era do coronavírus.] *Rolling Stones*, 26 de março de 2020 (https://rollingstone.uol.com.br/noticia/britney-comunista-popstar-pede-distribuicao-de-renda-e-vira-meme/).

Noor-Ouarzazate, em pleno deserto do Saara no Marrocos, abriga o maior projeto de energia solar de todo o planeta. Meio milhão de placas de captação de energia solar estão sendo instaladas numa área de 2,5 mil hectares. A produção de eletricidade continua mesmo à noite, quando o calor obtido durante o dia e preservado em sal fundido mantém em funcionamento os geradores. Desde 2018, as três usinas interligadas têm uma capacidade total de 510 MW – o dobro do consumo da capital do país, Rabat. O complexo, cuja obra ainda continua, está sendo construído por empresas chinesas, que empregam 13 mil trabalhadores no projeto.

No mar do Norte, junto ao litoral escocês, o parque eólico Beatrice tornou-se totalmente operacional em junho de 2019 – é uma das primeiras usinas oceânicas de grande porte, com 588 MW de capacidade. Outra característica tipicamente verde do projeto é seu financiamento inteiramente privado. Um dos sócios e fornecedores de tecnologia é a filial da SDIC, uma das maiores empresas chinesas do setor, com 25% do capital. Os investimentos totais chegaram a 3 bilhões de dólares.

Esses dois projetos são apenas as faces mais visíveis do potencial global dos investimentos em tecnologia limpa realizados pelos chineses. Não faltam iniciativas dessa natureza no país. Projetos como uma estação espacial solar começaram a ser desenvolvidos pela agência espacial chinesa, tendo como horizonte o ano de 2050.

Nada mau para um país que, até duas décadas atrás, estava condenado a uma posição secundária no mercado mundial de energia. Tendo como única fonte própria o carvão, nem mesmo era viável a independência nacional nesse mercado. Do ponto de vista da estratégia nacional, a adoção de um Paraíso Restaurável como meta permitiu ao país um novo nível de ambição.

As primeiras formulações dessa nova ambição remontam a 2012, quando o Partido Comunista Chinês anunciou que seu grande objetivo agora seria o de construir o que chamou de "civilização ecológica". Não se tratava apenas de palavras: no ano seguinte, o governo determinou que todo o planejamento estratégico do país deveria seguir o princípio de que a Terra é um sistema único, no qual operam homem e natureza.

Em 2013, a mensagem foi encampada pelo Executivo. O presidente Xi Jinping anunciou que o grande projeto nacional seria refundar a Rota da Seda, o caminho comercial mais antigo da humanidade, interligando por terra a Ásia e o Ocidente. O detalhamento

OS FLUXOS MUNDIAIS COMEÇARAM A SE REARTICULAR VISANDO UMA CONEXÃO COM O PARAÍSO RESTAURÁVEL CHINÊS

veio a seguir: investimentos de toda espécie visando não apenas produzir energia renovável, mas instalar toda uma rede inteligente de distribuição de eletricidade, capaz de gerenciar e distribuir com eficiência o que fosse produzido. Para viabilizar isso, o projeto incluía conexões de internet 5G, capazes de dar conta da chamada internet das coisas – objetos que interagem com a rede de computadores.

A primeira reação veio dos Estados Unidos, que passaram a combater os planos chineses com a alegação de que são altamente subsidiados e por isso prejudicariam o equilíbrio do comércio internacional. Mas o próprio comportamento dos chineses ajudou a turvar as possibilidades.

A partir de 2016, os investimentos em tecnologia de energia renovável começaram a cair. Muitos dos subsídios foram eliminados e diminuiu o ritmo das mudanças. Em 2018, a produção chinesa de carvão voltou a crescer, após anos de declínio. Nesse ano, 59% da energia consumida na China veio dessa fonte, a mais poluente, de pior aproveitamento e a que mais emite dióxido de carbono.

Por outro lado, havia resultados palpáveis a apresentar. O país era o maior produtor mundial, o maior exportador e o maior instalador de painéis solares, aerogeradores, baterias e veículos elétricos do planeta, o que lhe dava condições de competir tanto na via tradicional dos combustíveis fósseis quanto na mudança para as fontes renováveis. Nesse cenário ambíguo, o país foi berço da Covid-19 e da recessão derivada da pandemia. Uma pancada dura, mas que ao menos podia ser enfrentada com alternativas – que pareceram menores onde menos se poderia esperar.

O complexo de energia solar de Noor-Ouarzazate, no Marrocos, está sendo construído por empresas e com tecnologia chinesas e já é a maior do mundo.

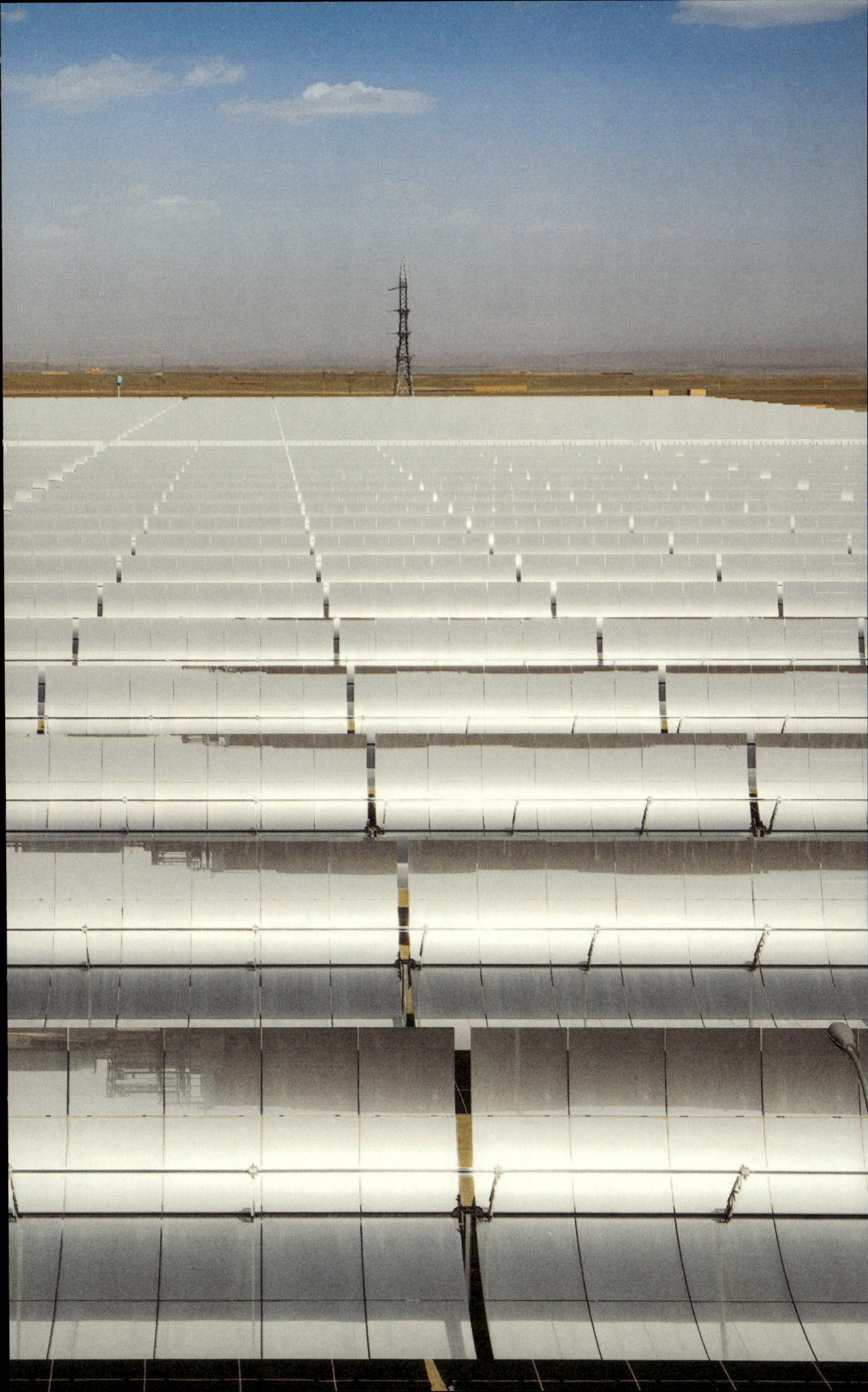

27. A CIVILIZAÇÃO DO PETRÓLEO I: O SONHO INTERROMPIDO

> "O sofrimento nunca é provisório para quem não acredita no futuro."
>
> **ALBERT CAMUS**, *O homem revoltado*. Rio de Janeiro: Record, 2019, p. 271.

Ainda no tempo em que o território era domínio espanhol, um relatório de padres jesuítas de 1657 informava que os nativos da Pensilvânia empregavam um espesso líquido negro que brotava da terra tanto como combustível quanto como tintura para pinturas corporais. Quando os colonos ingleses ocuparam a região, o líquido passou a ser usado como combustível para evaporar água e fazer sal.

A partir da metade do século XIX, já com os Estados Unidos independentes e os nativos massacrados, começou a exploração regular do petróleo como combustível. Até a virada para o século XX, era um negócio de pouca monta, com quase tudo o que se extraía sendo exportado. E assim foi até o aperfeiçoamento dos veículos com motor a explosão, nas primeiras décadas do século.

A novidade coincidiu com o período no qual os Estados Unidos se tornaram a maior economia do planeta. Aviões, trens e navios movidos a derivados de petróleo eram alguns dos produtos da tecnologia de ponta de então, capazes de transmitir uma imagem do poder nacional para o mundo.

Mas o automóvel acabaria sendo o produto que se tornaria símbolo cultural dessa era de prosperidade. A partir da linha de montagem criada por Henry Ford, a invenção deixaria de ser um objeto exclusivo de ricos privilegiados para se tornar uma marca de liberdade individual do proprietário: objeto que permitia, mais que qualquer outro, expressar materialmente o direito de ir e vir de cada cidadão.

Os ideais democráticos dos Pais da Pátria seriam adaptados para a elaboração de um novo modelo, ligando a democracia e a liberdade – os princípios dos fundadores – à conveniência e ao consumo, tudo ancorado no automóvel, que passou a simbolizar o Sonho Americano. Assim se pavimentou o caminho para a crescente demanda por petróleo nas décadas seguintes.

A essa época remonta a formação de uma política vinculando a independência nacional ao domínio do mercado de petróleo. Já em 1901 aprovou-se uma lei proibindo a exportação do combustível e reforçando a associação entre a identidade nacional de potência e a abundância de petróleo existente no país. A partir de então, refinarias e usinas passaram a produzir quantidades cada vez maiores de derivados que sustentavam o consumo. Energia elétrica saída de usinas térmicas, locomotivas movidas a diesel, fornos de indústrias siderúrgicas e, claro, gasolina tornaram-se os combustíveis do modelo de crescimento dos Estados Unidos.

Esse modelo alcançaria o auge nas décadas de 1950 e 1960. Nem mesmo os contestadores conseguiam escapar da tendência geral – algo que o livro *On the Road*, de Jack Kerouac, ajudava muito a lembrar. Enquanto isso, o desenho dos automóveis para o mercado do país explodia por todo lado: cores variadas e brilhantes, adereços metalizados, adornos espetaculosos (o rabo de peixe), tamanho descomunal. Tudo valia porque o preço da gasolina era mínimo, alimentando a impressão de fartura infinita.

Os primeiros sinais de problemas começaram a despontar na década de 1960. Pela primeira vez, o consumo superou a capacidade de produção do setor petrolífero local, abrindo caminho para o fim da associação entre soberania nacional e consumo abundante de petróleo. Os Estados Unidos se viram forçados a comprar o produto no mercado mundial – e a definir uma política de controle estratégico das fontes de abastecimento.

"HOJE OS AMERICANOS COMEÇAM A PERCEBER QUE A VIDA COMO CONCEBIAM – CARROS IMENSOS, GRANDES RESIDÊNCIAS NOS SUBÚRBIOS E CONSUMO DESENFREADO – ACABOU"

A abundância de energia fóssil foi mostrada por muitos anos como o combustível da felicidade familiar.

O ponto nevrálgico de alerta aconteceu depois que o país apoiou Israel na Guerra do Yom Kippur, em outubro de 1973. Em represália, os países árabes detentores de reservas petrolíferas impuseram um boicote – fazendo com que o preço do barril quadruplicasse no mercado internacional. Uma reportagem de capa da revista *Time* decretou: "Hoje os americanos começam a perceber que a vida como concebiam até agora – carros imensos, grandes residências nos subúrbios e consumo desenfreado – acabou."[1]

O diagnóstico estava de acordo com a reação do então presidente democrata, Jimmy Carter, à nova realidade. Preocupado com a segurança energética do país, ele instalou, no telhado da Casa Branca, um dos primeiros painéis solares produzidos no mundo. Em 1978, Carter levou ao Congresso o projeto da Lei de Energia Nacional, que incentivava a diminuição de consumo de energia, ressaltando a importância do fim do transporte individual e do uso da carona como forma de melhor aproveitamento dos estoques de gasolina.

Cinquenta anos mais tarde esses gestos poderiam ser vistos como atitude pioneira com a preocupação ambiental. Eram, mas os tempos ainda não permitiam que a interpretação se popularizasse. O fim do Sonho Americano era um osso duro de roer, tão entranhado estava na cultura. A atitude de Carter foi rejeitada pela maioria dos eleitores – ele foi um dos raros presidentes a perder uma eleição estando no poder. Seu sucessor, o republicano Ronald Reagan, preferiu relaxar as restrições ao consumo e à produção de petróleo.

Desde então a nação norte-americana caminha dividida entre opções opostas para conceber o seu Paraíso. No mundo da realidade as mudanças acontecem, a economia pressiona. Mas a resistência cultural é forte o suficiente para criar das suas: os painéis solares pioneiros podem ser vistos hoje no museu de energia solar de Dezhou, na China. Foram se tornar um marco distante da cultura que os criou, incapaz de internalizá-los – apesar do muito que se faz no país.

---

[1] "Meg Jacobs Interview – How an Oil Shortage in the 1970s Shaped Today's Economic Policy", *Time*, 31 de maio de 2016.

A crise do petróleo de 1973 foi também um choque para o sonho nacional com o automóvel gigantesco.

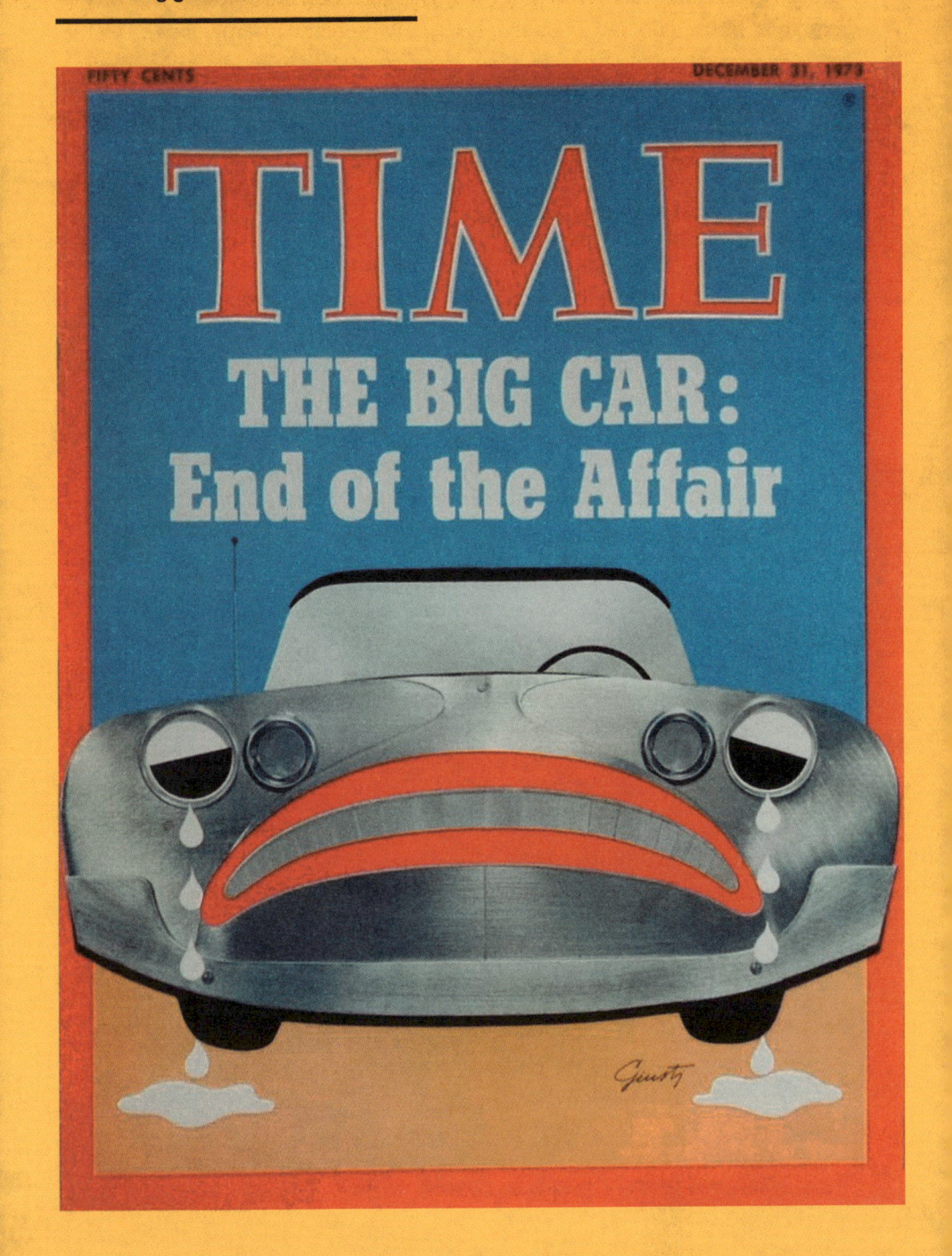

27. A civilização do petróleo I: o sonho interrompido

28. PARAÍSOS MUNICIPAIS

"O presidente Donald Trump diz que as pás de geradores eólicos matam todos os pássaros, afirma que a energia solar não tem potencial suficiente, adota políticas desenhadas para ajudar a indústria do carvão. Apesar disso, as forças do mercado moldaram um destino diferente. Trump vai ser o presidente que mais aposentou usinas de carvão e mais instalou sistemas de energia solar, mesmo não querendo nada disso. Vai ser o presidente solar."

JOHN BERGER, CEO da Sunnova, empresa de energia solar sediada em Houston. *Financial Times*, 6 de abril de 2020, na reportagem "Texas: how the home of US oil and gas fell in love with solar power" (https://www.ft.com/content/21fd91f2-7271-11ea-ad98-044200cb277f).

"Trump autoriza maior projeto de energia solar dos EUA"

Recharge News, 12 de maio de 2020 (https://www.rechargenews.com/wind/trump-government-green-lights-biggest-ever-us-solar-power-project/2-1-807534).

O descarte da placa solar pioneira do teto da Casa Branca não apaga o fato de que as mudanças começaram nos Estados Unidos. Para perceber sua continuidade, no entanto, é preciso deixar de lado o governo central e seguir uma trilha local – que leva a fenômenos significativos na prática, embora nem sempre percebidos simbolicamente.

Em 1990, uma década antes dos movimentos locais de alemães de Feldheim ou chineses de Huashui, os moradores de Burlington, no estado de Vermont, aprovaram o lançamento de bônus municipais no valor de 11,3 milhões de dólares. O objetivo era empregar os fundos em ações para melhorar a eficiência energética da cidade até o ano de 2002.

Assim começou a mudança numa comunidade que vivia basicamente de turismo, agricultura e da produção industrial de xarope de bordo, muito empregado na culinária norte-americana. Um novo passo foi dado no ano 2000, quando o prefeito Peter Clavelle distribuiu um questionário entre os moradores com o objetivo de conhecer as expectativas de cada um em relação ao futuro da cidade, a mais populosa do estado, com cerca de 45 mil habitantes.

Com base nas respostas ao questionário foi formulado o Plano Legado, que continha os maiores objetivos de longo prazo para a cidade: prioridade para reciclagem, conservação de energia e investimentos em meios de transporte não poluentes e em geração de energia renovável. Para financiar o plano, os moradores aprovaram, em 2003, a cobrança de uma pequena taxa fixa mensal.

Um dos resultados ficou patente no consumo de eletricidade – apesar de todo o crescimento da economia local, este se mantinha praticamente estável desde 1989. Tal previsibilidade acarretou um passo adiante: em 2014, os moradores aprovaram nova emissão de bônus, dessa vez no valor de 12 milhões de dólares.

Os recursos foram empregados na aquisição de uma pequena usina hidrelétrica num município vizinho. Com isso, a cidade assegurou total independência energética, deixando de depender das empresas de eletricidade que distribuem energia gerada a partir de usinas a carvão, gás natural ou petróleo.

Assim se completou um ciclo pioneiro: Burlington passou a ser a primeira cidade dos Estados Unidos inteiramente movida por energia renovável. E garantiu uma grande vantagem econômica: há dez anos os moradores não conhecem qualquer aumento em suas contas de luz, algo que torna extremamente previsível o cálculo econômico.

O processo de crescimento da energia renovável se repetiu no nível local em muitos municípios dos Estados Unidos – mas nem sempre de forma tão pacífica e constante como na cidade turística e agrícola. O estado do Texas continua sendo o centro do setor de petróleo e gás do país. Não à toa, a imagem mais comum da região era a dos milhares de bombas cabeça de cavalo fazendo extração nas planícies amplas e com ventos constantes. Nos últimos anos essas bombas passaram a conviver com uma nova companhia.

A exploração do petróleo entranhado nas rochas de xisto explodiu no país na década de 2010. Financiamento abundante e equipamentos disponíveis sustentaram a expansão da produção – apesar da lucratividade duvidosa, especialmente a partir da queda dos preços do petróleo em 2014. Mesmo com a queda de preços a produção de petróleo no país se expandiu. Passou de 6 milhões de barris por dia, em 2010, para 12,9 milhões, em 2019.

O aumento da produção foi grande o suficiente para que os Estados Unidos voltassem a exportar petróleo – algo que não acontecia desde a década de 1960 – e pudessem realimentar o sonho relacionado a grandes automóveis – agora na forma de SUVs. Mas, mesmo no centro desse movimento, as mudanças acontecem.

Em busca de renda adicional, alguns fazendeiros resolveram

A MUDANÇA ENERGÉTICA COMEÇA NAS PEQUENAS CIDADES – E NEM SEMPRE A REAÇÃO DOS GRANDES É SUAVE

espetar moinhos eólicos nos intervalos entre bombas de petróleo. Como o negócio se mostrou lucrativo, o estado se tornou o quinto maior gerador de energia eólica de todo o planeta, empregando no setor nada menos do que 25 mil pessoas. Em 2018, algo como 7 milhões de residências no estado estavam consumindo a nova energia. E na esteira desse desenvolvimento vieram os projetos de energia solar – embora esta forneça apenas 1% da energia consumida no estado, a produção vem dobrando a cada ano.

Georgetown, com cerca de 50 mil habitantes, viveu a transformação de maneira intensa. Os moinhos eólicos foram se multiplicando até o ponto em que tinham capacidade para atender a todos os moradores. O prefeito Jim Briggs se entusiasmou. Ao discursar numa comemoração pelo fato de Georgetown ser a primeira cidade 100% energia renovável no coração da zona petrolífera, ele alardeou, sem deixar de ser realista: "Não fizemos isso para salvar o mundo, mas simplesmente para conseguir uma tarifa competitiva e reduzir os riscos para os consumidores."[1]

Nessa altura, a cidade só mantinha um laço com o mundo dos combustíveis fósseis: uma linha de fornecimento de gás, que só deveria ser empregada em casos fortuitos. Foi o que bastou para desencadear uma reação contra o símbolo incômodo. A empresa fornecedora entrou na justiça para receber um fixo mensal de cada consumidor aos preços altos vigentes na época da assinatura do contrato – muito acima dos que então se praticavam no mercado.

Assim que um juiz deu uma sentença a favor da litigante – e a conta de luz dos cidadãos que produziam energia renovável barata aumentou para pagar quem não estava entregando energia vinda de fontes fósseis –, difundiu-se uma vasta campanha de marketing dos produtores de combustíveis fósseis mostrando os riscos e as incertezas relacionados com a energia limpa.

Publicidade à parte, a realidade é que, uma vez que o contrato só termina em 2022, os produtores eficientes de energia eólica passaram a subsidiar aqueles que não conseguiam mais competir com preços. Nesse caso, a vantagem institucional, o apoio do sistema legal, acabou sendo empregada para barrar as mudanças, não para acelerá-las.

O processo de crescimento das fontes renováveis pressiona de baixo, mas encontra resistência – tanto econômica como institucional – à medida que vai subindo na escala do poder. Mas, sendo os Estados Unidos uma democracia federativa, esse tipo de conflito tem nuances muito relevantes. O jogo do poder confere autonomia não apenas aos municípios, mas também aos estados. E alguns deles empregam seu quinhão de poder para apoiar as mudanças – de modo nada irrelevante.

---

[1] Tom Dart, "Texas City Opts for 100% Renewable Energy – to Save Cash, Not the Planet". *The Guardian*, Guardian News and Media, 28 de março de 2015 (www.theguardian.com/environment/2015/mar/28/georgetown-texas-renewable-green-energy).

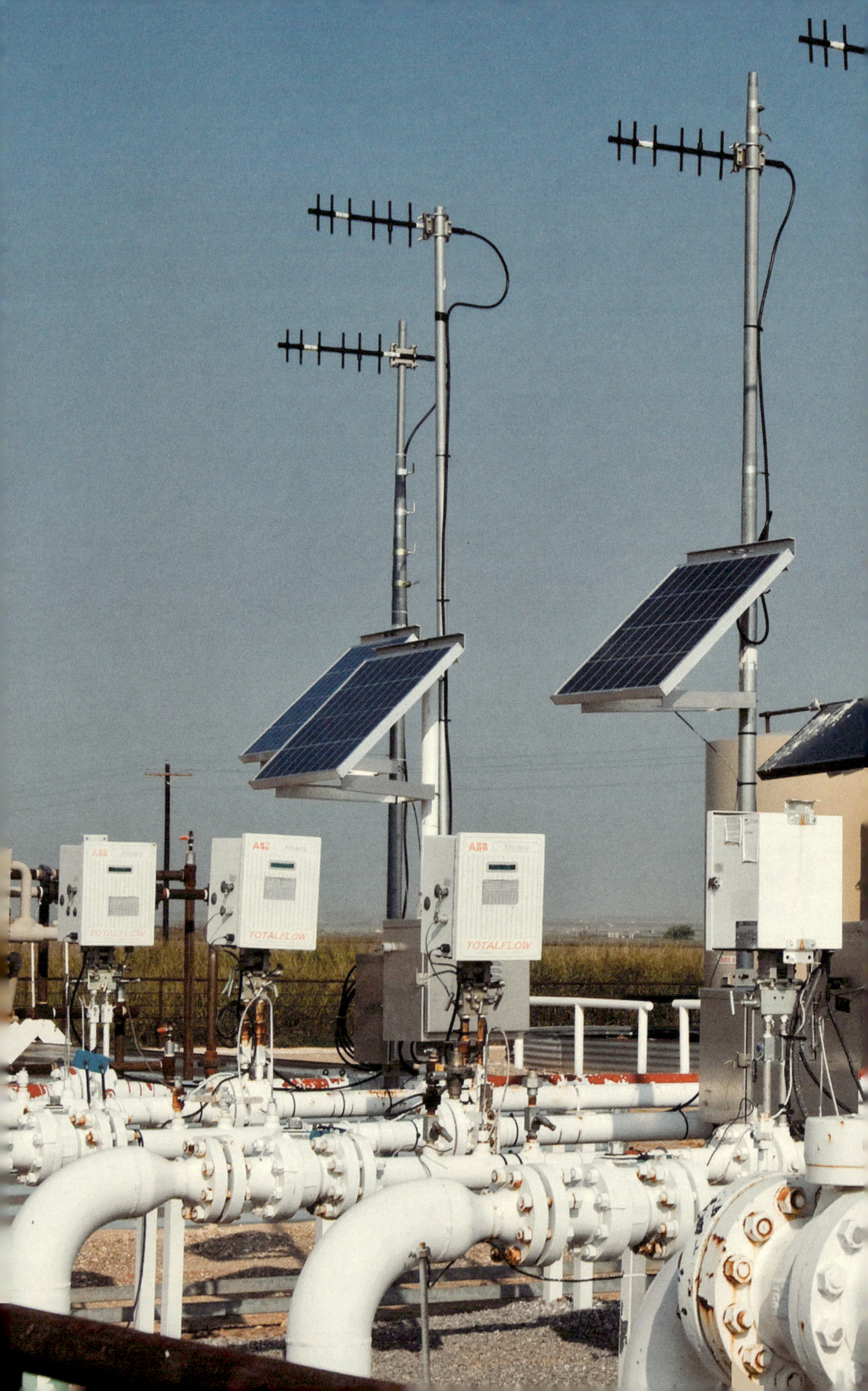
ABB
TOTALFLOW
ABB
TOTALFLOW
ABB
TOTALFLOW

Placas de produção de energia solar instaladas junto a dutos de petróleo no estado do Texas: novas conexões marcam o momento em que as possibilidades de refazer a matriz de produção e consumo de energia se ampliam para a humanidade.

29.
A GUERRA DOS AUTOMÓVEIS

"Os californianos vivem em um suposto Paraíso, que entretanto parece cada vez mais infernal."

DANA GOODYEAR. *The New Yorker,* 11 de novembro de 2019 (https://www.newyorker.com/news/daily-comment/waking-up-from-the-california-dream).

A Califórnia é um dos territórios com maiores restrições ambientais dos Estados Unidos. Parte do estado é desértica, o restante convive o tempo todo com o fantasma da falta de água. O clima é seco a ponto de os incêndios florestais serem frequentes. Essas condições não favorecem a dispersão dos poluentes nas cidades. Por isso, a luta local pela economia limpa está diretamente associada à necessidade de manter as condições básicas de vida. Apesar das medidas tomadas pelas autoridades, sete das dez cidades com maior poluição do ar nos Estados Unidos ficam na Califórnia, que não está entre as dez unidades federativas mais verdes do país.

Mas os californianos estão entre os lutadores mais pertinazes para melhorar essa situação. O primeiro passo significativo nessa direção ocorreu em 1970, com a aprovação da Lei do Ar Limpo. De modo a promulgar uma legislação mais restritiva que as leis federais, o estado conseguiu que o governo central abrisse mão do monopólio de fazer leis na área e aceitasse transferir essa prerrogativa ao estado.

Em seguida, esse caminho legislativo, característico de uma federação, foi largamente ampliado. Ao longo de quase cinco décadas, a Califórnia conseguiu uma centena de autorizações semelhantes – consolidando uma forma de atuação ambiental. Era o estado pioneiro na criação de legislação na área, com os outros esperando para ver o que dava certo e adotando aquilo que lhes parecesse conveniente. O sistema permitia flexibilidade e avanços, sem esbarrar em questões judiciais maiores. Graças a ele, foi possível regular as emissões de veículos e ônibus, por meio de restrições progressivas.

Em 2013, a Califórnia recebeu autorização para implementar o Programa de Carros Limpos. Novas restrições foram impostas com o objetivo de reduzir, até 2025, em 36% as emissões dos automóveis, e em 32% as dos caminhões. A legislação também exigia que os fabricantes oferecessem alternativas de veículos não emissores, fossem elétricos, movidos a hidrogênio ou híbridos. Dessa vez, treze outros estados adotaram em seguida tais restrições – em parte ou totalmente. Eles representavam em torno de 30% das vendas no mercado automobilístico do país.

Com a eleição de Donald Trump em 2016, houve uma mudança de postura do governo federal em relação ao mecanismo de autorizações estaduais na área ambiental. Apenas nos três primeiros anos de mandato, segundo o jornal *The New York Times*, foram revogados 58 atos (entre eles,

A combinação de trânsito pesado e condições ambientais precárias fez com que as autoridades de Los Angeles e do estado da Califórnia se tornassem rigorosas no controle de emissões. Desde 2016, no governo Trump, começou uma luta regulatória entre o presidente e o estado, que tem o urso como símbolo.

a proibição de perfurar poços de petróleo numa reserva ambiental no Alasca e a ordem para reduzir as emissões do próprio governo federal em 40% no prazo de dez anos) e outros 37 atos da mesma natureza estavam em preparação.[1]

---

1 Nadja Popovich, "95 Environmental Rules being Rolled back by Trump". *The New York Times*, 21 de dezembro de 2019.

Logo tiveram início as ações judiciais contra a decisão presidencial. Em dez casos, as medidas foram anuladas pelos tribunais, em ações impetradas tanto por esferas menores de governo como por empresas privadas. A incerteza jurídica se espraiou, alimentada também pelo método negocial do mandatário de explorar caminhos por meio de especulações no noticiário.

A certa altura, o presidente Trump passou a dar sinais de que gostaria de diminuir as restrições ambientais para a circulação de veículos. Seu argumento foi o de que carros "limpos demais" poderiam ser caros para os cidadãos mais pobres e, por isso, a legislação deveria ser afrouxada de modo a permitir veículos menos eficientes nas estradas.

Nesse cenário aconteceu algo novo. Em julho de 2019, quatro gigantes da produção automobilística – Ford, Honda, BMW e Volkswagen – firmaram um acordo com o governo da Califórnia pelo qual seguiriam os padrões que este determinasse na produção de seus veículos. Além disso, reforçaram o empenho de promover uma redução anual de 3,7% nas emissões. Juntos, os quatro fabricantes são responsáveis por 30% da produção global de automóveis – e estão de olho nos consumidores sensíveis tanto ao argumento ambiental como ao tecnológico.

O acordo ocasionou também uma divisão política entre as empresas automobilísticas. Toyota, General Motors e Fiat Chrysler ficaram ao lado do presidente Trump e do seu argumento em favor da baixa tecnologia e da alta poluição. A reação do governo da Califórnia foi imediata. Sheila Khuehl, supervisora do condado de Los Angeles, juntou-se, com sua autoridade, aos organizadores de um boicote contra os fabricantes que se alinharam ao presidente.

E essa é apenas uma parte da guerra.

30. BILATERAL, BIPOLAR

"As classes conservadoras, as que representam o trabalho e a riqueza, a inteligência e a fecundidade (...) renunciaram à ação vitoriosa que poderiam exercer, cruzaram os braços, confundindo o sistema político."

RUY BARBOSA, 1919.

De acordo com os cientistas políticos, uma das grandes qualidades do sistema decisório dos Estados Unidos é a combinação de flexibilidade e previsibilidade. A primeira seria garantida pela soma da variedade de opiniões dos cidadãos e da variedade de graus de autoridade assegurados pelo sistema federativo. Pessoas de qualquer credo se manifestam livremente. Essas opiniões múltiplas são representadas no Congresso. Dotadas de poderes próprios, as instâncias locais de governo (estados e municípios) ajudam a promover eficazmente soluções.

E tudo isso aconteceria sem que se perca a unidade de propósitos, simbolizada no poder pessoal do presidente da República. Por outro lado, cientes de que governam para a nação e não para seu partido, esses presidentes buscariam sempre manter o consenso necessário para promover os interesses maiores do país. O monumental êxito econômico da nação permitiu outras associações entre Estados Unidos e valores universais – no caso, mercado aberto e livre iniciativa.

Essa soma virtuosa foi projetada em escala planetária por meio da cultura. Seja quem nunca foi lá, seja quem visitou o país dezenas de vezes, todos os habitantes do planeta já tomaram contato com essa hegemonia cultural, que se transmite pelos meios mais variados, de programas audiovisuais a objetos contendo inovações tecnológicas.

Quem não é norte-americano e vê esses produtos com simpatia muitas vezes faz uma associação pela qual projeta nesse país em particular um caso de sucesso de valores universais. Na via inversa, quem vê com antipatia pode rejeitar a imagem como sendo a de uma dominação indevida. Seja qual for a reação, porém, a imagem se universaliza.

Para os cidadãos norte-americanos, contudo, os valores se projetam de maneira diferente. Muitas vezes acontece que um valor apenas local apareça como se fosse mundial. Um exemplo entre muitos. Um dos esportes mais populares do país é o beisebol; no campeonato anual os times são divididos em duas ligas: a Nacional e a Americana. A final é disputada entre os vencedores de cada uma. Em todos os países, daí sairia o campeão nacional. Mas a decisão norte-americana é chamada de "World Series" [Série Mundial], e o vencedor dela se apresenta como Campeão Mundial.

Essa peculiaridade cultural que mistura caso singular e norma mundial vem tornando difícil para o país adotar metas ambientais em seu planejamento estratégico – e não que tenham faltado tentativas. O presidente Barack Obama foi um dos importantes negociadores do Acordo de Paris, firmado em 2016, que generalizou o emprego de metas ambientais qualitativas por todos os países, além de desenhar um cenário de sanções para os recalcitrantes.

Foi um acordo inédito na história da política internacional, pois pressupõe a renúncia parcial da soberania de cada nação. Abdicando do poder de determinar de maneira soberana as formas de emissão de gases que acarretam o efeito estufa, todos os países signatários assim viabilizavam o estabelecimento de um horizonte de previsibilidade e um futuro comum da humanidade. Nesse sentido, os Estados Unidos agiam na tradição de país regido por normas universais e com pretensão de ser modelo para os demais.

No entanto, o sucessor de Obama, Donald Trump, fez o país voltar atrás, anunciando a retirada dos Estados Unidos do Acordo de Paris sob a alegação de que "o acordo mina a competitividade da economia e coloca o país em permanente desvantagem econômica". Aqui o interesse particular da nação foi colocado acima do interesse universal das metas.

A decisão, no entanto, teve o efeito contrário de unir a nação.

Depois do anúncio, nada menos que 24 dos 50 estados norte-americanos, mais Porto Rico, anunciaram a formação da Aliança pelo Clima. Confrontando a decisão presidencial, comprometeram-se a manter internamente os objetivos do Acordo de Paris mediante normas legais locais. E foram seguidos por centenas de municípios.

A norma mundial assim se transformou em causa local. E a causa foi defendida por meio de disputas judiciais entre esferas de governo, que logo proliferaram por toda a nação. A Califórnia foi o estado que mais forçou o caminho. A promotoria local abriu sessenta processos contra os atos presidenciais que afrouxavam as normas ambientais. Até 2019, dezoito foram julgados, com dezesseis vitórias do governo estadual. Nenhuma das franquias conquistadas desde a década de 1960 foi perdida. O presidente reagiu como podia, anunciando, por exemplo, que iria cancelar a transferência de fundos federais para a rede rodoviária do estado. Mas a Califórnia ganhou aliados e outros treze estados iniciaram processos judiciais do mesmo tipo.

Essa acirrada disputa sobre o lugar das metas ambientais no planejamento nacional está transformando a política bipartidária que estabilizou o país numa postura bipolar. Em vez de ser uma questão de transição, como no caso de Alemanha, União Europeia ou China, tornou-se um conflito aberto com

Fonte: Creative Commons

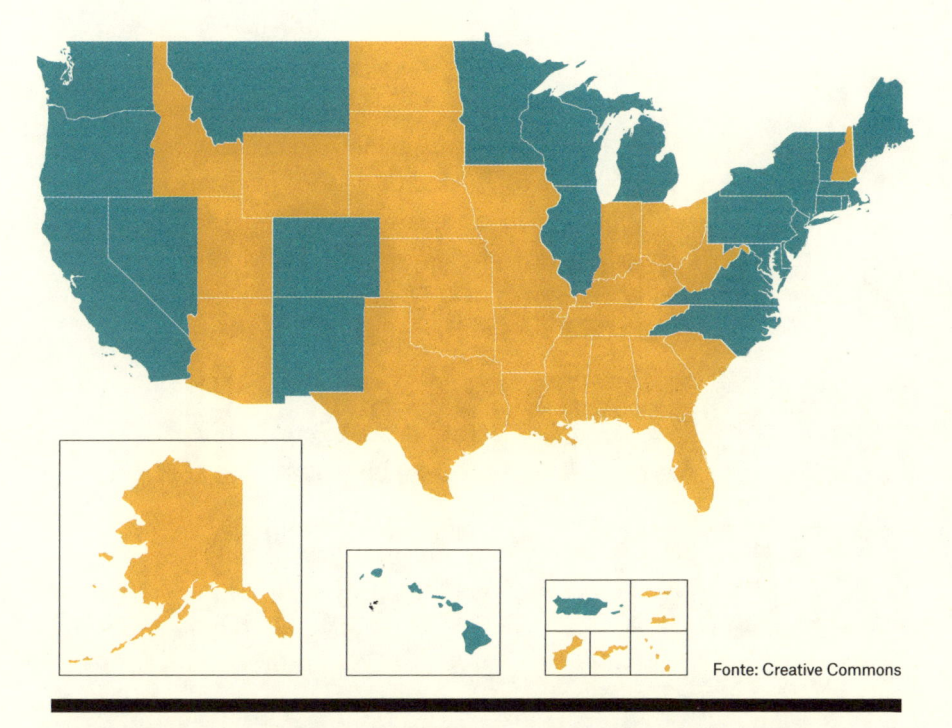

Um dos ganhos econômicos mais importantes derivados do emprego de metas ambientais como norte para a economia é o da previsibilidade com relação ao futuro – algo que os Estados Unidos se mostraram dispostos a fazer quando entraram no Acordo de Paris. A volta atrás na administração seguinte não resolveu o problema: pelo contrário, agravou-o. Metade dos estados do país, mais Porto Rico (em verde no mapa), reuniram-se na Aliança pelo Clima e decidiram manter o sistema de metas. Com isso foi criada uma estrutura de instabilidade jurídica, marcada não apenas por disputas em tribunais, mas por imprevisibilidade para projetos de longo prazo.

forte expressão política – e base econômica e cultural.

Claro, o fato de ser um grande produtor de petróleo torna mais excruciante a decisão de mudar, algo que não acontece na União Europeia ou na China, que não têm produção relevante. Mas, dado o ambiente bipolar, o problema de competitividade nacional expresso pelo presidente Trump também pode ser visto por outro lado, conhecido dos moradores de Georgetown: as energias renováveis podem ser mais competitivas.

Essa dúvida já estava no ar antes da recessão de 2020. E não é uma pergunta apenas econômica, como se sabe desde as placas solares no teto da Casa Branca.

31. A CIVILIZAÇÃO DO PETRÓLEO II: GREAT AGAIN?

"Em 20 de abril [de 2020] os preços do petróleo caíram abaixo de zero pela primeira vez na história do mercado, deixando os especialistas da indústria em estado de choque e atabalhoados. 'Não apenas erramos constantemente', disse um deles, 'mas erramos numa ordem de magnitude maior do que qualquer um pudesse conceber.'"

JESSICA CAMILLE AGUIRRE. *Vanity Fair*, 27 de maio de 2020 (https://www.vanityfair.com/news/2020/05/oil-traders-on-the-day-prices-went-negative).

No dia 16 de fevereiro de 2020, já com a epidemia de Covid-19 em curso, Donald Trump aceitou desempenhar um segundo papel, além daquele de presidente da República: servir como Grande Marechal na corrida de estreia da Nascar, a mais popular categoria do automobilismo norte-americano.

O termo Grande Marechal tem longas raízes históricas: designava inicialmente o superior da Ordem dos Cavaleiros Teutônicos, no tempo das cruzadas. Na cultura estadunidense acabou servindo como denominação de um mestre de cerimônias, especialmente em paradas ou eventos festivos. Aceitando tal conjunção de dois papéis de dignatário, o resultado foi um discurso peculiar:

> Meus amigos fãs de automobilismo, não há emoção maior que estar com vocês aqui no Centro Mundial de Corridas, na edição número 62 da Daytona 500. É muito excitante. A Daytona 500 é uma lendária conjugação de motores roncando e espíritos da América se elevando, mostrando a velocidade e o poder dos quais tanto ouvimos falar por tantos anos. As dezenas de milhares de patriotas que estão aqui hoje vieram para ver os carros mais rápidos do mundo dos esportes a motor, mas os fãs da Nascar nunca se esquecem de que, não importa quem vença a corrida, o que realmente vale é Deus, a família e a pátria. [...]
>
> Agora se aproxima o momento que tanto esperamos. Logo os carros vão entrar na pista para a largada, os pneus vão guinchar, a borracha vai queimar, fãs vão urrar e a grande corrida da América vai começar. Por 500 milhas com o coração de todos palpitando, esses ferozes pilotos vão perseguir a bandeira quadriculada, fazendo seu esforço pela pura glória americana. É disso que se trata, pura glória americana. Enquanto esperamos pela bandeira verde,

damos graças a esse país amado, aos heróis que nos mantêm a salvo e a Deus, que nos fez livres. A todos os pilotos, técnicos e equipes de mecânicos, desejamos boa sorte, e que vença o melhor!

Depois de proferir essas palavras como o primeiro presidente dos Estados Unidos a servir como Grande Marechal em Daytona, Trump deu a ordem para os pilotos ligarem os motores, entrou na emblemática limusine presidencial – que tem o apocalíptico apelido de "A Besta" – e liderou o pelotão a bordo do agora carro-madrinha.

Em termos retóricos, o discurso em tal cerimonial foge muito da regra pétrea das locuções presidenciais, aquela de buscar falar para todos os cidadãos a um só tempo. O papel de Grande Marechal permitiu ao presidente se apresentar não como representante do todo, mas como o camarada membro de um grupo particular: o dos amantes das corridas de automóveis.

Essa posição narrativa peculiar faculta que o discursante elenque uma série de ligações entre automóveis e afecções anímicas: "motores roncando / espíritos se elevando"; "velocidade / poder lendário"; "ver carros rápidos / entender os valores da Pátria"; "pneus guincharem / fãs urrarem". A série de paralelismos culmina com a ligação entre "vitória de um piloto" e o espírito comum entre os presentes, de "pura glória americana" – a justificativa do ritual.

Essa combinação entre atributos de um artefato industrial e valores muito humanos já foi levemente tocada nas referências a Francis Bacon, o filósofo inglês citado por admirar "o magnífico aparato de coisas produzidas e acumuladas pelas artes mecânicas". Ele tinha suas pinimbas:

O CRITÉRIO DE FRANCIS BACON, SEGUNDO O QUAL OBJETOS MATERIAIS SERIAM VIRTUOSOS E AS OBRAS DO INTELECTO UM VÍCIO INÚTIL, PERDE BRILHO EM CULTOS DOMINICAIS NOS AUTÓDROMOS

Pode-se dizer que, quando tiveram início as ciências racionais e dogmáticas, cessou a invenção de obras úteis. Um interessado que passe das oficinas para as bibliotecas pode ficar admirado com a imensa quantidade de livros. Mas, se examinar com mais cuidado seu conteúdo, sua admiração desaparece ao constatar as infinitas repetições que os homens fazem.[1]

Oficinas e bibliotecas aparecem aqui como polos opostos. E opostos não na qualidade comum de serem espaços que guardam artefatos humanos, mas pelas sensações anímicas que esses objetos devem despertar nas pessoas – e esse é o verdadeiro tema da exposição. O argumento é construído para separar um polo positivo, do "maravilhamento", e outro negativo, da "repetição infinita". Desse modo, o Paraíso é projetado em parte da matéria, nas "obras úteis" das oficinas, e rejeitado em outro contexto material, com o conteúdo espiritual dos livros sendo apresentado como "infinita repetição".

Essa é uma operação lógica. Em termos técnicos, o argumento constrói uma figura chamada sizígia, cuja função é servir de critério para a separação radical entre o bem e o mal. A partir da criação dos opostos, alocam-se virtudes e vícios em cada um deles. "Coisas produzidas pelas artes mecânicas" ganham o aspecto de serem virtuosas e "infinitas repetições das bibliotecas" se tornam modelo do vício estéril de lidar com postulados racionais e dogmáticos.

Tal construção, ela própria um postulado racional e dogmático, sustenta uma profissão de fé que se propõe como regra moral para o leitor. E o argumento de Bacon tem a vantagem da completude: mostra tanto a virtude criativa que sai das oficinas quanto o vício repetitivo emanado das bibliotecas.

Já o presidente no papel de Grande Marechal se identifica com a parte que exalta, aquela dos construtores da "pura glória americana" irmanados na corrida e na projeção de potência nacional – e deixa as projeções dos vícios e das atitudes inglórias para a imaginação de quem recebe o discurso. Fica então a pergunta: tal expressão do pensamento sizígico focado em objetos, tão tradicional na cultura ânglica, tem ainda o poder de produzir glória?

Talvez valha a pena buscar resposta com apelo ao lado mais prosaico do lazer e das estatísticas. No que se refere ao lazer ritualizado, não restam dúvidas quanto à admiração de objetos mecânicos como automóveis de corrida movidos a combustíveis fósseis nos Estados Unidos. Dezenas de milhares de cidadãos costumam ir em seus próprios carros a um autódromo oval, onde

---

[1] Francis Bacon, op. cit., pp. 58-59.

passam o domingão fazendo churrasco e assistindo a uma das mais de quarenta corridas anuais da Nascar – uma associação que não é apenas esportiva.

Desde a década de 1950, a Nascar concebeu suas competições como um culto à indústria automobilística e à gasolina – para o cidadão comum. Embora os competidores empreguem carros de corrida, estes são desenhados para se assemelhar ao máximo aos automóveis encontráveis em qualquer loja. Essa regra essencial, que projeta maravilha no cotidiano, é calculada até nos menores detalhes, como, por exemplo, no uso de macacos de oficina para a troca dos pneus.

O espetáculo é pensado também para a televisão, com cada disputa de posição ou acidente extraordinário sendo reprisados incontáveis vezes a fim de compor um drama para o espectador. E esse culto mostrou-se mais forte do que muitas conjunturas. Até a década de 1970, tudo se passou na regra nacional dos carrões e da fartura de combustível barato. Ainda que esse modelo possa ter sido abalado no mercado de veículos com a crise de 1973, não desapareceram os valores culturais associados ritualmente aos automóveis. Pelo contrário, tais valores continuaram bem vivos – e a conjuntura da década de 2010 reavivou o sentido real da ligação. Nesse período, os Estados Unidos retomaram a liderança do mercado de petróleo e gás natural com mais firmeza do que antes. A historiadora Meg Jacobs, autora do livro *Panic at the Pump: The Energy Crisis and the Transformation of American Politics in the 1970s*, numa entrevista recente notou como:

> O sucesso na produção [de petróleo e gás] criou a falsa impressão entre os consumidores de que a energia não é um problema. As importações caíram, os preços desabaram, não há falta de energia doméstica. E explodiu a demanda pelos SUVs gigantes.[2]

Certamente todos esses fenômenos ajudam a relembrar a antiga associação imagética entre abundância de petróleo com soberania nacional e a dos carros que permitem ao norte-americano livre ir e vir (com o conforto que merece) – e a soma disso tudo como prova material da grandeza dos valores dos Estados Unidos, no modo mostrado no discurso.

---

2 Meg Jacobs em entrevista a Kai Ryssdal, "How an Oil Shortage in the 1970s Shaped Economic Policy Today". Marketplace, 31 de maio de 2016 (https://www.marketplace.org/2016/05/31/how-oil-shortage-1970s-shaped-todays-economic-policy/).

Mas tal ressurreição não se mostrou nas estatísticas das corridas. Ainda em 2009, a corrida de Talladega da Nascar foi assistida por 9 milhões de telespectadores. Daí em diante começou uma queda – em 2018, o público foi de 4,7 milhões de pessoas, pouco mais da metade de uma década antes. Apenas entre 2016 e 2018 o público total das seis primeiras corridas da temporada diminuiu nada menos que 28%.³

Assim, mesmo considerando o cenário com os dados numéricos anteriores à crise da Covid-19, a quase prece do presidente Trump já podia ser vista mais como uma tentativa de fazer renascer a ligação entre automóveis com motores rugindo e grandeza nas almas americanas que propriamente a expressão de um futuro glorioso.

Pouco mais de dois meses depois de Daytona, com as provas da Nascar temporariamente suspensas, a recessão em marcha – e o mercado de petróleo e gás tomando uma paulada inicial bem maior que a média da economia –, o presidente Trump manifestava outra forma de esperança, num tuíte de 21 de abril:

> Nós jamais vamos deixar a grande indústria do petróleo e gás dos Estados Unidos cair. Instruí os secretários da Energia e do Tesouro para formular um plano e encontrar fundos para que essas empresas e trabalhos tão importantes tenham um longo futuro assegurado.

De novo um argumento em forma dramática, mas dessa vez não exatamente afirmando uma realidade grandiosa. A súbita inversão econômica acontecida num prazo tão curto, no entanto, exige cautela para lidar com essa espécie de retórica. O estilo do presidente provoca uma tentação de resposta igualmente sizígica a seus argumentos.

Ainda que tratando de temas culturais associados à natureza, vale a pena tomar certos cuidados e evitar esse caminho. Sem negar o papel do culto aos objetos úteis no caso nacional dos Estados Unidos, é preciso entender os fenômenos reais de transformação de um modo menos preto e branco. Na economia norte-americana eles mostram um ritmo muito semelhante aos da Alemanha ou da China – algo que uma comparação dos casos nacionais para além das culturas locais onde operam pode ajudar a compreender.

---

3 Dave Caldwell, "Nascar Fans Are Racing Away From the Sport Even Faster". *Forbes*, 2 de maio de 2018 (https://www.forbes.com/sites/davecaldwell/2018/05/02/stock-car-fans-continue-racing-away-from-nascar/#7af391cb1df5).

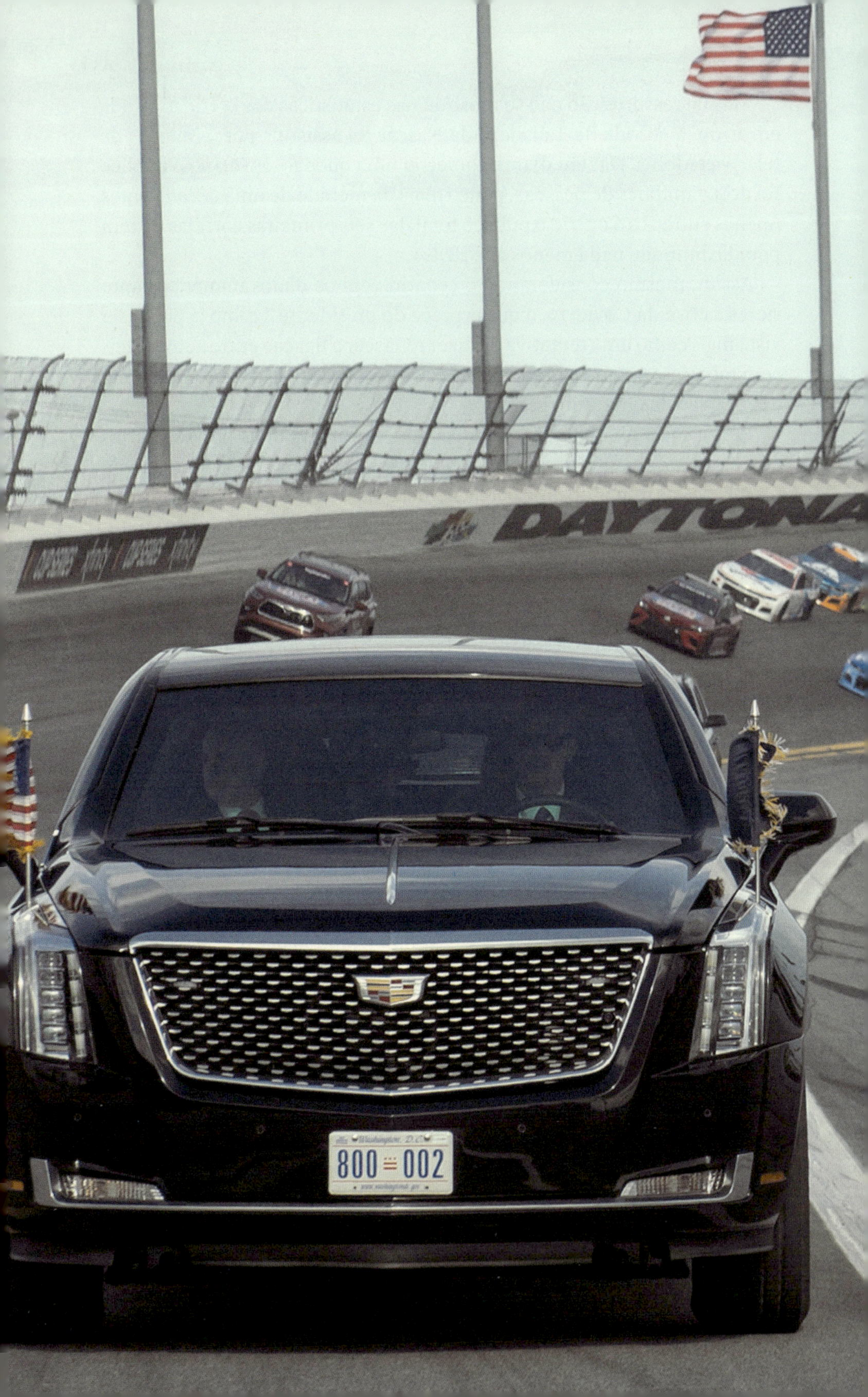
DAYTONA
Washington, D.C.
800 002

Dois símbolos do culto dominical ao automóvel e da queima de combustível fóssil nos Estados Unidos. A limusine do presidente Trump, com ele a bordo, funcionou de carro-madrinha para a corrida de Daytona da Nascar em 2020.

32. O RECADO DO MUNDO

"Lisbon Revisited

Não: não quero nada
Já disse que não quero nada.

Não me venham com conclusões!
A única conclusão é morrer.

Não me tragam estéticas!
Não me falem em moral!
Tirem-me daqui a metafísica!
Não me apregoem sistemas completos, não me enfileirem conquistas
Das ciências (das ciências, Deus meu, das ciências!) –
Das ciências, das artes, da civilização moderna!

Que mal fiz eu aos deuses todos?"

FERNANDO PESSOA, *Poesias de Álvaro de Campos*. Lisboa: Ática, 1944 (imp. 1993).

O foco nos casos nacionais isolados permite entender a concatenação entre valores culturais relacionados à natureza e mudanças nas economias nacionais. Mostra como cada uma delas recorre a seu arsenal próprio do passado para ir se relacionando com as novidades – seja aceitando-as e incentivando-as, seja pela ambiguidade ou pela divisão. Quando se quer ter uma ideia mais universal do processo, no entanto, é vantajoso deixar de lado as peculiaridades culturais locais e lidar com uma dose maior de abstração.

Juntando os dados dos três países, sua relevância no cenário global ganha outro sentido. Começando pelo todo, para depois chegar ao papel de Alemanha, China e Estados Unidos: a energia vinda de fontes renováveis vem conhecendo um crescimento excepcional no século XXI.

Enquanto o desenvolvimento da produção de energia eólica começou ainda na primeira década do século, o salto na geração de energia solar ocorreu na década seguinte. O avanço vem se dando de forma explosiva. Para se ter um grau de comparação numérico, basta dizer que a capacidade total de produção de energia elétrica instalada no Brasil em 2019 era de 171 GW – apenas 13% da capacidade mundial de produção de energia eólica e energia solar.[1]

Os 1,3 mil GW dessas fontes instalados hoje no mundo equivalem a toda a capacidade de geração elétrica dos Estados Unidos. É um ritmo de crescimento de difícil percepção para o senso comum. No ano 2000 havia 18,3 GW instalados no mundo. Vinte anos depois a capacidade produtiva era 150 vezes maior.

Trata-se de um crescimento concentrado sobretudo na Alemanha, na China e nos Estados Unidos. No fim de 2018, esses três países somados detinham 59% da capacidade instalada das duas novas fontes em todo o mundo – 61% da energia eólica e 55% da solar. Sozinha, a China contava com 35% das instalações das novas fontes – em fatias idênticas de eólica e de solar. Os Estados Unidos vinham a seguir, com 14,4% (16% em eólica, 12% na solar), e a Alemanha era a terceira no ranking, com 9,6% (10% em eólica, 9% na solar).

Não apenas são os países que estão no centro das mudanças, mas países que mudam por processos semelhantes. As principais rupturas tecnológicas aconteceram primeiro no interior rural, em escala municipal ou regional. A passagem da pequena escala para o âmbito nacional deu-se pela

---

1 https://www2.aneel.gov.br/aplicacoes/capacidadebrasil/capacidadebrasil.cfm.

multiplicação de instalações locais. A esfera inicial de decisão relevante para os ajustes foi a dos governos locais.

A natureza descentralizada e cada vez mais difusa do processo ajuda a entender por que os resultados são similares apesar das grandes diferenças na abordagem geral do governo central em relação ao desenvolvimento. O ritmo acelerado, no mercado alemão, tem suporte numa política nacional voltada para metas ambientais que sobrevive ao revezamento dos partidos, tanto no governo federal como nos governos regionais ou locais. Esse norte institucional claro ajuda na solução negociada dos conflitos econômicos inerentes à transformação.

Na China, as mudanças têm sinais às vezes contraditórios, que refletem a abordagem típica de um regime de partido único. Na etapa inicial, a da esfera local, as pressões por mudança eram vistas como desafio ao poder estabelecido e tratadas como caso de polícia. Porém, como o sistema não é totalmente rígido, o Partido Comunista foi capaz de reconhecer a legitimidade das reivindicações – e alterar radicalmente seu comportamento a partir dessa análise.

Uma vez que as metas ambientais foram incorporadas aos objetivos nacionais, aquilo que antes era murmúrio marginal passou a ser programa financiado com afinco. No entanto, mesmo com toda a sua capacidade de aumentar a produção (apenas em 2019, e só em energia solar, a China inaugurou o equivalente a três Itaipus, a maior hidrelétrica brasileira), o país continua num patamar no qual a energia renovável ainda é um fenômeno regional, sem escala para invadir radicalmente o fornecimento urbano e dos grandes parques industriais. Mas, continuando o apoio do governo central, a mudança deve manter seu ritmo apesar da recessão derivada da Covid-19.

Já o caso dos Estados Unidos mostra uma evolução diferente. Até 2016, havia uma coordenação entre as metas globais estabelecidas pelo Acordo de Paris, as metas nacionais controladas pelo governo federal e o impulso vindo de baixo para ampliação das mudanças. No entanto, após a eleição de Donald Trump, essa coordenação entre as esferas distintas se transformou em conflito aberto.

Contudo, sendo o país uma federação, a tendência geral de mudança não foi afetada pela passagem do governo federal de uma posição de estímulo às mudanças para outra de entrave às iniciativas empresariais locais e de apoio explícito aos grandes produtores de combustíveis fósseis e distribuidores de energia. Até agora o apoio institucional de governos locais e estaduais foi suficiente para garantir o crescimento dos novos negócios.

Essa realidade de crescimento explosivo da energia renovável em cenários institucionais diversos

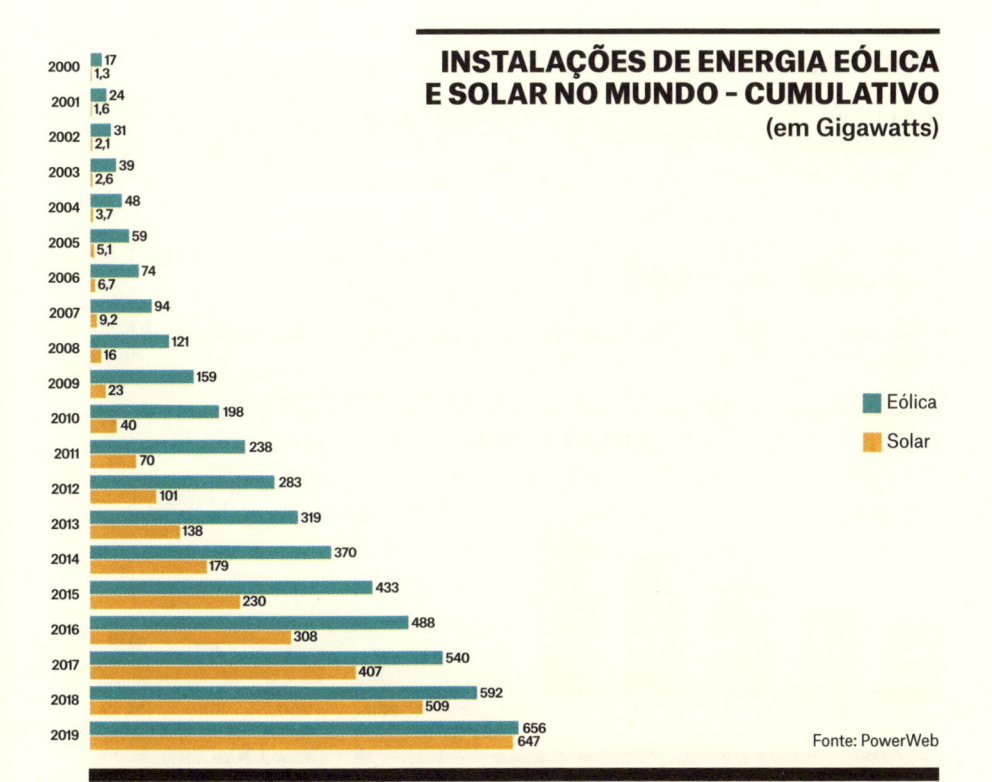

INSTALAÇÕES DE ENERGIA EÓLICA E SOLAR NO MUNDO – CUMULATIVO
(em Gigawatts)

Ano	Eólica	Solar
2000	17	1,3
2001	24	1,6
2002	31	2,1
2003	39	2,6
2004	48	3,7
2005	59	5,1
2006	74	6,7
2007	94	9,2
2008	121	16
2009	159	23
2010	198	40
2011	238	70
2012	283	101
2013	319	138
2014	370	179
2015	433	230
2016	488	308
2017	540	407
2018	592	509
2019	656	647

Fonte: PowerWeb

A curva de crescimento da produção de energia eólica (em verde) mostra um fenômeno do século atual que antecipa no mercado o surgimento de leis e incentivos para a energia renovável. Já a do desenvolvimento da energia solar (em amarelo) é contemporânea das mudanças institucionais, a maior parte delas estabelecida na segunda década do século. Já a soma das duas mostra um ritmo de crescimento completamente descolado daquele da economia mundial – uma transformação real está acontecendo no mercado mundial de energia e dificilmente pode ser explicada por argumentos tradicionais.

em cada país tem ainda outra característica comum: um tempo no qual a economia mundial conheceu um período de acelerado crescimento (apesar da recessão de 2008). Em tal cenário foi possível a acomodação prevista no panorama da empresa petrolífera mostrado no capítulo 14: crescimento tanto do emprego de combustíveis fósseis como aumento exponencial da energia renovável.

Essa coexistência otimista foi seriamente abalada pela recessão aguda derivada da Covid-19. Uma nova realidade já se impôs. As oportunidades econômicas diminuíram muito e as disputas pela sobrevivência tornaram-se imensas. Com o mercado em queda, a vida de uma fonte pode ser a morte de outra. Tanto uma reversão para o consumo de combustíveis fósseis vendidos mais

INSTALAÇÕES DE ENERGIA EÓLICA (em Gigawatts)

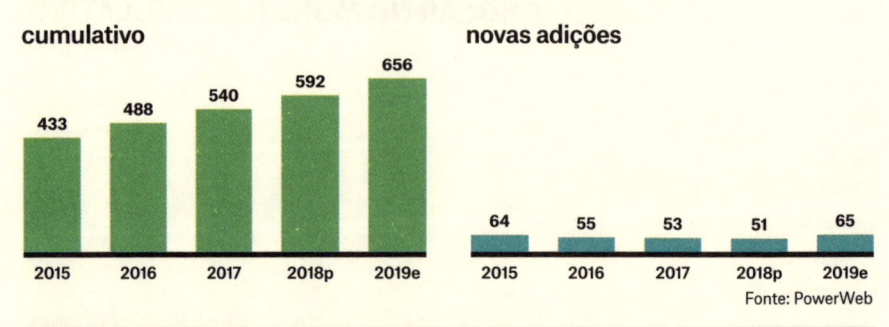

cumulativo

2015	2016	2017	2018p	2019e
433	488	540	592	656

novas adições

2015	2016	2017	2018p	2019e
64	55	53	51	65

Fonte: PowerWeb

INSTALAÇÕES DE ENERGIA SOLAR (em Gigawatts)

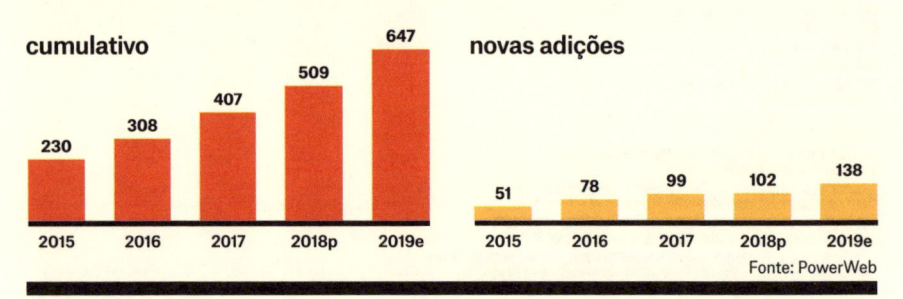

cumulativo

2015	2016	2017	2018p	2019e
230	308	407	509	647

novas adições

2015	2016	2017	2018p	2019e
51	78	99	102	138

Fonte: PowerWeb

Nos dois gráficos do alto, a evolução recente da energia eólica. À esquerda, o total acumulado nos últimos anos no mundo; à direita, a capacidade nova instalada a cada ano (até 2018, dados reais; para 2019 estimativa). Os dois gráficos acima mostram a mesma evolução no que se refere à energia solar, cujas taxas de crescimento são cada vez mais aceleradas – a produção praticamente triplicou em apenas cinco anos.

barato (e expulsando do mercado os renováveis) quanto uma decadência das fontes tradicionais mais rápida que a projetada inicialmente passaram a fazer parte do horizonte de cálculos.

A pergunta agora é outra: o relógio das mudanças vai se adiantar ou vai atrasar?

A resposta real, do mercado, vai levar muito tempo para ser dada. No mundo das intenções, no entanto, uma primeira resposta veio da União Europeia, com a transformação do Green Deal em programa oficial de longo prazo. Trata-se claramente de uma aposta na aceleração das mudanças – mas ainda é um plano de intenções, não mais realista que o apelo a glórias passadas para afirmar o atraso definitivo do relógio.

Esse momento de disjuntiva sugere que talvez valha a pena considerar um passo adiante no caminho mais geral. No lugar de avaliar países num dilema global, existe a possibilidade de olhar

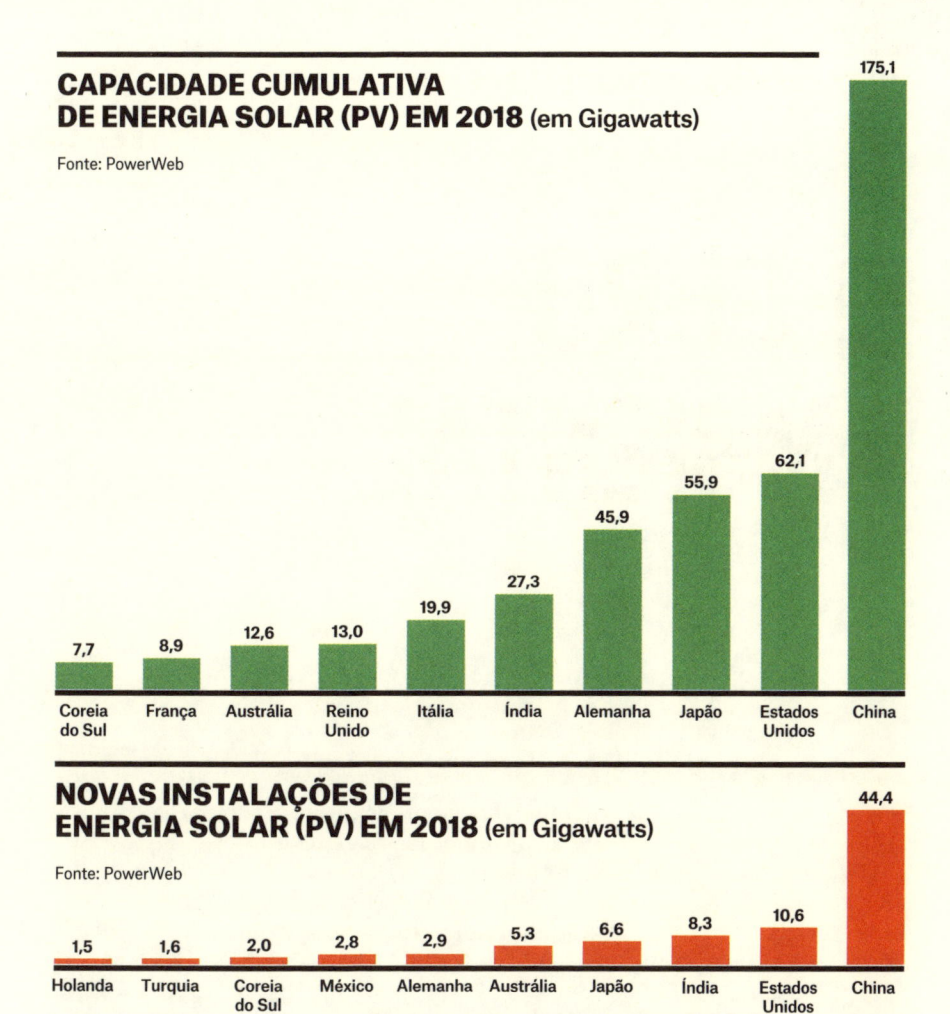

CAPACIDADE CUMULATIVA DE ENERGIA SOLAR (PV) EM 2018 (em Gigawatts)

Fonte: PowerWeb

Coreia do Sul	7,7
França	8,9
Austrália	12,6
Reino Unido	13,0
Itália	19,9
Índia	27,3
Alemanha	45,9
Japão	55,9
Estados Unidos	62,1
China	175,1

NOVAS INSTALAÇÕES DE ENERGIA SOLAR (PV) EM 2018 (em Gigawatts)

Fonte: PowerWeb

Holanda	1,5
Turquia	1,6
Coreia do Sul	2,0
México	2,8
Alemanha	2,9
Austrália	5,3
Japão	6,6
Índia	8,3
Estados Unidos	10,6
China	44,4

O crescimento da capacidade de produção de energia solar por países em dois retratos. Abaixo, os dez maiores incrementos nacionais no ano de 2018; acima, a capacidade total instalada no mesmo ano. Ambos mostram a liderança absoluta da China. Mas os Estados Unidos, mesmo sem adotar políticas de metas ambientais, se mantém em segundo lugar. Outro ponto relevante é a participação de países como a Índia, a Austrália e o Japão.

para os movimentos de mudança econômica mundiais de outra forma: buscar elementos relacionados ao modo de considerar o lugar da natureza numa nova concepção de economia que são globais, que estão para além dos movimentos nacionais – um relógio do mundo em operação para além do espaço dos três países que são detentores de tecnologia de ponta. Trata-se de mergulhar no mundo dos mercados privados em escala global.

33. SEGURO AMBIENTAL

"A natureza fica muda, fica presa / enlevada na beleza / do luar do meu sertão."

CHIQUINHA GONZAGA, *A Sertaneja*, 1915.

As ligações entre o mercado de seguros e os argumentos relacionados às mudanças climáticas evoluíram muito depressa e ganharam uma importância muito grande na atividade das seguradoras – por razões que têm muito pouco a ver com os ciclos de expansão e recessão da economia e muito a ver com a essência da atividade.

A alma do negócio de seguros consiste em calcular estatisticamente o risco da ocorrência de certos eventos – em geral desastrosos – e, com base nessas estimativas, elaborar modelos de negócios que apelam ao temor da materialização desses eventos, oferecendo uma proposta de pagamento de quantias mensais pequenas em relação ao valor total a ser pago no caso de uma eventual tragédia.

Trata-se de um modelo simples e eficaz, capaz de atrair desde um pobre preocupado com seu funeral até uma empresa bilionária às voltas com a proteção de fábricas enormes. Mas depende inteiramente de contas bem-feitas: um erro no cálculo da relação entre a previsão estatística da ocorrência do evento e o preço cobrado muitas vezes pode levar à falência as empresas seguradoras.

Esse fantasma assola permanentemente os estatísticos das seguradoras – afinal os grandes responsáveis por determinar o tamanho da aposta feita no momento em que uma apólice de seguro é assinada. E, nos últimos tempos, esse fantasma se concretizou em tragédias naturais de grande escala que acarretaram enormes prejuízos financeiros.

Entre 1980 e 2015, os Estados Unidos registraram uma média de cinco grandes desastres naturais por ano. Cada um deles gerou desembolsos da ordem de 1 bilhão de dólares por parte das companhias de seguro. Os estatísticos dessas empresas calculavam o valor dos pagamentos mensais de seus clientes de acordo com essa proporção média e o negócio dava lucro apesar do volume dos pagamentos.

Entre 2016 e 2018, porém, a quantidade de desastres naturais de grandes proporções nos Estados Unidos simplesmente triplicou, passando para quinze eventos anuais. Com isso os pagamentos das empresas cresceram na mesma proporção – e o lucro muitas vezes se transformou em prejuízo.

Chegou enfim o duro momento de refazer as contas de risco. Foi então que os estatísticos notaram que a multiplicação de eventos acompanhava de perto as previsões estatísticas dos climatologistas preocupados com as consequências do aquecimento global. Detalhe por detalhe, estavam ali as regiões afetadas, a magnitude crescente dos eventos, as consequências de furacões, secas e enchentes cada vez mais agudas.

O passo seguinte foi transformar as previsões climatológicas em novo padrão estatístico para os seguros – algo que não era exatamente simples para as empresas. O jornal *Financial Times* relatou um caso:

> O grupo Júpiter, que trabalha com consultoria na área climática, estudando um conjunto de 100 mil hipotecas de casas no sul da Flórida, estima que as perdas dos financiadores derivadas de enchentes devem triplicar nas próximas duas décadas. Com base nessas previsões, o seguro sobre essas hipotecas passou a ser reajustado todos os anos. Não bastasse, o índice de inadimplência deve aumentar de forma significativa.[1]

Algo semelhante se passou na Califórnia, onde as seguradoras tiveram que reajustar o preço das apólices que protegem residências contra incêndios entre 30% e 70%.[2] Mas esse aumento inevitável trouxe outra espécie de risco. A elevação dos preços diminui o número de interessados em contratar seguros, sobretudo entre os mais pobres – que constituem a grande base que permite o barateamento das apólices. Em função dessa demanda menor, os cálculos estatísticos precisam ser refeitos, elevando ainda mais o preço das apólices – o que espanta ainda mais clientes. O círculo vicioso foi levando a desajustes consideráveis. Embora cerca de metade de todas as pessoas nos Estados Unidos viva em áreas nas quais pode haver prejuízo com inundações, apenas 10% das residências estão protegidos por algum tipo de seguro.[3]

Por ocasião dessas constatações, os homens do seguro passaram a dar outro valor às previsões de climatologistas e biólogos. Além de passar um pente-fino nos preços de seus produtos, empregaram os conhecimentos que estavam se tornando relevantes para analisar o outro lado do negócio: as aplicações financeiras que faziam com o dinheiro recebido dos segurados.

---

1 "Climate change could cause a new mortgage default crisis". *Financial Times*, 26 de setembro de 2019.

2 "Changing weather could put insurance firms out of business". *The Economist*, 19 de setembro de 2019.

3 Ibid.

OS HOMENS DO SEGURO PASSARAM A DAR OUTRO VALOR ÀS PREVISÕES DE CLIMATOLOGISTAS E BIÓLOGOS

Em termos mundiais, as aplicações das seguradoras giram em torno de 33 trilhões de dólares – uma vez e meia o PIB dos Estados Unidos. A maior parte desses recursos está investida em empresas consideradas capazes de proporcionar retornos de longo prazo. Mas aí também se impôs uma reavaliação em decorrência das novas circunstâncias. Um caso simbólico já foi mostrado aqui: a queda no valor do gigante de energia alemão E.On em função do crescimento da energia renovável e das redes de distribuição compartilhada.

Especialistas na análise de riscos, os administradores das carteiras de investimento das seguradoras não demoraram para listar aqueles empreendimentos com riscos diretamente relacionados com a transição para a economia limpa – o que não ajudou muito em sua atratividade para os gestores.

Esse é o tipo de percepção que muda pouco nas recessões – e que tem um poder de disseminação que vai além das determinações conjunturais. Mais ainda, não foi uma percepção limitada aos grandes movimentos financeiros das seguradoras.

34. PREVIDÊNCIA AMBIENTAL

"O ovo não cabe em si, túrgido de promessa,
A natureza morta palpitante.
Branco tão frágil guarda um sol ocluso,
O que vai viver, espera."

ADÉLIA PRADO, "Ovos de Páscoa". In *Bagagem*. Rio de Janeiro: Record, 2003. p. 27.

Os fundos de pensão e previdência são filhos do século XX. A estabilidade das carreiras, os contratos de trabalho coletivos de longo prazo e a necessidade de renda na velhice levaram a uma fórmula de aplicação que se tornou clássica: abdicar de uma pequena parte do salário (muitas vezes com depósitos casados dos empregadores) a fim de compor um fundo para uso futuro. Por muitos anos, tais fundos recebiam muito mais dinheiro do que gastavam – o que significava dinheiro em caixa para o administrador aplicar. O fluxo se invertia no momento da aposentadoria dos aplicadores, quando então estes recebiam dinheiro dos fundos.

O risco do negócio também depende, como nos seguros, de cálculos estatísticos: caso o contribuinte recebesse mais do que havia aplicado, o fundo tinha prejuízo, e não lucro. Precavidos, os administradores recorriam às melhores estatísticas disponíveis a fim de alcançar o equilíbrio. Mas a própria evolução das condições de existência levou a um aumento contínuo da expectativa de vida das pessoas, o que fazia o balanço pender para o lado do prejuízo – e muitos fundos faliram por esse motivo.

Uma alternativa para melhorar a situação vinha do lado das aplicações dos recursos. Devido à sua característica essencial, de recolher dinheiro de jovens e pagar benefícios a idosos, as aplicações podiam contar com um prazo de retorno por volta de trinta anos. Por isso, muitos fundos de pensão alocaram seus recursos em projetos de longo prazo.

Sim. Refinarias de petróleo, usinas elétricas a gás, desenvolvimento de campos petrolíferos, gasodutos, redes de transmissão elétrica, polos petroquímicos, rodovias – todos projetos cuja implantação requer grande concentração de capital e tempo longo de maturação. E eram projetos que ofereciam uma oportunidade de retorno aparentemente vantajosa, pois dependiam de mercados administrados ou regulados por governos, capazes de propiciar segurança aos investidores e lucros de longo prazo.

Por causa desse atrativo, boa parte dos 44 trilhões de dólares – mais do que o dobro do PIB dos Estados Unidos – acumulados por fundos de pensão em todo o mundo estavam preferencialmente alocados em projetos desse tipo. A conjugação dos interesses dos promotores dos projetos e dos detentores do capital fluiu sem problemas maiores por muitas décadas – até que as estatísticas das seguradoras passaram a mostrar uma correlação inversa entre as previsões climatológicas de recrudescimento dos eventos catastróficos e o fluxo de caixa das seguradoras.

Aceso o sinal de alerta, logo apareceram administradores de fundos de pensão interessados em percorrer o mesmo caminho trilhado pelos técnicos das seguradoras. Foi o que se deu, por exemplo, com o fundo de pensão dos funcionários públicos da Califórnia, que administra ativos de 367 bilhões de dólares. Segundo Beth Richtman, a encarregada pelas aplicações, "as mudanças no clima exigiram novas atitudes. Toda a história dos mercados financeiros decorreu em tempos de estabilidade climática. Mas agora todos os investidores precisam recalibrar suas aplicações com base nos novos pressupostos introduzidos pelas alterações climáticas".[1]

Essa nova perspectiva levou muita gente importante a examinar com atenção uma organização que começou quase marginal ainda na década de 1980, a Coalition for Environmentally Responsible Economics (Coalizão por Economia Ambientalmente Responsável), cujo acrônimo, Ceres, remete à deusa romana da fertilidade da terra – algo compreensível quando a instituição juntava apenas um punhado de ambientalistas e raros administradores de recursos.

Ao longo do tempo, a Ceres foi aperfeiçoando métricas e metodologias em função de um objetivo central identificado pela sigla ESG (Environmental, Social and Good Governance – Boa Governança Ambiental e Social).

Por muitos anos uma instituição de nicho, atualmente a Ceres reúne 171 investidores institucionais filiados, que administram ativos da ordem de 26 trilhões de dólares. Entre eles estão as maiores seguradoras e os maiores fundos de pensão do mundo, todos às voltas com a tarefa de adequar suas aplicações ao novo cenário de riscos trazido pelas mudanças ambientais. Recentemente, a agência de notícias econômicas Bloomberg registrou que os investimentos que priorizam aplicações em projetos de desenvolvimento sustentável atingiram 30,7 trilhões de dólares.[2]

Na via inversa, começaram a se multiplicar as más notícias para muitas empresas que dependem de investidores institucionais. De acordo com estimativas da Bloomberg, cerca de 19,8 trilhões

---

[1] https://www.pionline.com/special-report/public-funds-taking-lead-spectacular-boom-esg.

[2] Emily Chasan, "Global Sustainable Investments Rise 34% to US$30.7 Trillion". Bloomberg, 1º de abril de 2019.

de dólares em ativos são aplicados com restrições que incluem desde a proibição de investimento em determinados setores – fabricantes de cigarros, por exemplo – até em categorias mais amplas. Uma das restrições cada vez mais adotadas é a das aplicações em empreendimentos que envolvam "combustíveis fósseis".

Embora a metodologia ESG fosse um guia relevante na decisão sobre investimentos, faltava-lhe ainda uma prova de fogo fundamental: mostrar resultados no mercado em épocas de crise. O batismo de fogo chegou, afinal, no momento crítico das grandes oscilações do mercado acionário que ocorreram na esteira da pandemia de Covid-19.

INSTITUIÇÕES ABRAÇANDO INVESTIMENTOS ESG

Crescimento de Ativos ESG (US$ Trilhões)

- 2005: $1,49
- 2007: $1,88
- 2010: $2,03
- 2012: $2,48
- 2014: $4,04
- 2016: $4,73
- 2018: $5,61

Investimento Institucional em ativos ESG por tipo de investidor (2018)

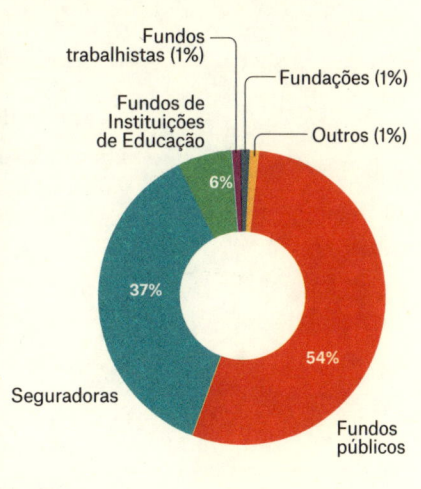

- Fundos públicos: 54%
- Seguradoras: 37%
- Fundos de Instituições de Educação: 6%
- Fundos trabalhistas: 1%
- Fundações: 1%
- Outros: 1%

Fonte: Fórum de Investimento Sustentável e Responsável (Estados Unidos)

No gráfico à esquerda: os investimentos de fundos de pensão condicionados a projetos ambientalmente responsáveis mais do que dobraram entre 2012 e 2018, chegando a 5,6 trilhões de dólares em 2018. **No gráfico da direita:** fundos de pensão ligados ao setor público e seguradoras são responsáveis por 91% desse volume, maior que o dobro do produto interno bruto brasileiro.

35.
A MÁQUINA DE PONDERAR

"Na Amazônia, as bibliotecas estão sendo incendiadas

A penetração do coronavírus ao longo do rio Tapajós, no Pará, está matando os anciãos dos povos tradicionais. Com eles, a doença leva embora história e memória."

———

El País, 3 de junho de 2020 (https://brasil.elpais.com/opiniao/2020-06-03/na-amazonia-as-bibliotecas-estao-sendo-incendiadas.html).

"Fuga de capital estrangeiro da Bolsa brasileira é recorde

Até quarta-feira (04), investidores internacionais haviam retirado R$ 44,8 bilhões da Bolsa; total supera saldo negativo recorde de 2019, de R$ 44,5 bilhões."

———

InfoMoney, 7 de março de 2020 (https://www.infomoney.com.br/mercados/fuga-de-capital-estrangeiro-da-bolsa-brasileira-e-recorde/).

Em 1934, em plena ressaca da crise de 1929, o economista inglês Benjamin Graham cunhou uma frase para definir o balanço entre as tendências de curto prazo dos pregões diários de um mercado acionário eufórico e as duras depurações ocasionadas pelas recessões e reordenações: "No curto prazo, o mercado é uma máquina de votar; no longo prazo, vira uma máquina para pesar e ponderar."

Naqueles tempos, a mais recente tentativa de expressar o mercado acionário de maneira ponderada era o índice S&P 500, criado em 1926 para ser um guia das tendências menos aparentes desse mercado. Logo o S&P 500 tornou-se um indicador padrão do comportamento e de certas tendências gerais da economia. Ele funciona com base na escolha, por parte de um comitê, dos papéis mais representativos do mercado, cada qual entrando na composição com uma porcentagem em relação ao total. Dessa forma, as empresas consideradas mais relevantes acabam tendo um peso maior na composição da média.

Ao ser lançado o índice, um setor era tido como o mais importante da economia: o de energia. E, neste, a companhia que mais se destacava era a Exxon. A petroleira sempre esteve entre as dez empresas mais relevantes – como representante de um setor que, de tão importante, em 2009 entrava com 11,7% do total da composição do S&P 500. Essa proeminência dava peso aos papéis e era devidamente ponderada pelos investidores: dos fundos de pensão ao pequeno poupador, todos levavam em conta o destaque na hora de aplicar o dinheiro.

E assim foi durante muitas décadas – até o tempo em que Warren Buffett, aluno de Graham na Universidade Columbia, passou a repetir a frase como um mantra enquanto ia se tornando um dos homens mais ricos do mundo em função de seus investimentos na bolsa. Então os tempos já eram outros – e marcados por uma virada nas tendências.

As empresas atraentes para a máquina de votar dos investidores do novo século passaram a ser as de informática e de serviços digitais. Por algum tempo se pensou que isso era uma voga passageira – até que ganharam o manto da respeitabilidade. Elas começaram a galgar os primeiros lugares na composição do índice – e lá se firmaram, ganhando o "peso" e o "valor" associados ao longo prazo. Em 2019, a Microsoft, a Apple e a Amazon já ocupavam as três primeiras posições na ponderação. E, graças a elas, o índice registrou um crescimento de 15% nos primeiros nove meses desse ano.

No mesmo período, por outro lado, o desempenho das empresas ligadas à energia fóssil foi mais de 3% negativo

AÇÕES DE EMPRESAS LIGADAS A COMBUSTÍVEIS FÓSSEIS TÊM DESEMPENHO ABAIXO DA MÉDIA NAS BOLSAS DOS EUA HÁ UMA DÉCADA – TENDÊNCIA QUE SE ACENTUOU NA CRISE DE 2020

– e em setembro de 2019 veio o dia fatídico. Pela primeira vez desde 1926, as ações da Exxon deixaram de ocupar um dos dez primeiros lugares na lista das mais importantes do S&P. A essa altura, a participação do setor de energia fóssil havia caído para 4,3% do total – um terço da fatia detida uma década antes.

Houve então uma reavaliação das perspectivas de longo prazo: o setor de energia fóssil tivera desempenho inferior à média do índice S&P em oito dos nove anos anteriores ao evento funesto – um claro indicativo de que não se tratava apenas de uma questão conjuntural de votos. Assim, a queda da Exxon ganhou o status de símbolo fatal: confirmava a tendência de longo prazo de declínio da energia fóssil, que coincidiu no tempo com o surgimento de novos queridinhos do mercado.

O dinheiro fluiu para as novidades, para o novo voto do dia. Ao longo de 2019 os fundos ESG captaram US$ 8 bilhões novos de investidores – e em janeiro de 2020 atraíram mais US$ 4 bilhões[1] – um sinal contrário ao do desempenho dos setores ligados ao combustível fóssil, também anterior ao momento da crise da Covid-19. Assim correu o tempo da eleição, da escolha simpática dos investidores.

Então, juntamente com a pandemia, veio a máquina de pesar dos mercados em queda violenta, das oscilações de preços,

---

1 Claire Ballentine, "ESG Stock Resilience Is Paving the Way for a Surge in Popularity". Bloomberg Green, 31 de março de 2020 (https://www.bloomberg.com/news/articles/2020-03-31/esg-stock-resilance-is-paving-the-way-for-a-surge-in-popularity).

das emoções desagradáveis, da recessão gigantesca moendo expectativas a cada dia.

A primeira onda espalhou perdedores por todos os lados – e a estabilidade em ponto mais baixo que veio em seguida permitiu uma primeira avaliação dos estragos, no modo do novo tempo. No lugar de contar vencedores, veio o momento de contar quem perdeu menos. O jornal *Financial Times* fez a seguinte avaliação pós-chacoalhada:

> Mais da metade dos fundos ESG tiveram performance superior ao índice médio dos mercados globais na crise da Covid, por evitarem exposição aos setores de petróleo e energia, que jogaram para baixo o desempenho de muitos fundos. O índice global do mercado acionário, o MSCI, caiu 14,5% em março, período em que 62% dos fundos ESG tiveram um desempenho melhor que este, segundo dados da Morningstar. "Seria eventualmente forte dizer que os fundos éticos foram resilientes nesse momento de fortes mudanças, mas o fato é que tiveram um desempenho melhor", diz Teodor Dilov, analista da Interactive Investor, uma plataforma de investimentos do Reino Unido.[2]

O cuidado na avaliação faz sentido. A exposição menor à energia fóssil dos fundos ESG leva a uma performance melhor num momento em que a crise da Covid-19 coincide com outra na oferta de petróleo – mas esse não é um indicativo capaz de presidir a análise do período mais longo que vem em seguida à queda. O mercado de combustíveis fósseis é muito maior que o das energias renováveis, de modo que há muito espaço para manobras nos tempos adiante do primeiro impacto.

De qualquer forma, o sinal é o mesmo: o declínio de uma década do setor de energia fóssil, que levou à exclusão das ações da Exxon do índice, não se reverteu no momento inicial da crise. Pelo contrário, o setor ficou ainda mais abaixo da média do mercado – em outras palavras, uma eventual escalada de volta vai exigir a subida de degraus extras.

Na outra ponta, os antigos queridinhos ganharam um ponto a mais em seus atributos – e ponto para ser devidamente ponderado na avaliação de investidores que operam sobre os escombros dos dias de grandeza passados. Até porque alguns dos maiores ponderadores do mercado já vinham dando sinais de alerta fortes.

---

2 https://www.ft.com/content/46bb05a9-23b2-4958-888a-c3e614d75199.

36.
OS REGULADORES SE POSICIONAM

"A luta contra a COVID-19 tem rosto de mulher. Quase 85% dos profissionais de enfermagem no país são mulheres."

—

El País, 6 de maio de 2020 (https://brasil.elpais.com/brasil/2020-05-06/brasil-ja-perdeu-mais-profissionais-de-enfermagem-para-o-coronavirus-do-que-italia-e-espanha-juntas.html).

"Pesquisa da Universidade Federal de Pelotas descobre que a maior prevalência do SARS-CoV-2 no Brasil está em um trecho de 2 mil km do Rio Amazonas, entre Belém e Tefé."

—

Podcast "Luz no fim da quarentena", episódio #21 em *Revista Piauí*, 3 de junho de 2020 (https://piaui.folha.uol.com.br/radio-piaui/luz-no-fim-da-quarentena/).

"Em MS, grupo Brô MC's faz live solidária em prol das famílias Guarani-Kaiowá."

—

Midiamax, 13 de junho de 2020 (https://www.midiamax.com.br/midiamais/musica/2020/em-ms-grupo-bro-mcs-faz-solidaria-em-prol-das-familias-guarani-kaiowa).

Em 17 de abril de 2019, bem antes da pandemia, um grupo de dirigentes dos 34 bancos centrais mais importantes do planeta emitiu um comunicado. Nele alertavam para riscos sistêmicos que poderiam causar "danos para a infraestrutura e a propriedade privada, decréscimo de produtividade e destruição de riqueza". O título era claro sobre as razões do alerta: "Carta aberta sobre os riscos financeiros relacionados ao clima".[1]

O objetivo explícito era anunciar um esforço coordenado dos bancos centrais mais relevantes do planeta visando à reformulação das diversas metodologias que avaliam a relação entre desempenho econômico e desenvolvimento sustentável, do lado positivo, e a tornar mais transparentes os riscos num cenário descrito como sendo de "maciça realocação de capital", do lado negativo. O tom do texto sobre as características dessa realocação não é exatamente ameno, enfatizando que a adaptação ao novo cenário de riscos vai implicar aquilo que Joseph Schumpeter chamava de "destruição criativa": "As empresas que errarem vão simplesmente desaparecer."[2]

O casamento da mais castiça linguagem da ortodoxia econômica, expressa nos comunicados formais dos bancos centrais, com a urgência da questão ambiental vinha com assinatura direta dos presidentes dos bancos centrais da França e da Inglaterra, num indício de que nem mesmo o Brexit, em andamento naquele momento, provocara diferenças de visão.

Pelo contrário, o documento afirma de forma inequívoca que o cenário geral da economia mundial apontaria para uma transição da economia atual para "uma economia de baixo carbono". O objetivo do trabalho conjunto dos bancos centrais signatários era buscar os instrumentos capazes de promover uma regulação adequada das relações entre os bancos e a questão ambiental.

O comunicado sugere quatro medidas iniciais. Primeiro, "criar sistemas de monitoramento que relacionem mudanças climáticas e riscos financeiros, capazes de fornecer ao mercado instrumentos de análise adequados para a avaliação de riscos, inclusive no que se refere a resiliência e a políticas que levem em conta as alterações climáticas".

Em segundo lugar, o aperfeiçoamento de métodos de gestão dos riscos financeiros, aproveitando-se as melhorias no

---

1 "Open letter on climate-related financial risks", 17 de abril de 2019 (https://www.bankofengland.co.uk/news/2019/april/open-letter-on-climate-related-financial-risks).
2 Ibid.

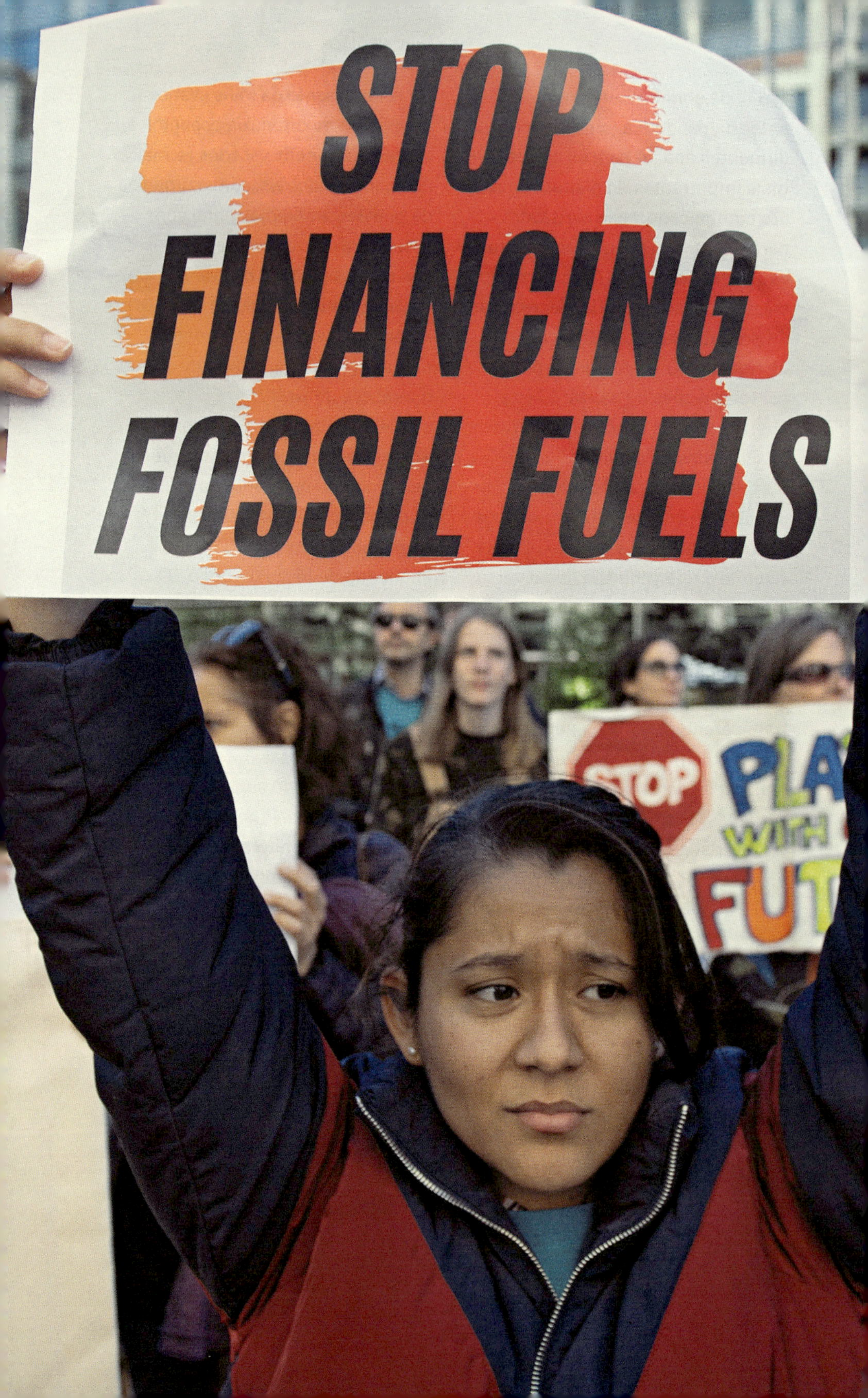
STOP
FINANCING
FOSSIL FUELS
STOP

conjunto de indicadores produzidos pelos próprios bancos centrais. A terceira medida seria a integração de bancos de dados das 34 instituições, com o mesmo objetivo de reforçar a capacidade de avaliação dos riscos ambientais. Por fim, o documento sugere um aumento na troca de informações entre todos os agentes, mercados e empresas incluídos. Em resumo, a ideia seria criar um sistema público de avaliação de riscos climáticos para "dar ao mercado suporte adequado para estimar riscos e oportunidades derivados das mudanças climáticas".

Open letter on climate-related financial risks

Open letter from the Governor of Bank of England Mark Carney, Governor of Banque de France François Villeroy de Galhau and Chair of the Network for Greening the Financial Services Frank Elderson

Coincidências de novos tempos: alertas que pareciam minoritários e restritos a grupos de nicho se transformam em tema levado a sério pelas maiores autoridades econômicas do planeta, os bancos centrais.

Sim. "Mercado, riscos e oportunidades" estavam sendo subordinados metodologicamente pelos bancos centrais ao objetivo de implantar uma "economia de baixo carbono" – o alvo central a ser perseguido para a viabilização de um futuro a partir de metas ambientais.

Nesse sentido o texto era muito assertivo com relação à pergunta essencial que a crise recessiva iniciada em 2020 trouxe à baila: o relógio vai adiantar ou vai atrasar? O comunicado preparava o ambiente para providências derivadas da hipótese não apenas da mudança, mas de uma mudança com custos dolorosos, destruição de riqueza e instabilidades daí derivadas. Em suma, para um relógio que se adianta depressa.

Mas é realmente difícil imaginar bancos centrais como arautos do caos, distribuindo comunicados bombásticos por razões de crença ou ideologia. Por isso vale a pena esmiuçar a espécie de risco sistêmico já existente em 2019, quando ainda só era visível um mau desempenho de longo prazo da energia fóssil, para se ter uma noção daquilo que realmente preocupa devido à queda na economia.

37.
ATIVOS PODRES: O FANTASMA BATE À PORTA

"Haverá muitos chapéus e poucas cabeças."

Prédica de Antônio Conselheiro, Canudos, 1890.

GERAÇÃO ELÉTRICA EXCLUINDO ENERGIA EÓLICA E SOLAR
(Terawatt/hora)

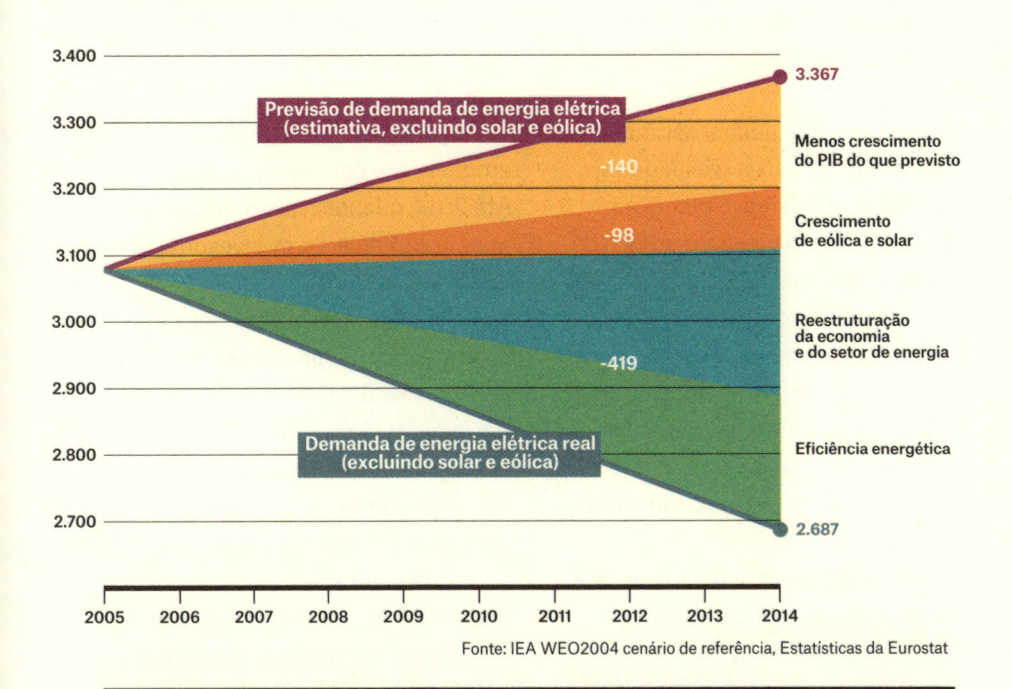

- 3.367
- Menos crescimento do PIB do que previsto
- −140
- Crescimento de eólica e solar
- −98
- Reestruturação da economia e do setor de energia
- −419
- Eficiência energética
- 2.687

Previsão de demanda de energia elétrica (estimativa, excluindo solar e eólica)

Demanda de energia elétrica real (excluindo solar e eólica)

Fonte: IEA WEO2004 cenário de referência, Estatísticas da Eurostat

O gráfico acima mostra o forte divórcio entre previsões econômicas de longo prazo e a realidade, criado pelo desenvolvimento da energia solar e eólica. A linha contínua em vermelho traz as projeções, no ano de 2005, em projetos europeus, da evolução da demanda de energia elétrica, excluindo eólica e solar; a linha contínua em azul mostra a evolução real da produção. Nas diversas cores aparecem as causas reais das imensas diferenças: o crescimento das novas fontes é uma das razões, mas não a única. Essa é a base real para as grandes preocupações existentes hoje no mercado com os ajustes de balanços das empresas que contabilizam ainda os valores defasados da realidade.

Sem o otimismo do lucro futuro nenhum investidor tira dinheiro do bolso para começar um projeto. Mas, como muito raramente as condições reais batem com as projeções iniciais otimistas, é sempre necessário ir fazendo ajustes nas contas ao longo do tempo. Isso em geral acontece nas constantes reavaliações contábeis que vão trazendo os valores previstos inicialmente à realidade do presente – algo essencial nos projetos de longo prazo, com décadas de maturação.

Esse processo permite que ganhos reais maiores que os

previstos inicialmente sejam levados para a conta dos lucros – e obriga a contabilizar como prejuízo os desempenhos menores que aqueles de projeto. As diferenças entre planejado e real podem ser muito significativas, pois a realidade vai se impondo inexoravelmente ao desenho. Como mostra o gráfico da página 197, essa imposição foi dura e constante no caso das empresas europeias de energia elétrica – às voltas com uma realidade de mudança de fontes e aumento de eficiência que se mostrou muito mais pesada do que nas conjeturas dos projetos.

A tradução dessa realidade para os balanços significou pressão negativa sobre ativos contábeis dessas empresas desde o início da década de 2010 – justamente quando se deu, por exemplo, a disputa entre a gigante E.On e os moradores de Feldheim. Até 2015, as dez maiores empresas da Europa registraram baixas contábeis de 129 bilhões de euros em seus ativos, por motivos diversos (ver gráfico na página 199).

Essa notável reviravolta num cenário que parecia solidamente estabelecido mereceu a seguinte análise do Instituto Ambiental de Estocolmo: "Desde 2010, o setor de serviços públicos europeu traz lições valiosas sobre o ritmo acelerado e dramático das consequências para empresas que pareciam estáveis quando a sustentabilidade passa a ser o norte para os investidores".[1]

A mesma realidade da contabilização de ativos a menor ameaçava já os balanços das empresas de combustíveis fósseis. Até 2014, quando o preço do barril atingiu 120 dólares, os investimentos na área eram tudo com que sonhavam os administradores de seguradoras, de fundos de pensão e de bancos de investimento: longo prazo e retornos elevados – com as projeções de consumo em alta tornando ainda mais atraentes os prospectos de novos projetos.

A queda brusca de preços, no final de 2014, foi um primeiro alerta. A partir daí, os analistas começaram a examinar os números dos balanços com lupa – e toda a cadeia produtiva da energia resultante de queima de combustíveis fósseis foi ganhando uma avaliação negativa como negócio. Não era uma questão de gosto, de seguir as palavras de militantes da causa ambiental; havia considerações como as do canadense Mark Carney, o primeiro não inglês a se tornar dirigente máximo do Banco da Inglaterra, fundado em 1694:

---

[1] Stockholm Environment Institute, "Framing Stranded Asset Risk in an Age of Disruption", 14 de fevereiro de 2018.

DEPRECIAÇÕES DO SETOR ELÉTRICO NA EUROPA (2010-2015)
(EUR Bilhões)

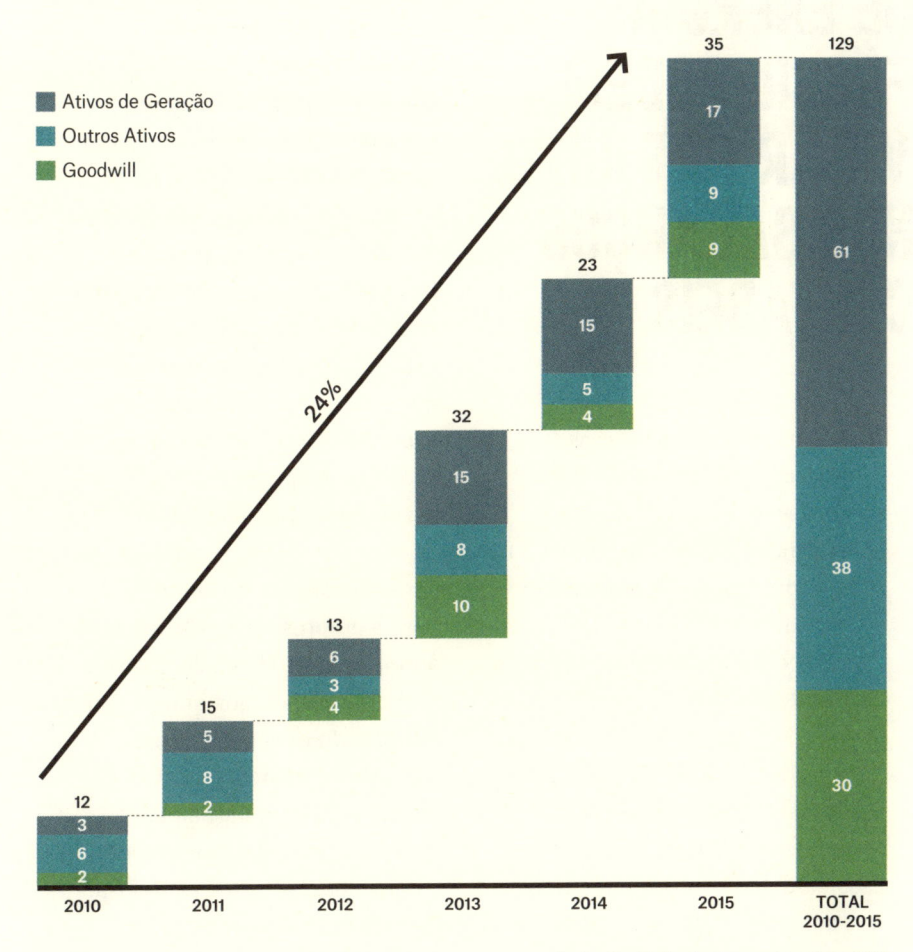

- Ativos de Geração
- Outros Ativos
- Goodwill

Ano	Goodwill	Outros Ativos	Ativos de Geração	Total
2010	2	6	3	12
2011	2	8	5	15
2012	4	3	6	13
2013	10	8	15	32
2014	4	5	15	23
2015	9	9	17	35
TOTAL 2010-2015	30	38	61	129

24%

Fonte: Stockholm Environment Institute, 2018

Enquanto os dados de energia eólica e solar mostram um rapidíssimo crescimento – espalhado por uma miríade de projetos de pequena e média escala –, os balanços das grandes empresas de energia europeias vão sendo depurados por depreciações crescentes de ativos. Não se trata apenas de desvalorizações dos equipamentos fixos de produção, mas de perdas que atingem a totalidade das organizações. Os montantes são gigantescos: apenas entre 2010 e 2015 as baixas contábeis chegaram a 129 bilhões de euros. Vale a pena notar que esse foi um tempo ainda inicial do desenvolvimento da energia solar, de longe a fonte com mais capilaridade (e, portanto, mais difícil de ser controlada por grandes empresas) e com maior ritmo de crescimento no período.

37. Ativos podres: o fantasma bate à porta

GRANDES ATIVOS DE ENERGIA FÓSSIL PODEM VIRAR PREJUÍZO NOS BALANÇOS CONTÁBEIS

Não há hipótese de todas as jazidas de carvão, petróleo e gás conhecidas serem efetivamente exploradas. Por isso, algo como 80% de todas as reservas de carvão e metade daquelas de petróleo e gás conhecidas devem ser consideradas como ativos podres.[2]

A tradução "ativos podres" talvez seja a mais adequada para o termo técnico em inglês *stranded assets*. Este termo define ativos que sofreram desvalorizações inesperadas ou abruptas e cujo valor, antes registrado como altos nos balanços das empresas, devem agora ser contabilizados como nulos por causa da mudança na realidade. Quando alguém na posição de Carney diz isso, muita gente presta atenção – e as consequências são formidáveis.

Todas as grandes companhias petrolíferas estampam em seus balanços um valor estimado para cada um de seus campos. São incluídos até mesmo aqueles que ainda não começaram a ser explorados, pois tais reservas são potencialmente valiosas – e assim foram postas nos portfólios de projetos. Por isso, seguir o conselho de Carney significa para a empresa que o leva a sério admitir em seu balanço que vale muito menos do que antes – e que o futuro do negócio é incerto.

Todavia, os dois gigantes petrolíferos com participação inglesa – a Shell e a BP – seguiram o conselho. De forma cautelosa, distribuíram relatórios aos acionistas nos quais indicavam perspectivas de que o consumo de petróleo poderia começar a cair bem mais cedo do que apontavam as antigas previsões, ou seja, antes da década de 2040 – passaram a supor que o declínio do consumo de petróleo poderia começar já na década de 2020 e a adaptar seus balanços para tal conjetura.

---

2 Andrew Sparrow, "Firms Must Justify Investment in Fossil Fuels, Warns Mark Carney". *The Guardian*, Guardian News and Media, 30 de dezembro de 2019 (www.theguardian.com/business/2019/dec/30/firms-must-justify-investment-in-fossil-fuels-warns-mark-carney).

Essa admissão alterou, antes da crise de 2020, o cenário básico de cálculo de retorno para investimentos de longo prazo – como é o caso da perfuração de poços e extração de petróleo em novos campos. Nos tempos áureos da década de 2010, o horizonte continuava a ser de, no mínimo, trinta anos; no novo cenário, passou a ser de, no máximo, dez anos.

Desde esse momento ficou difícil colocar bons números no papel que seguia para avaliação de potenciais sócios: um investidor de longo prazo, como um fundo de pensão, costuma pensar que retornos para projetos que preveem grandes instalações e produção, quando restritos a cenários de dez anos, estão mais para especulação que para coisa séria.

Era esse o ambiente quando veio a crise. A queda do preço do petróleo no início de 2020 foi tão grande que levou muita gente do mercado a considerações próprias dos desesperados: preços abaixo não apenas dos números de projeto, mas em muitos casos – especialmente na já endividada indústria do petróleo de xisto norte-americana – abaixo dos custos para retirar o material dos poços. Não apenas um cenário de ativos podres para contabilizar, mas de uma falência a se tentar evitar com todas as forças.

A pressão sobre os balanços já existia antes. Mas cada ponto de queda na atividade econômica e nos preços de venda de petróleo gera pressão adicional – e aumenta a possibilidade de que os ativos podres não possam ser depreciados nos balanços para além de um certo ponto, sem levarem a uma admissão de falência ou necessidade de reestruturação completa da empresa.

Tudo isso vai transformando os antigos gigantes de energia fóssil em personagens pouco à vontade quando são obrigados a apresentar projetos ou pedidos de financiamento para os investidores institucionais – que, ainda por cima, são assolados por uma catadupa de novas ideias vindas de gente que é candidata a fazer dança da vitória sobre os cadáveres daqueles em dificuldades.

38. É MELHOR CAIR DAS NUVENS QUE DO TERCEIRO ANDAR?

"Elon Musk e Grimes explicam como pronunciar X Æ A-12 Musk, nome do primeiro filho do casal"

GQ, 11 de maio de 2020 (https://gq.globo.com/Cultura/noticia/2020/05/elon-musk-e-grimes-explicam-como-pronunciar-x-ae-12-musk-nome-do-primeiro-filho-do-casal.html).

"Cantora Grimes leiloa parte de sua alma em exposição online"

Folha de S.Paulo, 30 de maio de 2020 (https://f5.folha.uol.com.br/celebridades/2020/05/cantora-grimes-leiloa-parte-de-sua-alma-em-exposicao-online.shtml).

Lidar com ativos podres tem aspectos muito diversos de acordo com o tipo de energia. No caso da produção de energia elétrica, aquele dominante na exposição até o momento, as diferenças entre projetos e realidade, mais as depreciações de ativos podres mostradas, são calcadas na realidade, naquilo que já se passou.

Não por acaso, este é também o mercado no qual as novas fontes de energia, especialmente a solar e a eólica, já detêm uma participação perceptível. Mas essa não é a realidade atual no mercado de petróleo. Apenas algo em torno de 5% da produção mundial são aplicados para produzir eletricidade. Quase tudo que sai dos poços vai para a indústria petroquímica, para produzir calor ou para movimentar motores a explosão, com ampla dominância deste último emprego.

No caso do petróleo, portanto, a concorrência de novas fontes aparece em duas frentes: o emprego de combustíveis não fósseis – como o etanol ou o biogás – ou a substituição dos atuais modelos consumidores de derivados de petróleo pelos elétricos. Afora essas alternativas, o petróleo vai continuar sendo empregado.

Esse cenário pode ser traduzido em números. Em 2015, havia 1,28 bilhão de veículos em circulação no mundo;[1] nesse mesmo ano foram vendidos 1,2 milhão de veículos elétricos – apenas um milésimo do total da frota mundial. Essa dominância quase absoluta no caso dos automóveis se estende aos navios (em que a vela e os remos são as alternativas para embarcações muito pequenas) e ao transporte aéreo (planadores e balões são as exceções pitorescas).

Tal dominância, num cenário de recessão forte, ajuda a tornar mais plausível a hipótese de que o momento seria adequado para postergar novos investimentos em projetos alternativos. O apelo imaginativo à mesa do investidor que analisa projetos como o da reestruturação de balanços petrolíferos do capítulo anterior pode ajudar a entender o problema. Um projeto envolvendo carros elétricos poderia parecer obra de nefelibata num momento de queda da atividade: sonhos de grandeza prontos a se dissolverem como nuvens ao vento, num cenário de petróleo barato e automóveis a gasolina mais eficientes.

Convém, no entanto, lembrar que a mesma atitude poderia ter sido tomada com relação aos projetos de energia solar na recessão de

---

1 http://www.oica.net/wp-content/uploads//Total_in-use-All-Vehicles.pdf.

2008 – o tempo no qual os planos de expansão das grandes empresas de eletricidade mostrados no capítulo anterior projetavam uma realidade que mudou muito por causa das inovações não previstas, que levaram às depreciações.

Embora repetindo o recado da dimensão menor dos aspectos realistas em relação às projeções de futuro, é possível considerar certos eventos e certas bases realistas para elas – o que nos leva, em outro grau, à já conhecida combinação entre metas ambientais de longo prazo e comportamentos empresariais que se orientam segundo suas determinações. Sim, aquilo que está sendo chamado de Paraíso Restaurável.

Em junho de 2017, representantes de 55 países reuniram-se na capital da China, Pequim, para a 8ª Cúpula Ministerial de Energia Limpa. No encontro, a principal decisão foi a divulgação da Meta 30-30. O primeiro desses números assinala a intenção de que as frotas de veículos dos países tenham um mínimo de 30% de veículos elétricos. O segundo aponta o ano de 2030 como a data limite para o cumprimento da meta.

Tal meta já era ambiciosa mesmo antes da recessão. Em 2017, um único país tinha uma frota enquadrada nela: a Noruega, onde 39% dos carros novos vendidos eram modelos elétricos.[2] Num distante segundo lugar vinha a Islândia, com 11,7%; em terceiro, a Suécia, com 6,3%. A China, os Estados Unidos e a Alemanha ocupavam as posições seguintes, todos com 2% de automóveis elétricos entre os veículos novos vendidos naquele ano.

Porém a coisa muda de figura quando se encara a questão do ponto de vista da escala de crescimento propiciada pela mobilização de recursos tecnológicos em função das metas ambientais. Os veículos elétricos estão deixando muito rapidamente de ser uma novidade de laboratório. Apenas entre 2013 e 2017, a frota mundial foi multiplicada por dez, passando de 300 mil veículos para 3 milhões. O crescimento desse mercado é da ordem de 50% ao ano – ao passo que a frota mundial total cresceu apenas 0,0009% ao ano no mesmo período.

Claro que os números serão afetados pela nova realidade. Mas boa parte desse crescimento se explica pelos avanços tecnológicos decorrentes do esforço para o cumprimento das metas ambientais. O preço do quilowatt de carga nas baterias caiu a um quinto do que era

---

[2] Quando não especificados, os dados deste capítulo estão em https://www.iea.org/reports/global-ev-outlook-2018.

MUITAS GRANDES MONTADORAS JÁ TÊM DATA MARCADA PARA O FIM DOS MODELOS COM COMBUSTÍVEIS FÓSSEIS

entre 2010 e 2017; ao mesmo tempo, a capacidade de carga das baterias instaladas no mundo se multiplicou por duzentos no mesmo período. Essa multiplicação gigantesca tem a mesma escala do crescimento da capacidade dos computadores na década de 1990.

O aumento explosivo da venda e produção de veículos elétricos coincide com o objetivo geral adotado em Pequim e traduzido em medidas regulatórias na maior parte dos países que assinaram o acordo. Em especial na área da União Europeia, foram adotados protocolos limitadores das emissões em veículos novos, muitas vezes acompanhados de maiores restrições à circulação de veículos poluentes, sobretudo nos centros das cidades. E a partir de 2030 essas restrições vão ficar ainda mais severas. Todos esses propósitos foram realçados no Green Deal, anunciado como diretriz para a era pós-Covid-19, em plena recessão. Assim as metas podem cair ou ser relaxadas, mas continuam servindo como justificativa para projetos.

A China, por sua vez, criou uma regulamentação de mercado segundo a qual os fabricantes de veículos deveriam oferecer aos consumidores carros que não emitem gases de efeito estufa – ou então adquirir compulsoriamente créditos de carbono para compensar as emissões dos modelos movidos a combustíveis fósseis.

Como tudo que envolve as diretrizes climáticas do país, essas decisões estão ligadas a desenvolvimentos. Graças à combinação de poder tecnológico, custos competitivos e regulamentação, em apenas três anos, de 2015 a 2017, o país passou da terceira posição (atrás da União Europeia e dos Estados Unidos) para a liderança na produção e venda de veículos elétricos. Em 2017, 40% da frota mundial desses veículos circulava no país asiático.

Em 2018, a empresa de pesquisa AlixPartners fez um levantamento sobre as intenções dos consumidores de todo o mundo com relação à compra do próximo carro.[3] Nada menos que 73% dos chineses desejavam comprar um automóvel elétrico.

Esses resultados refletem uma potente combinação entre o plano geral e o indivíduo – que é também uma fórmula de expansão. A China encontrou no carro elétrico um nicho pelo qual pode conquistar rapidamente uma parcela do mercado global de automóveis. Depois que europeus e norte-americanos passaram a dominar o mercado mundial na primeira década do século XX, apenas dois países conseguiram se tornar competidores globais: o Japão e a Coreia do Sul. O esforço de ambos durou décadas e as suas fatias de mercado foram conquistadas com muito suor. A China levou menos de cinco anos para se tornar líder mundial do mercado e da tecnologia

---

[3] "International Electric-Vehicle Consumer Survey", 9 de outubro de 2019 (https://www.alixpartners.com/insights-impact/insights/international-electric-vehicle-consumer-survey/).

dos veículos elétricos. Em 2018, passaram a ser negociadas em bolsa as ações da NIO, montadora dedicada exclusivamente aos carros elétricos.

Nos Estados Unidos, o movimento teve sentido inverso ao dos países que adotaram metas. Até 2015 o país detinha uma sólida liderança no mercado de carros elétricos; dois anos depois, estava atrás tanto da China como da União Europeia – e isso apesar de algumas legislações restritivas estaduais, como a da Califórnia. Seja pela razão que for, a ideia do carro elétrico não encanta os motoristas do país – em contraste com os 73% de chineses que querem um próximo carro elétrico, apenas 14% dos norte-americanos (e 26% dos californianos) têm o mesmo desejo.

E isso apesar da realidade do setor privado, no qual a Tesla não é apenas a empresa automobilística mais valiosa do mundo. Seus carros são cobiçados por todo lado, entre outras coisas porque oferecem abastecimento solar gratuito na rede de carregadores da empresa – mas não só por isso. São famosos também pelo fato de terem poucas peças móveis (não têm câmbio nem transmissão, por exemplo), tampouco outras que necessitam de manutenção regular (cilindros, engrenagens, etc.). Toda a manutenção se resume à regulagem de pneus, amortecedores e pastilhas de freio.

Num país construído com base no orgulho pela própria tecnologia e pela capacidade de competição no mercado, essas seriam ótimas notícias. Amantes do capitalismo selvagem teriam pouca pena das vítimas do processo – no caso, vendedores de automóveis a gasolina, mecânicos e fabricantes de autopeças. Porém, confiantes na política do governo federal de sabotar as metas ambientais, muitos destes entraram com processos judiciais para barrar o concorrente. E, pior, conseguiram. Atualmente a Tesla está proibida de vender diretamente seus automóveis em onze estados (como o carro não precisa de manutenção, a empresa não necessita manter redes de apoio) e enfrenta limites judiciais para vendas em outros nove. As instituições protegem os ameaçados pela mudança.

Já na Europa, que adota metas, a movimentação jurídica corre na direção inversa: as empresas automobilísticas estão sendo processadas por consumidores por não estarem oferecendo em quantidade suficiente os veículos de baixa emissão. Correndo atrás do prejuízo, os principais fabricantes do continente já anunciam planos no ritmo exigido pela clientela. A Volkswagen declarou que, até 2026, vai encerrar as pesquisas para o desenvolvimento de motores que empregam combustíveis fósseis e que, em 2030, 40% dos veículos saídos de suas linhas de produção serão elétricos – acima, portanto, da meta acordada em Pequim. Já a Mercedes-Benz anunciou o lançamento de dez modelos elétricos já em 2022 – e que produzirá o último motor a combustão em 2039.

Claro que planos como esses contêm muito de imaginação e projeção otimista sobre o futuro e podem ser cancelados – mas sem perder uma característica peculiar. Remover nuvens sonhadoras de projetos empresariais dessa espécie em geral implica menos custos que no caso do balé contábil dos ativos podres. Cair das nuvens é diferente de cair do terceiro andar. Ainda mais no caso de mudanças que são dispersas a ponto de chegarem a cotidianos que estão muito longe das salas envidraçadas de investidores.

39. ÍNDIA: O MERCADO VEM DE BAIXO

"Poema que é bom / acaba zero a zero. / Acaba com. / Não como eu quero. Começa sem."

PAULO LEMINSKI, "Sem budismo". In *Distraídos Venceremos*. São Paulo: Companhia das Letras, 2017.

Uma das grandes dificuldades para avaliar cenários de mudança é que eles levam a pensar para a frente e para o alto – deixando escapar o que acontece hoje e na realidade da vida social da imensa maioria das populações do planeta. O Rajastão é um dos estados mais pobres da Índia – afinal, três quintos de sua área são desérticos. Também é dos mais populosos, com cerca de 69 milhões de habitantes. Essas duas características impactam diretamente a renda: 1.500 dólares anuais, abaixo da média hindu, de 1.800 dólares – e muito abaixo do Brasil, onde a renda per capita média é de 13.400 dólares por ano. No Rajastão, 10 milhões de pessoas vivem na miséria absoluta, praticamente sem renda. As mulheres pobres são estimuladas a não buscar trabalho fora de casa, contentando-se com tarefas tradicionais.

Foi nesse cenário que Ajaita Shah desembarcou ao retornar ao seu país para iniciar um negócio. Filha de uma família de joalheiros de Jaipur, a capital do Rajastão, que migrara para Nova York na década de 1980, Ajaita foi educada em casa segundo as tradições milenares de sua cultura – enquanto frequentava escolas ocidentais e trabalhava no mercado financeiro. Estava com 31 anos quando fundou a Frontier Markets, com um foco muito claro:

Tinha três metas. Primeiro, queria montar uma empresa rentável e voltada para o fornecimento em larga escala de produtos e serviços na zona rural. Isso significava fornecer tudo o que uma propriedade rural necessitava para uma vida melhor: energia limpa, água, internet, celulares. O segundo objetivo era criar oportunidades para os mais pobres, e que fosse algo tão importante quanto a venda de produtos. Por isso a empresa contrata e treina localmente, investe localmente – de modo a estabelecer uma rede de empreendedores rurais vendendo para moradores rurais. Em terceiro lugar, queria uma ênfase na questão do gênero. Como mulher indiana, estou familiarizada com os estereótipos limitadores. Procuramos transformar as mulheres do campo em vetores de mudança e de ganho econômico; quando uma dessas mulheres consegue dinheiro, ela tende a investir no futuro da família e do vilarejo de modo diferente dos homens.[1]

Dois fatores em conjunto contribuíram para o êxito do

---

1 "An Interview with Ajaita Shah, a Young Jain Professional, Social Entrepreneur & Social Activist". Medium, 1º de janeiro de 2020 (https://medium.com/@YJProfessionals/an-interview-with-ajaita-shah-a-young-jain-professional-social-entrepreneur-social-activist-b81d0188ae9e).

ATÉ NAS REGIÕES MAIS POBRES DA ÍNDIA A ENERGIA SOLAR AJUDA EM NOVA INSERÇÃO SOCIAL

projeto. Primeiro, a energia solar. Aproveitando-se do fato de que a região desértica recebe insolação direta durante quase 300 dias por ano e que essa forma de energia renovável não requer rede elétrica, a Frontier Markets apostou na venda de produtos domésticos de todo tipo adaptados para essa fonte: placas solares para fornecer energia e carregar baterias de equipamentos; celulares com pacotes de dados e carregadores de bateria solar; lanternas e equipamentos de iluminação; computadores, etc.

Em seguida, a Frontier Markets inovou na forma de atuar, recrutando 5 mil mulheres nos vilarejos da região. Depois de treinadas, elas se tornaram representantes autônomas, capazes de lidar com consumidores que só esporadicamente conseguem dinheiro, em geral com a venda de excedentes agrícolas produzidos em lotes familiares.

Deu certo. Em 2019, a empresa contava com uma rede de 3 mil vendedoras e atendia 500 mil unidades familiares na região. A cultura da energia solar começou a se disseminar entre as mulheres e as famílias mais pobres. E logo vieram os resultados econômicos: o lucro da empresa saltou de 300 mil dólares, em 2015, para 2,7 milhões de dólares em 2019.[2] A iniciativa contribuiu para transformar a região: no Rajastão, a quantidade de pessoas vivendo na pobreza absoluta está se tornando proporcionalmente menor do que em outras regiões pobres e o ritmo da melhoria das condições de vida é um dos mais acelerados da Índia; apenas entre 2005 e 2012, a proporção de pobres caiu de 36% para 14% do total da população.[3]

O período de transformações da empresa e da região coincide

---

2 Rishi Iyengar e John Defterios, "Women are bringing solar energy to thousands of Indian villages". CNN Business, 1º de julho de 2019 (https://edition.cnn.com/2019/07/01/business/india-solar-frontier-markets/index.html).

3 "Rajasthan: Poverty, Growth & Inequality", 20 de maio de 2016 (http://documents.worldbank.org/curated/en/423761467995629413/pdf/105877-BRI-P157572-ADD-SERIES-India-state-briefs-PUBLIC-Rajasthan-Proverty.pdf).

O RITMO DE REDUÇÃO DA POBREZA NO RAJASTÃO ENTRE OS MAIS ACELERADOS DA ÍNDIA

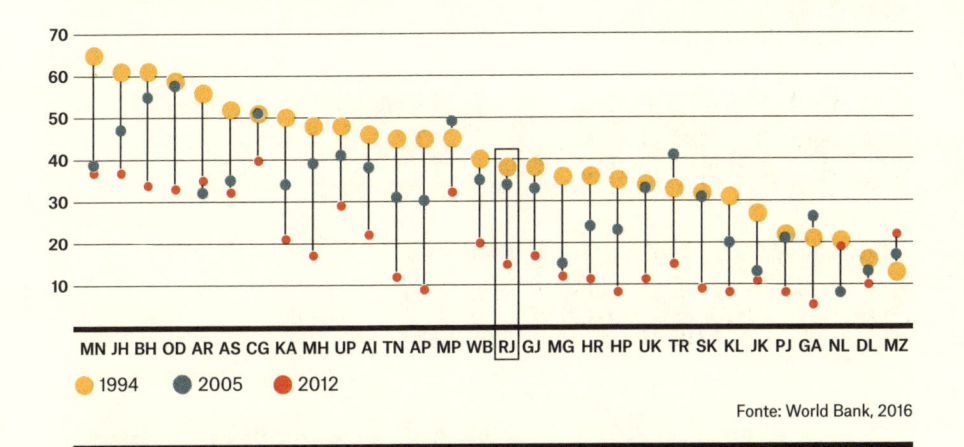

MN JH BH OD AR AS CG KA MH UP AI TN AP MP WB RJ GJ MG HR HP UK TR SK KL JK PJ GA NL DL MZ

● 1994   ● 2005   ● 2012

Fonte: World Bank, 2016

Embora seja difícil estabelecer uma relação causal direta, não deixa de ser significativa a coincidência entre o forte desenvolvimento de fontes renováveis de energia e a diminuição da pobreza na região mais pobre da Índia, o Rajastão.

também com uma mudança de âmbito nacional. A energia solar tornou-se uma prioridade para a Índia – grande consumidora de carvão – na última década. E os resultados foram notáveis. Em 2010, a capacidade instalada no país era de 0,16 GW; em 2012, chegou a 1,2 GW; e em 2016 saltou para 6,7 GW. No período seguinte de três anos, até 2019, a capacidade mais que quadruplicou, chegando a 28 GW.[4] A meta do governo é atingir 100 GW (dois terços da capacidade de geração instalada no Brasil) até 2022.

A combinação de energia solar (e eólica) com combate à pobreza deriva diretamente da autonomia em relação às caras redes centralizadas de distribuição de eletricidade – e é essa combinação que garante, entre outras coisas, o sucesso da empresa de Ajaita Shah, que conecta diretamente as pessoas mais pobres com as tecnologias mais avançadas. Tal relação apenas se acentuou com a Covid-19, com as representantes da empresa se transformando em fontes disseminadoras de cuidados. Melhor ainda, toda essa mudança reconecta com a essência da filosofia oriental, que concebe de modo substancial a ligação entre o homem e a natureza.

4 http://www.cea.nic.in/reports/monthly/installedcapacity/2019/installed_capacity-03.pdf.

40.
RESPIRANDO O PARAÍSO

"(Verso 9) Tendo falado essas palavras, o Supremo Senhor de todo o poder místico, a Personalidade de Deus, mostrou a Arjuna Sua forma universal. (...) (10/11) Arjuna viu naquela forma universal bocas ilimitadas, olhos ilimitados e maravilhosas visões ilimitadas (...) Tudo era maravilhoso, brilhante, ilimitado e não parava de expandir-se. (12) Se centenas de milhares de sóis nascessem ao mesmo tempo no céu, talvez seu resplendor pudesse assemelhar-se à refulgência desta forma universal da Pessoa Suprema. (...) (55) [Krishna falando] Meu querido Arjuna, aquele que se ocupa em Meu serviço devocional puro, livre das contaminações das atividades fruitivas e da especulação mental, que trabalha para Mim e faz de Mim a meta suprema de sua vida, sendo amigo de todos os seres vivos – com certeza virá a Mim."

BHAGAVAD GHITA, Capítulo 11.

As grandes diferenças de concepção da totalidade da vida entre orientais e ocidentais nem sempre são fáceis de serem explicadas. Uma tentativa importante para compreender essas diferenças sem fazer julgamentos foi feita por Carl Gustav Jung na década de 1930 – no auge da ascensão fascista na Europa. Em 1936, ele escreveu o ensaio "A ioga e o Ocidente", no qual buscava mostrar como essa atividade promovia um movimento de unidade:

> As inúmeras formas de proceder da ioga, de natureza inteiramente corporal, são também de natureza filosófica, e não apenas mecânica e científica. Nos exercícios ela une o corpo à totalidade do espírito, pois o *prâna* é, ao mesmo tempo, a respiração e a dinâmica universal do cosmos. Assim, o ato de respirar do indivíduo se torna um acontecimento cósmico: o assenhoreamento do corpo (inervação) se associa ao assenhoreamento do espírito (a ideia universal). Daí resulta uma totalidade viva que nenhuma técnica, por mais científica que seja, é capaz de produzir.[1]

Esta seria uma unidade impossível na cultura europeia, toda ela fundada na dissociação entre natureza e cultura:

---

[1] Carl Gustav Jung, "A ioga e o Ocidente", in Id., *Psicologia e religião oriental*. Petrópolis: Vozes, 1980, pp. 70-71.

O hindu não consegue esquecer nem o corpo nem o espírito. O europeu, pelo contrário, esquece sempre um ou outro. Foi graças a essa realidade, no entanto, que os europeus, e não os hindus, conquistaram o mundo. Estes últimos conhecem sua própria natureza, como sabem perfeitamente que são a própria natureza. O europeu, pelo contrário, desenvolveu uma ciência da natureza mas sabe muitíssimo pouco a respeito da natureza que está nele. Por isso o hindu busca vencer a natureza por dentro e por fora, enquanto o europeu reprime totalmente a natureza enquanto tenta transformá-la num robô.[2]

Num tempo em que apenas as lembranças dos horrores da Primeira Guerra Mundial estavam disponíveis, a reflexão seguia:

Embora se diga que a ioga é capaz de mover montanhas, é difícil apresentar uma prova nesse sentido. O poder da ioga só existe dentro dos limites admissíveis para o meio ambiente. Já o europeu pode fazer saltar montanhas pelos ares, e a guerra mundial nos deu um antegosto amargo do que ele ainda é capaz de fazer, quando seu intelecto alienado da natureza perde todos os freios.[3]

Três anos depois, em 1939, às vésperas da Segunda Guerra, ele voltou ao tema da comparação entre Ocidente e Oriente, dessa vez com foco nas relações entre ciência e religião:

A concepção de que um órgão de fé dá ao homem a capacidade de conhecer Deus desenvolveu a enfermidade do conflito entre ciência e religião. Cientistas passaram a considerar a matéria como realidade tangível e cognoscível – mas esta é uma noção absolutamente metafísica. [...] Quando se fala em "matéria" cria-se, no fundo, um símbolo para algo que escapa ao conhecimento, que tanto pode ser o espírito quanto qualquer outra coisa, inclusive o próprio Deus. Já os religiosos recusam-se a abandonar sua concepção de mundo: contradizendo a palavra de Cristo, os crentes tentam permanecer no estado de crianças, agarrados ao mundo da infância. Um teólogo famoso diz, em sua autobiografia, que "Jesus era meu bom amigo

---

2　Ibid., p. 71.
3　Ibid., p. 72.

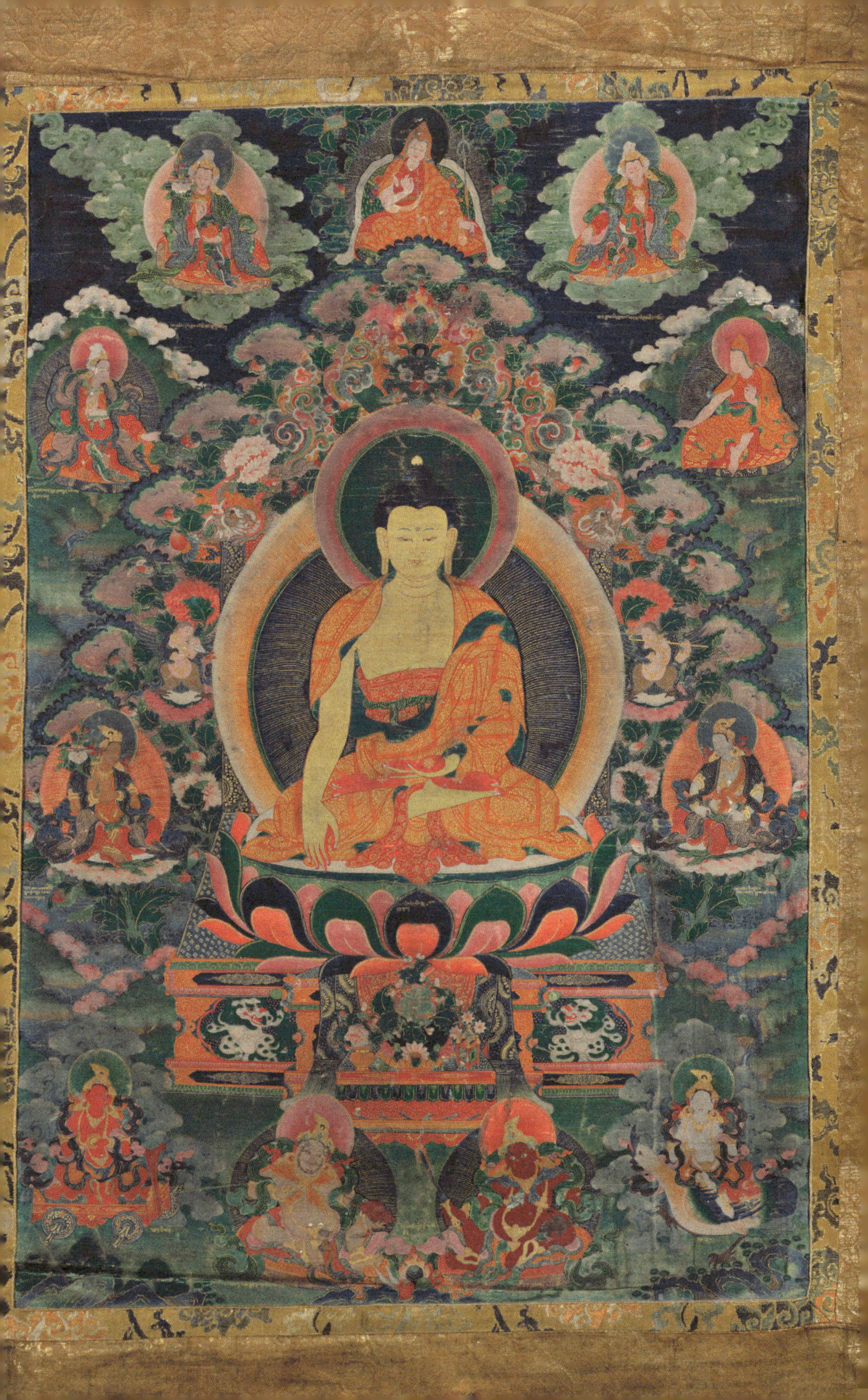

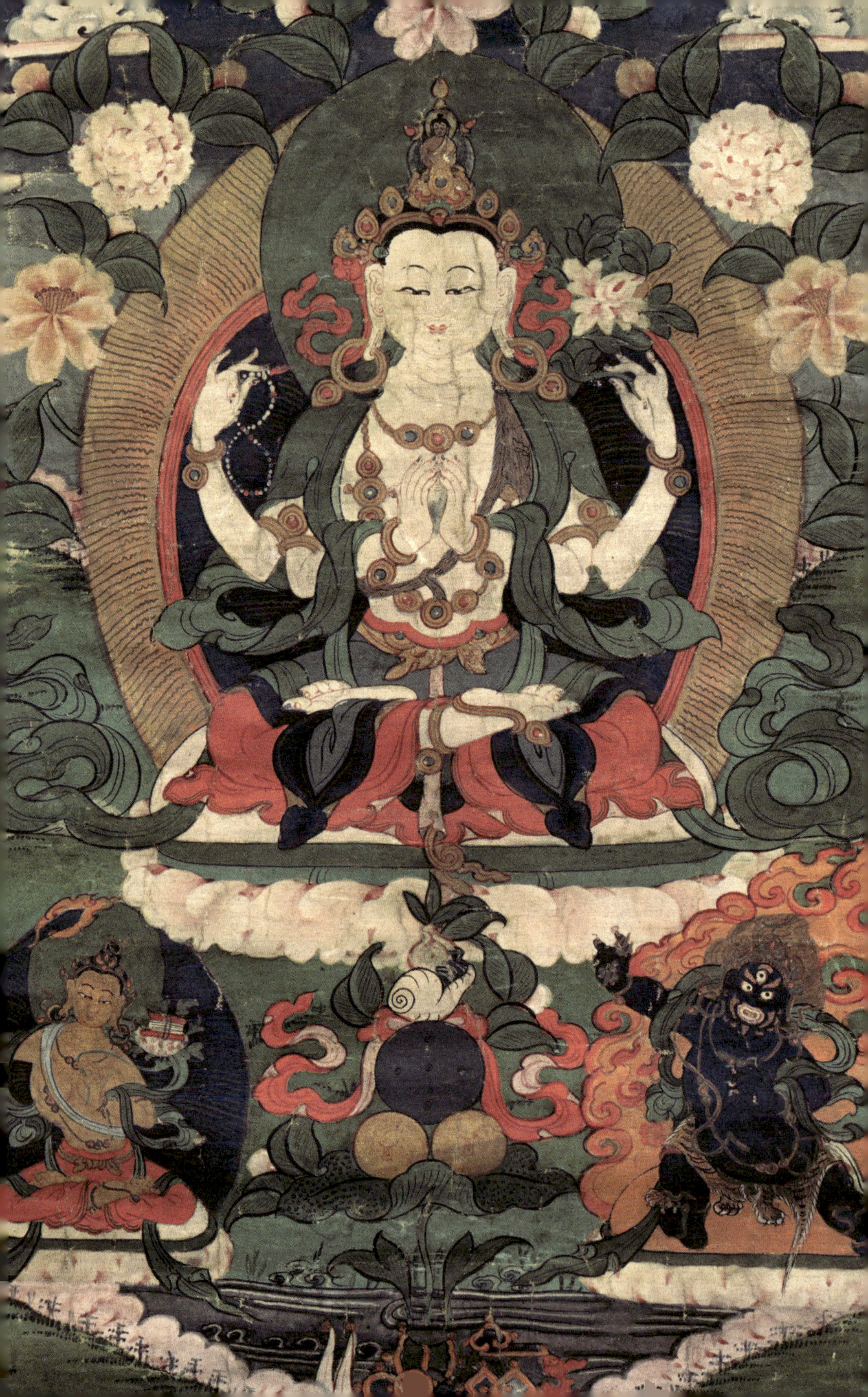

> **Hinduísmo e budismo mantêm uma total continuidade na concepção de que a vida espiritual humana e a natureza são fenômenos coincidentes – e que a ioga é um exercício que os interliga.**

desde a infância". Mas Jesus é, precisamente, o exemplo claro de uma pessoa que pregava algo muito contrário à religião de seus pais.[4]

Já o oposto dessa cisão caracterizaria o homem oriental:

> A psique é o elemento mais importante, o sopro que tudo penetra, ou seja, a natureza de Buda, o espírito de Buda, o Uno, o Darma-Kaya. Toda a vida jorra da psique e todas as formas de sua manifestação se resumem a ela. Essa é a condição psicológica fundamental que impregna o homem oriental em todas as fases de seu ser, seja qual for a crença que professe.[5]

As diferentes visões não poderiam ser superadas – mas da compreensão dessa dificuldade poderia resultar algo:

> Não se pode misturar fogo com água. A posição oriental idiotiza o homem ocidental e vice-versa. Não se pode ser ao mesmo tempo um bom cristão e seu próprio redentor, do mesmo modo que não se pode ser um bom budista e adorar a Deus. Muito mais lógico seria admitir o conflito, pois se existe realmente uma solução ela deve ser necessariamente uma solução irracional.[6]

Um Paraíso Restaurável universal?

---

4 Jung, "Comentário psicológico sobre o livro tibetano da grande libertação", in Ibid., pp. 12-13.
5 Ibid., p. 19.
6 Ibid., p. 20.

41.
UM NOVO
CENTRO DE
GRAVIDADE?

"Prefiro toddy ao tédio"

LEDUSHA, "New-maiacovski". In *Risco no disco*. São Paulo: Luna Parque, 2016.

Em 2017, o Cazaquistão sediou a Expo 2017, uma exposição mundial cujo tema era "A Energia do Futuro". À primeira vista, pode parecer estranha a escolha desse país. Com área de 2,7 milhões de km², o Cazaquistão é o maior país sem litoral do mundo e depende basicamente da venda de seu petróleo. Este representou nada menos do que 60% da pauta de exportações do país em 2015 – e 30% do PIB. O segundo item na pauta de exportações é o carvão – empregado na geração de metade da energia elétrica consumida internamente (a outra metade vem quase toda do petróleo ou do gás natural).

Também não se trata exatamente de um país com tradição no cenário internacional. Em 1991, foi o último a se desmembrar da antiga União Soviética. Tampouco as condições naturais são as mais favoráveis para a vida humana: o cenário dominante de estepes e do deserto de Gobi (ambos compartilhados com a vizinha Mongólia) torna difícil a ocupação humana. Por isso, a população do país é de apenas 17 milhões de habitantes, concentrados em torno da capital, Astana.

Mas o Cazaquistão possui uma característica geopolítica peculiar. O extremo oeste do país está na Europa, o que o habilitou a pleitear um lugar na União Europeia. Já todo o leste faz fronteira com a China, de modo que as relações com esse vizinho constituem parte da vida cotidiana local. Além disso, a região norte faz divisa com a Rússia – e os séculos de ligação, além do pertencimento ao Império Russo (já era assim na Revolução de 1917), fizeram com que parte considerável da população seja de ascendência russa. Por causa dessa posição geográfica peculiar, a elite local desenvolveu uma boa capacidade de negociar diferenças, inclusive as religiosas, num país em que a maioria da população é islâmica.

Por conta de tudo isso, o jovem país desenvolveu um sistema político sólido em pouco tempo. Não apenas foi capaz de consolidar um sistema eleitoral como criou instituições de mercado que adquiriram credibilidade. Para completar, o país vem se empenhando num projeto nacional baseado em formas de geração de energia renovável, visando romper a dependência das exportações de petróleo e de carvão que permitiram seu rápido progresso.

A organização da Expo 2017 era parte desse plano, apresentado aos representantes de mais de uma centena de países. Era um plano de bases sólidas. A lei de diretrizes para a adoção progressiva da energia renovável fora aprovada em 2009. Quatro anos depois veio a legislação que fixava as metas ambientais: 3% da eletricidade gerada por fontes renováveis em 2020; 30% em 2030; e 50% em 2050. Em 2016,

As estepes da Ásia Central e a região do deserto de Gobi já estão recebendo usinas solares e eólicas, e têm potencial para se transformar na grande fornecedora de energia renovável para a Europa e a Ásia.

o Cazaquistão aderiu ao Acordo de Paris, comprometendo-se com a meta de baixar a emissão de gases de efeito estufa num patamar de 15% a 25% em relação a 1990.

A credibilidade institucional foi importante para o financiamento dos projetos, sobretudo com recursos do Banco Europeu para o Desenvolvimento. Com isso, na época da reunião o país contava com 65 unidades de produção de energia renovável (33 hidrelétricas; 19 usinas solares; 12 fazendas eólicas e uma usina de biogás),[1] além de meia centena de outros projetos em implantação. No fim de 2019, boa parte desses projetos estava em funcionamento e o número de unidades chegava a 87.[2]

Além do plano, a Expo 2017 revelou uma perspectiva de mudança

---

1 Ariel Cohen, "Oil-Rich Kazakhstan Begins the Long March Towards Renewables". *Forbes*, 18 de outubro de 2019 (https://www.forbes.com/sites/arielcohen/2019/10/18/oil-rich-kazakhstan-begins-the-long-march-towards-renewables/#490036e235c6).

2 Zhanna Shayakhmetova, "Eighty-Seven Renewable Energy Facilities to Operate in Kazakhstan by End of 2019". *The Astana Times*, 1º de novembro de 2019 (https://astanatimes.com/2019/11/eighty-seven-renewable-energy-facilities-to-operate-in-kazakhstan-by-end-of-2019/).

radical do valor do território. A fim de substituir as exportações de petróleo e gás, o Cazaquistão pretende aproveitar a insolação do deserto de Gobi e os ventos que sopram incessantemente nas estepes para se transformar em grande exportador de energia renovável. A ideia foi considerada tão viável que, a partir de então, o potencial do país e da vizinha Mongólia (que também adotou metas ousadas no Acordo de Paris e passou rapidamente à ação) se tornou objeto de estudos.[3]

A capacidade de produção de energia eólica da Mongólia foi estimada num mínimo de 1,1 TW (próxima à produção atual dos Estados Unidos).[4] De acordo com um estudo chinês, a utilização de apenas 3,7% da área das estepes e do deserto – sem avançar sobre nenhuma terra agrícola – para a instalação de placas solares e moinhos eólicos seria capaz de gerar 41 vezes o consumo local de energia. Um dos autores da pesquisa, Michel McElroy, professor de engenharia ambiental em Harvard, constatou: "Seria preciso investir 11,2 trilhões de dólares, o que é muito dinheiro. Mas, depois disso, o custo da energia seria nulo. Além disso, possivelmente o investimento seria competitivo com relação aos [combustíveis] fósseis."[5]

O aspecto econômico é apenas uma das questões a serem resolvidas. Para dar certo, o projeto exigiria uma transformação completa das redes de distribuição, como notou o professor da universidade chinesa de Tsinghua e diretor do projeto de avaliação, Shi Chen: "Precisa haver conectividade, o que exige uma rede elétrica extensa e capaz de lidar com as características da energia solar. Além disso, teria que ser transnacional. Mas com ela haveria potencial para passar da realidade carbono-intensiva do presente para um futuro de baixo carbono."[6]

A ideia de que o Cazaquistão e a Mongólia pudessem ser um centro viável para produzir energia renovável em alta escala e distribuí-la por redes terrestres para a União Europeia e a China, mudando o cenário mundial da energia, levou os dirigentes de ambos os lados a mudarem de atitude.

---

3 Georgi Gotev, "'Super Grids Silk Road' takes shape in Kazakhstan", 3 de julho de 2018 (https://www.euractiv.com/section/central-asia/news/super-grids-silk-road-takes-shape-in-kazakhstan/).
4 Sam Morgan, "EU Bank Invests in Mongolia's Green Future", 24 de agosto de 2017 (https://www.euractiv.com/section/energy/news/eu-bank-invests-in-mongolias-green-future/).

---

5 Yvaine Ye, "Solar Energy Could Turn the Belt and Road Initiative Green", 12 de julho de 2019 (https://www.seas.harvard.edu/news/2019/07/solar-energy-could-turn-belt-and-road-initiative-green).
6 Ibid.

42. DA COMPETIÇÃO À COOPERAÇÃO

"O mar vagueia onduloso sob os meus pensamentos
A memória bravia
lança o leme:
Recordar é preciso.
O movimento vaivém nas águas-lembranças dos meus marejados olhos
transborda-me a vida, salgando-me o rosto e o gosto.
Sou eternamente náufraga,
mas os fundos oceanos não me amedrontam e nem me imobilizam.
Uma paixão profunda é a boia que me emerge.
Sei que o mistério subsiste além das águas."

———
CONCEIÇÃO EVARISTO, *Poemas da recordação e outros movimentos*. Rio de Janeiro: Editora Malê, 2017.

A rapidez das transformações resultantes do estabelecimento de metas ambientais é de tal ordem que faz perder as noções básicas de proporção. Apenas para relembrar, a Alemanha tornou-se a primeira nação com uma economia de porte a incorporar as metas ambientais em seu planejamento estratégico nacional, no ano de 2005.

Naquela altura, as bases reais de uma economia moldada segundo essas metas eram praticamente nulas, mesmo em nível municipal. A briga dos moradores de Feldheim com a companhia distribuidora de energia elétrica aconteceu em 2010 – o mesmo ano em que Dezhou foi escolhida como cidade-protótipo para o programa chinês de energia renovável. A independência energética de Burlington, nos Estados Unidos, aconteceu em 2014.

Enquanto a escala de viabilidade era apenas local, e o horizonte de planejamento, apenas nacional, a China fez das metas ambientais o fundamento para uma mudança global milenar. Por mais de 2 mil anos a nação se pensou como uma economia insulada, voltada para si mesma. O regime comunista instalado em 1949 fez as primeiras tentativas para modificar essa situação, primeiro indo buscar tecnologia e financiando partidos comunistas em outros países, depois abrindo as fronteiras para receber empresas globais e promover a formação de um mercado interno. Mas tudo isso aconteceu em função de horizontes estratégicos inteiramente nacionais.

Em 2013, o presidente Xi Jinping anunciou que o país estava entrando numa nova era. Dali em diante, toda a política internacional chinesa estaria subordinada a um projeto que chamou de Rota da Seda. A referência histórica era clara: desde os tempos dos faraós egípcios até a viagem de Vasco da Gama, em 1498, essa era a denominação da rede de caminhos terrestres que, interligando a China, a Europa e a África via Oriente Médio, constituía a principal via do comércio mundial e tinha nos tecidos de seda chineses seu produto mais relevante.

Um dos pilares do programa Rota da Seda era a disseminação da energia renovável. Porém, como eram tempos em que os projetos nessa área tinham apenas escala local, o anúncio do presidente também contemplava investimentos em fontes de alto carbono, como usinas elétricas que empregavam carvão como combustível.

A passagem do anúncio à prática ocorreu em velocidade chinesa: já no final de 2014, 40 bilhões de dólares foram disponibilizados para investimentos em dezenas de países. Como a prioridade eram projetos rápidos, boa parte

Os primeiros passos da China na direção de um papel mundial na produção de energia foram marcados pela desconfiança advinda do passado poluidor.

"ESTARIA A CHINA EXPORTANDO POLUIÇÃO?"

do dinheiro acabou sendo dirigida para os interessados disponíveis – nem sempre segundo critérios econômicos. Dinheiro a fundo perdido, empréstimos a países sem condições de pagar, subsídios de todo tipo norteavam as decisões chinesas.

Do ponto de vista ambiental, também não havia muito critério. Como notou Kara Sherwin, os primeiros financiamentos fora do país não eram exatamente focados em energia renovável: "Até setembro de 2015 a China investiu 2,1 bilhões de dólares para financiar usinas de carvão no exterior, escolhendo entre critérios de mercado e subsídios para financiar os projetos."[1]

O título do artigo refletia uma dúvida: "Estaria a China exportando poluição?" Uma análise do período anterior ao anúncio do presidente chinês mostra que a dúvida era mais que razoável. Segundo o estudo, as exportações de equipamentos e tecnologia chineses para a produção de energia fóssil atingiram 262 bilhões de dólares no período de 2000 a 2013, contra 210 bilhões de dólares em energia renovável.[2]

Enquanto isso, no plano interno, os investimentos numa rede que opera com energia limpa ganhavam dimensões desconhecidas até então. Na cidade de Jiuquan, na província de Gansu, perto da fronteira com a Mongólia, teve início a instalação em cavernas de duas dúzias de transformadores com 28 metros de altura, capazes de despejar 800 quilovolts em corrente contínua numa linha de transmissão de 2,3 mil quilômetros que se estende até a província de Hunan, no coração industrial do país.[3] Essa rede de transmissão está projetada para

---

1 Kara Sherwin, "China Is Outsourcing Its Pollution", 7 de dezembro de 2016 (https://foreignpolicy.com/2016/12/07/china-is-outsourcing-its-pollution/).

2 John Mathews e Hao Tan, "China's New Silk Road: Is it Black or Green?", 24 de abril de 2017 (https://energypost.eu/chinas-new-silk-road-will-it-contribute-to-export-of-the-black-fossil-fueled-economy/).

3 "China's Ambitious Plan to Build the World's Biggest Supergrid". Belt & Road News, 23 de fevereiro de 2019 (https://www.beltandroad.news/2019/02/23/chinas-ambitious-plan-to-build-the-worlds-biggest-supergrid/).

> A crescente participação no financiamento de usinas solares acabou levando a um novo alinhamento mundial chinês.

receber os fluxos sempre instáveis de energia eólica e solar produzidas nas estepes e desertos da região e transmiti-las para o mercado local.

Mas a construção esbarra com obstáculos que se revelaram maiores do que a ambição chinesa de avançar mundialmente com foco nacional. As redes elétricas tradicionais foram concebidas com um critério básico de segurança: evitar interligações que possam derrubar todo o sistema. Não há como evitar acidentes, em geral causados por flutuações de carga, resultando em apagões.

Acontece que a flutuação de carga é a regra no caso das fontes renováveis: a produção eólica aumenta brutalmente com ventos intensos – e cada frente de nuvens reduz drasticamente a produção nas usinas solares. Essas flutuações, caso transferidas para sistemas totalmente interligados, podem provocar um apagão do tamanho da área coberta por eles.

Esse desafio monumental levou a uma mudança de atitude. A União Europeia vivia às turras com a China por causa de seus planos cheios de voracidade expansionista e pouco cautelosos com estudos de viabilidade, estabilidade de governos ou legislação institucional. Não bastasse isso, os europeus estavam entre os principais financiadores das iniciativas de transição energética no Cazaquistão e na Mongólia.

A assinatura do Acordo de Paris, em 2015, criou uma oportunidade de alinhamento: metas ambientais em muitos países, capazes de balizar um pouco melhor os projetos de longo prazo. Em seguida, a retirada dos Estados Unidos tornou a União Europeia e a China os principais esteios do projeto de transição para uma economia de baixo carbono. A avaliação do potencial da Ásia Central fez o resto. Em maio de 2018, ambas assinaram uma declaração conjunta sobre mudanças climáticas e energia renovável, que começa com as seguintes afirmações: "A União Europeia e a China consideram a ação sobre a questão climática e a transição para a energia limpa um imperativo mais importante do que nunca. [...] Para promover a transição global para a economia de baixo carbono por meio de serviços de energia baratos, confiáveis e modernos, estão dispostas a procurar parceiros e trabalhar juntamente com eles."[4]

Um ano depois, na cúpula de Bruxelas, a intenção inicial havia se desdobrado em meia dúzia de parágrafos descrevendo o comprometimento com programas ambientais – e anunciava uma conexão fundamental:

> A União Europeia e a China vão cooperar para melhorar as condições econômicas, sociais, fiscais e financeiras para um ambiente sustentável, e na conectividade e interoperacionalidade, [...] de modo que todos os países da Europa e da Ásia tirem benefícios dos projetos, respeitando suas políticas individuais. Ambas as partes continuarão forjando sinergias entre a estratégia da Europa Conectada e a da Iniciativa do Cinturão e Rota chinesa [em 2015 essa se tornou a denominação oficial do projeto Rota da Seda].[5]

Um projeto para mudar na velocidade das novas fontes. Em menos de uma década, aquilo que era uma disputa entre pequenas comunidades rurais e companhias de energia elétrica em torno de redes de distribuição se transformara no fundamento de um projeto econômico capaz de redesenhar não apenas o desafio da transição dos combustíveis fósseis para as fontes renováveis como delinear os contornos de uma economia mundial com outra cara.

Certamente a recessão de 2020 trará novos dados para a equação da mudança. Mas também é certo que uma visão de tipo Paraíso Restaurável, embora fundada na vida local, já permite retratos globais, espalhada que está em todo o planeta.

---

4 "EU-China Leaders' Statement on Climate Change and Clean Energy", 16 de julho de 2018 (https://ec.europa.eu/clima/sites/clima/files/news/20180713_statement_en.pdf).

5 "Joint statement of the 21st EU-China summit", 10 de abril de 2019 (https://eeas.europa.eu/delegations/china_en/60836/Joint%20statement%20of%20the%2021st%20EU-China%20summit).

43.
RELÓGIO MUNDIAL, HORAS LOCAIS

"A negação da mudança climática tem seis estágios:
Não é verdade.
Não somos nós.
Não é tão ruim assim.
É muito caro para consertar.
Ah, eis uma grande solução (que não resolve nada).
Ai, não! Agora é tarde demais. Você realmente deveria ter avisado antes.

Soa familiar?"

KATHARINE HAYHOE, Diretora do Texas Tech University Climate Science Center, no Twitter, 25 de março de 2020, traçando paralelos entre a crise ambiental e a crise do coronavírus (https://twitter.com/KHayhoe/status/1242817345069998080).

GERAÇÃO TOTAL DE ENERGIA POR TIPO (2012-2050)

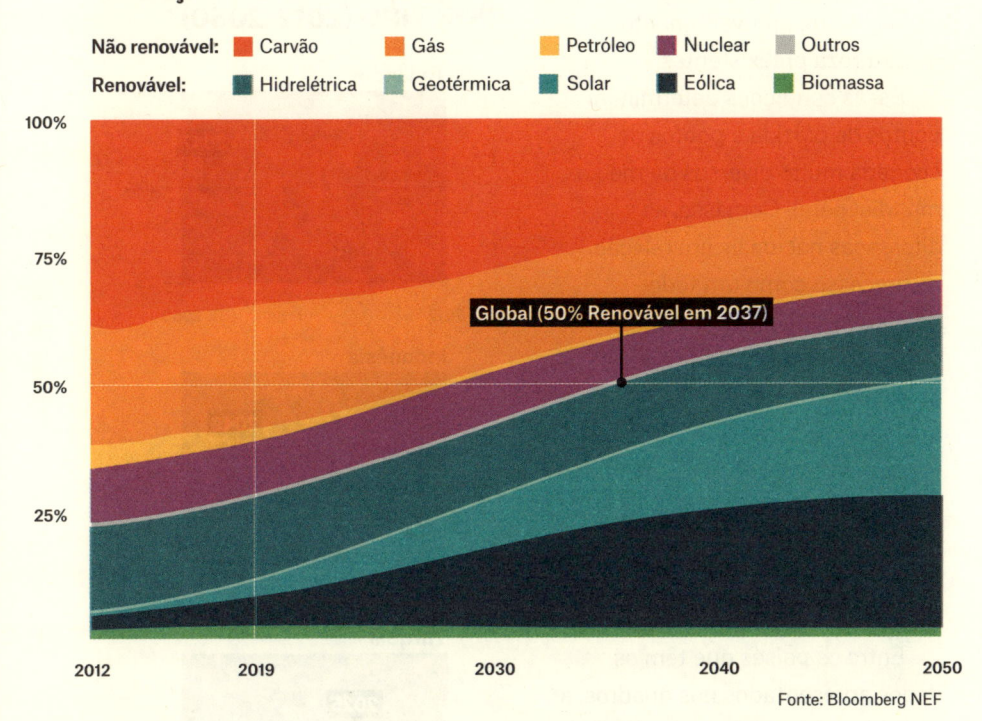

Não renovável: Carvão — Gás — Petróleo — Nuclear — Outros
Renovável: Hidrelétrica — Geotérmica — Solar — Eólica — Biomassa

Global (50% Renovável em 2037)

Fonte: Bloomberg NEF

Vale a pena dar uma nova olhada no gráfico da página 89, só que agora considerando todos os dados e processos apresentados até aqui. Eles permitem entender tanto as bases das mudanças reais, aquelas ocorridas entre 2012 e 2019, como dar um peso mais correto ao processo geral de transformação que se desenha para o futuro, com o crescimento da produção de energia vinda de fontes renováveis funcionando como o norte organizador do planejamento estratégico em escala planetária.

A simples existência deste gráfico já é uma amostra tanto de uma mudança nas formas de pensar a economia – com foco na natureza – como dos resultados que essas formas de pensar vêm trazendo, especialmente na segunda década deste século.

Mas, sendo uma forma nova, ela não tem relação direta com as maneiras tradicionais de pensar o desenvolvimento econômico, fundadas no aumento da produção puro e simples. Pelo contrário, uma parte substantiva das possibilidades de cada nação na nova realidade é derivada de condições de aproveitamento da natureza preexistentes.

Essas condições determinam pontos de partida e pontos de chegada muito diversos da média mundial geral. Com isso, as diferenças nacionais em relação ao processo como um todo ganham muita importância.

O quadro geral aponta o ano de 2037 como aquele no qual metade da energia elétrica produzida no mundo viria de fontes renováveis. Mas a decupagem dos dados pela estrutura produtiva de cada país mostra uma variedade imensa de situações.

Entre os países que têm os dados apresentados nos quadros, a situação mais positiva em relação à meta estudada vem a ser a do

GERAÇÃO DE ENERGIA POR TIPO (2012-2050)

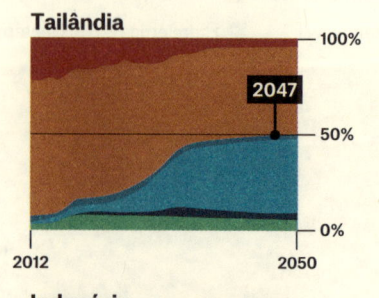

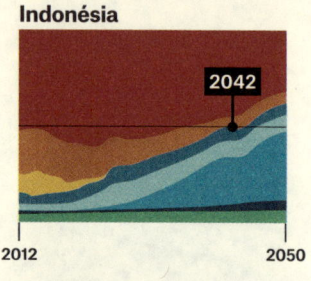

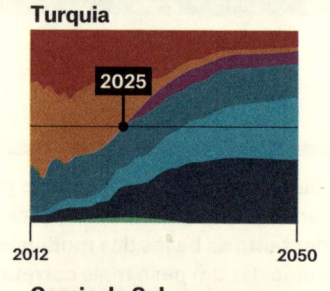

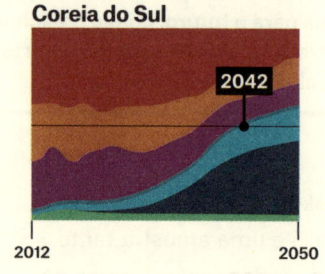

Tailândia — 2047

Indonésia — 2042

Turquia — 2025

Coreia do Sul — 2042

Muitos caminhos levam ao mesmo fim: embora as matrizes elétricas das grandes economias do planeta tenham uma diversidade muito grande de fontes, em praticamente todas elas a projeção para o futuro é a de um aumento da participação das fontes renováveis, que começa a se tornar majoritária em muitas economias, especialmente as europeias, já na década de 2020. Em apenas um país, os Estados Unidos, as projeções mostram a capacidade de resistência dos combustíveis fósseis como fonte majoritária em 2050. Nesse momento países como Alemanha, Itália e Reino Unido já teriam praticamente descartado os combustíveis fósseis como fontes de energia.

Fonte: Bloomberg NEF

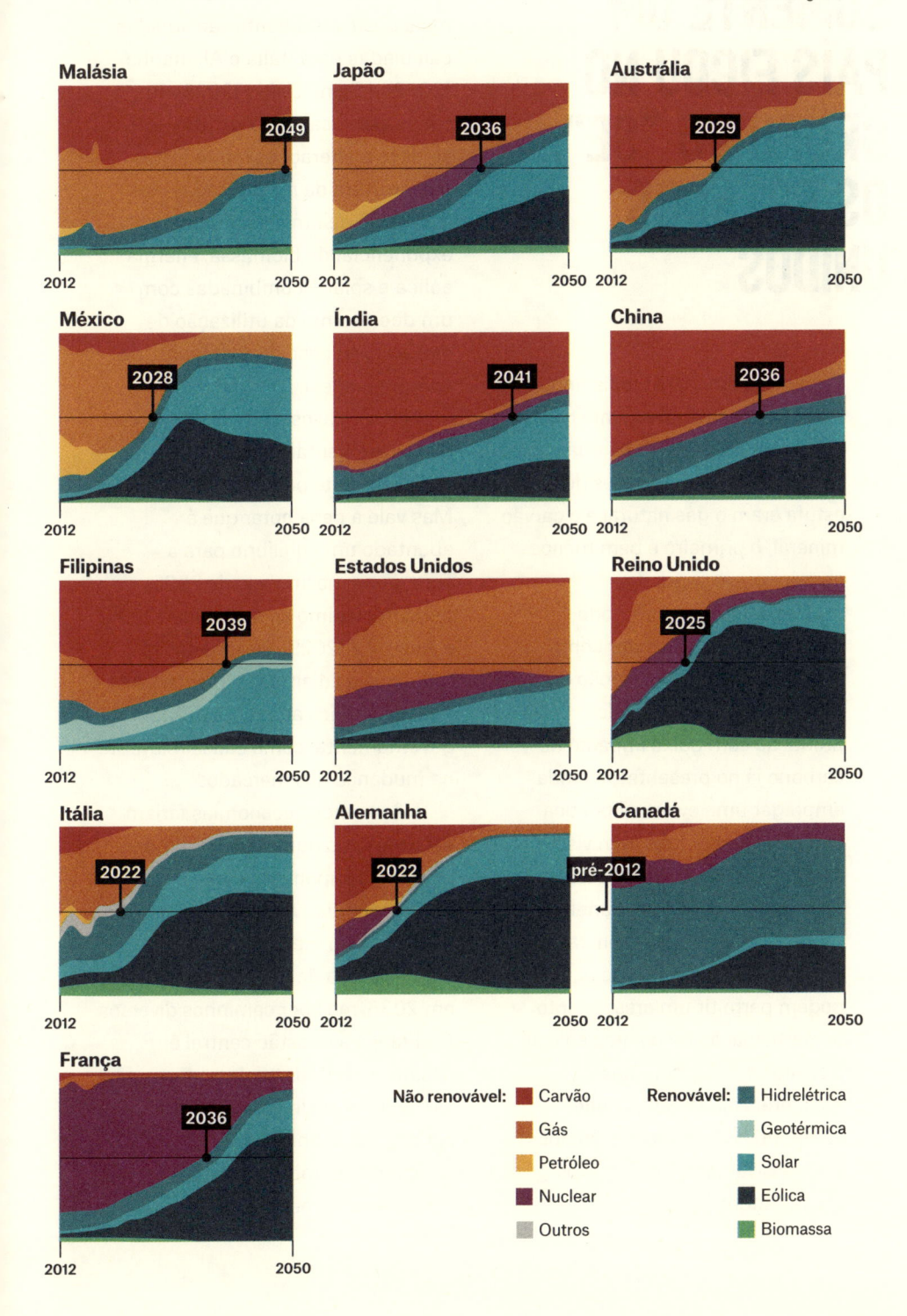

Malásia 2049	**Japão** 2036	**Austrália** 2029
México 2028	**Índia** 2041	**China** 2036
Filipinas 2039	**Estados Unidos**	**Reino Unido** 2025
Itália 2022	**Alemanha** 2022	**Canadá** pré-2012
França 2036		

Não renovável: ■ Carvão ■ Gás ■ Petróleo ■ Nuclear ■ Outros

Renovável: ■ Hidrelétrica ■ Geotérmica ■ Solar ■ Eólica ■ Biomassa

43. Relógio mundial, horas locais

SOMENTE UM PAÍS FICOU NO GRUPO DO "SE": OS ESTADOS UNIDOS

Canadá: já em 2012 o país tinha uma matriz elétrica amplamente calcada em fontes renováveis. As duas únicas fontes emissoras de gases de efeito estufa eram o gás natural e o carvão mineral; o primeiro é bem menos gerador que o segundo.

Dessa forma o país pode facilmente se apresentar como alternativa para a instalação de empresas em busca de produção com baixo impacto de carbono já no presente – e ainda empregar uma eventual política de metas ambientais com vistas a ampliar seu diferencial com relação ao restante do planeta.

Mesmo sem fazer políticas deliberadas, as condições naturais podem permitir um crescimento da participação de plantas eólicas e solares apenas com base no diferencial de capacidade competitiva derivado dos custos progressivamente mais baixos dessas alternativas.

Em termos de prazo, as datas mais positivas adiante são aquelas calculadas para Itália e Alemanha (2022) e Reino Unido (2025). Em todos esses casos a boa perspectiva se deve a alterações muito fortes na estrutura da matriz, todas elas derivadas de um crescimento exponencial de biomassa, energia eólica e solar – combinadas com um decréscimo da utilização de carvão e, no caso da Alemanha, de energia nuclear.

Nesses casos a política firme de metas ambientais pode ter sido um fator relevante para a transformação. Mas vale a pena notar que é apontado um equilíbrio para a Turquia no mesmo ano de 2025, período próximo ao de México (2028) e Austrália (2029). Nesses casos, todos mais adiantados que a média, fica mais difícil apontar a ação governamental como causa relevante na mudança dos mercados.

Três grandes economias fariam sua transição num momento muito próximo do apontado como o da média mundial: Japão, França e China teriam metade da energia elétrica vinda de fontes renováveis em 2036, mas por caminhos diversos. Na França a questão central é desativar centrais nucleares, que não são emissoras de gases. Na China vai ser preciso abandonar o carvão; no Japão, uma combinação entre carvão e gás visando menor consumo.

A transição seria mais tardia nas demais economias asiáticas, num intervalo que começaria em 2041 pela Índia e terminaria em 2049 com a Malásia. O Grupo inclui Coreia do Sul e Indonésia (em 2042) e a Tailândia (em 2047).

Nessa altura, apenas uma economia muito relevante em todo o planeta estaria fora do grupo: a dos Estados Unidos. É muito importante notar que a razão central para isso vem a ser a capacidade da produção local de gás em não apenas ser competitiva, mas aumentar a participação de mercado.

Não se trata de ideologia. De novo vale ressaltar a metodologia que preside o cálculo das projeções: a evolução dos custos relativos internos de cada uma das fontes avaliadas. Sendo assim, os ganhos relativos de participação no mercado são atribuídos apenas à capacidade de competir na base da eficiência.

De novo vale ressaltar aquilo que fica de fora das contas. Primeiro, as políticas governamentais. Elas podem variar desde sistemas de metas que induzem ou freiam mudanças até subsídios diretos para um setor ou outro – que produzem o mesmo tipo de resultados em escala muitas vezes mais acelerada.

Outra questão diz respeito aos ciclos econômicos. O período de dados reais, 2012 a 2019, foi uma época de expansão geral da economia, de modo que nele era possível uma acomodação pela qual as diversas fontes iam conhecendo expansões reais. Com isso, apenas as mudanças nas taxas de crescimento de cada uma determinavam as acomodações relativas.

A contração forte ocorrida em 2020 trouxe um novo cenário. A recessão produz, de maneira bruta, os mesmos efeitos das políticas governamentais: acelerar ganhos e perdas relativos – dessa vez pela sobrevivência direta na competição por mercados menores. Guerras de preços e falências podem tornar ainda mais complexos os cenários futuros.

Com todas essas ressalvas, no entanto, parece pouco imaginável considerar que a estrutura fundamental da participação de energias renováveis no mercado possa ser deixada de lado como fator relevante. Na pior das hipóteses, ela perderia ímpeto e cairia face à melhoria de condições de competição dos combustíveis fósseis vendidos a preço de liquidação – mas o mercado teria que ser duramente conquistado.

O teste real para a construção futura vai se dar a partir de uma guerra que tem vencedores (nas duas primeiras décadas deste milênio, as fontes renováveis) e perdedores (grandes distribuidores de energia e projetos de larga escala). E, sobre esse teste real, há indicativos feitos de dados colhidos após a epidemia de Covid-19.

44.
A SONORA BADALADA

"Todos esses que aí estão / atravancando meu caminho, / Eles passarão / Eu, passarinho!"

MARIO QUINTANA, "Poeminha do contra".

O dado mundial mais relevante para avaliar o impacto da recessão trazida pela Covid-19 só pode ser entendido em todo o seu significado com apelo a comparações com mercados muito amplos e períodos longos da história.

Em termos de amplitude, a referência a ser levada em consideração é a do mercado mundial de energia como um todo – e não apenas da energia elétrica, como vem sendo prioritariamente a análise até este momento. A inclusão de setores como transporte, responsável por parte ponderável de todo o consumo mundial de petróleo, já traz uma imensa diferença de escala, a começar pelas unidades de medida. A mais empregada para somar e comparar fontes diversas de energia é a Mtep (milhões de toneladas equivalentes de petróleo) – ou seja, a quantidade de energia liberada por cada fonte e equivalente ao calor liberado pela queima desse volume de petróleo.

Por ter maior escala, esse mercado é muito estável quando se consideram as participações relativas das diversas fontes: qualquer fatia de mercado exige muito esforço para ser conquistada. Essa estabilidade fica bastante visível quando se consideram períodos longos de tempo, na casa das décadas.

O gráfico da página 237 traz a comparação entre 1971 – ano anterior ao da primeira reunião mundial da ONU sobre clima, marco inicial de todas as mudanças posteriores – até 2017 – último ano para o qual existem dados completos compulsados pela IEA, a Agência Internacional de Energia, órgão da Organização para a Cooperação e o Desenvolvimento Econômico (OCDE).[1]

Em termos quantitativos, o consumo total de energia pela humanidade aumentou duas vezes e meia, passando de 5.486 Mtep para 13.971 Mtep. Em termos proporcionais, houve variação para menos dos combustíveis fósseis (carvão, petróleo e gás natural), mas estes mantiveram-se em patamares elevados: 86% em 1971 e 80% em 2017. Nesse largo período, registrou-se nesses casos uma perda de apenas seis pontos percentuais no total do bolo.

As variações internas nesse grupo foram mais significativas. O consumo de carvão cresceu proporcionalmente nesse intervalo de 46 anos, passando de 26% a 27,4% do total. O consumo de gás natural registrou crescimento bem maior, com sua participação subindo de 16% para 22% do total mundial. Já o consumo de petróleo aumentou abaixo da média mundial e sua participação teve queda significativa, de 44% para 31% do total – algo que ajuda a entender as crises de longo prazo no setor.

---

1 https://www.iea.org/reports/world-energy-balances-2019.

Outra mudança relevante no período como um todo foi o crescimento da energia nuclear. Em 1971, apenas 0,5% da energia consumida no planeta provinha dessa fonte; em 2017, esta respondia por 4,9% do total – quase dez vezes mais do que no momento inicial.

A fonte renovável mais significativa no consumo total de energia são os biocombustíveis. O termo engloba uma série de materiais, desde a milenar combustão de lenha (ainda importante na vida de muitos homens e mulheres) até combustíveis como o etanol ou o biogás. Em termos proporcionais, eles representavam 11% do total do consumo humano em 1971; em 2017, houve ligeira redução da sua fatia, que caiu para 9,4%.

Em 1971, apenas uma fonte de energia renovável podia ser considerada não poluente: a hidreletricidade. Naquele ano, as barragens geravam 1,9% da energia consumida em todo o planeta. Houve crescimento, mas num ritmo pouco superior à média mundial; em 2017, a proporção dessa fonte no consumo total chegou a 2,4%. Uma das razões para o crescimento limitado foi o progressivo conhecimento do impacto ambiental das grandes barragens nas regiões em que operam.

As demais fontes de energia renovável (além da geração eólica e solar, também outras são consideradas, como as usinas geotérmicas) não tinham nenhuma relevância estatística em 1971. Já em 2017 foram responsáveis pelo fornecimento de 1,9% de toda a energia produzida pela humanidade – quase o mesmo da hidreletricidade.

Os dados preliminares para 2018 e 2019 indicaram especialmente uma estabilidade nas emissões de gases de efeito estufa, apesar do crescimento da economia nesses anos. Tal indicativo reforça a impressão de que o principal efeito das mudanças na direção de uma economia mais equilibrada com relação à natureza estava sendo obtido.

Ainda em meio a essa compilação veio a crise da Covid-19. A brusca parada da economia levou a Agência Internacional de Energia a obter dados provisórios com novas metodologias on-line – não totalmente comparáveis com as séries de longo prazo.

Mas o tamanho das mudanças impressiona. O consumo global de energia nas principais economias do mundo caiu 3,8% no primeiro trimestre de 2020. As quedas foram seletivas: 8% no consumo de carvão; 5% no de petróleo; 2% no de gás. Apenas num setor as marcas foram positivas: "O consumo de energia renovável aumentou, por uma combinação de disponibilidade com prioridade de despacho."[2]

---

2 https://www.iea.org/reports/global-energy-review-2020.

ENERGIA PRIMÁRIA POR TIPO DE COMBUSTÍVEL

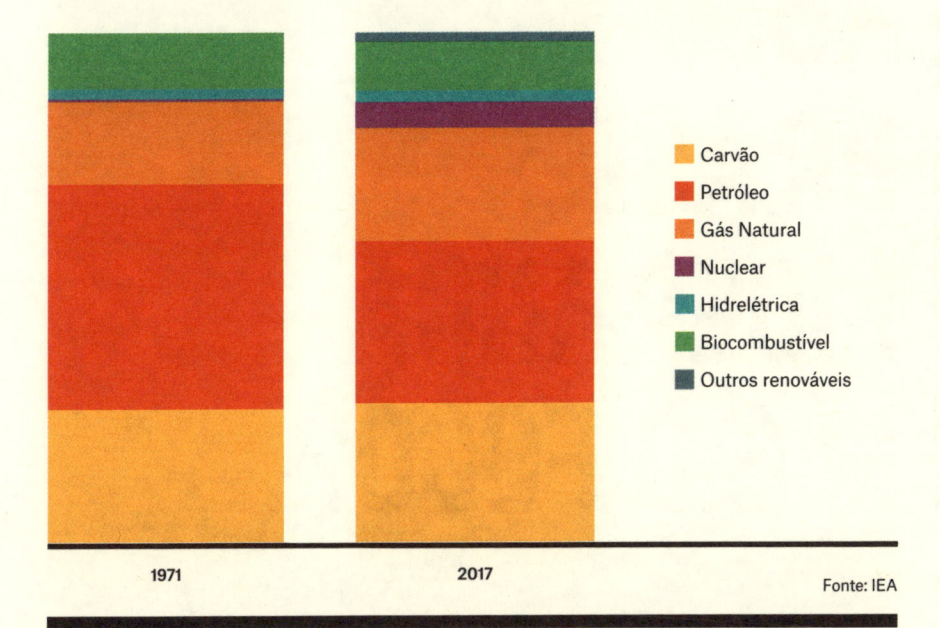

- Carvão
- Petróleo
- Gás Natural
- Nuclear
- Hidrelétrica
- Biocombustível
- Outros renováveis

1971   2017

Fonte: IEA

O gráfico acima acentua o contrário das tendências atuais de mudança na produção energética. Em primeiro lugar porque agrega o consumo de energia como um todo, e não apenas a produção de energia elétrica – o foco dos argumentos apresentados até aqui. Como o consumo de energia fóssil domina amplamente o setor de transportes (que por sua vez corresponde a 40% do consumo mundial de energia), a fatia das energias renováveis aparece em escala menor. Além disso, o período de comparação é maior, ajudando nessa direção. Mas nem mesmo com este peso extra para o passado a mudança deste século deixa de ser perceptível. Com tal ponderação se pode examinar melhor as perspectivas globais e futuras.

Além de ser diretamente proporcional ao efeito poluidor – o que complica a posição numa eventual retomada –, a pancada foi muitas vezes fatal: Suécia e Áustria aproveitaram o momento para fechar suas últimas usinas a carvão, o Reino Unido as passou para a reserva e a Alemanha resolveu acelerar o fechamento – o que pode gerar uma perda equivalente a muitas décadas para essa fonte. A projeção inicial da agência foi a de que, dada a estrutura seletiva das perdas, o nível de emissão pode voltar para os patamares da década de 1970.

É um sinal único e sem séries para comparação, mas forte. E que leva diretamente ao Brasil.

45. BRASIL: LIDERANÇA – E O FOCO?

"Estamos condenados à civilização. Ou progredimos ou desaparecemos."

EUCLIDES DA CUNHA, *Os sertões*. Rio de Janeiro: Ediouro, 1998, p. 76.

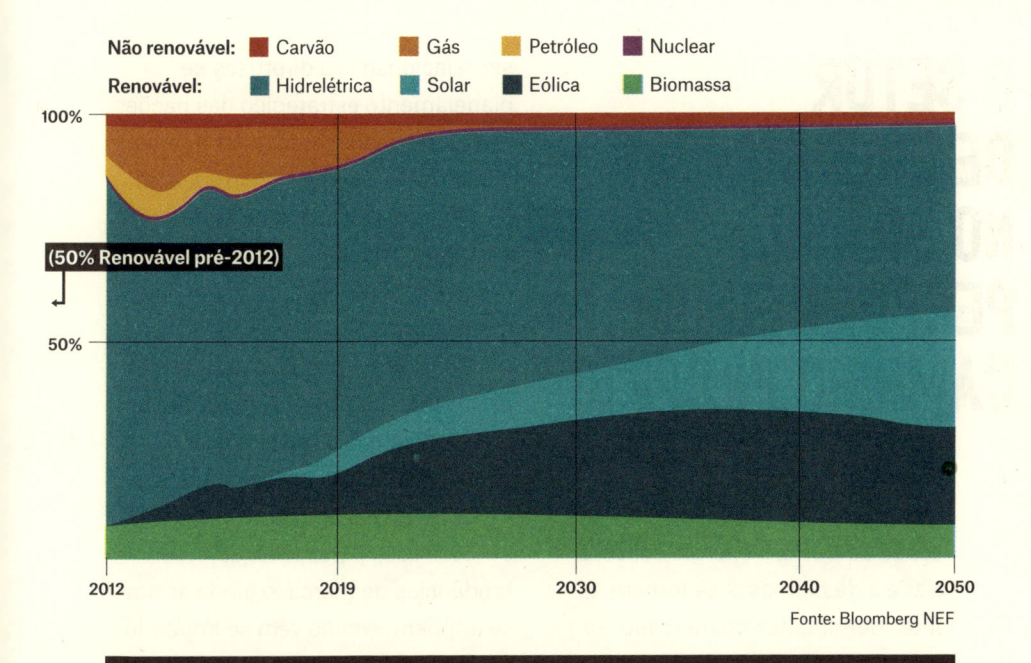

Não renovável: ■ Carvão ■ Gás ■ Petróleo ■ Nuclear
Renovável: ■ Hidrelétrica ■ Solar ■ Eólica ■ Biomassa

(50% Renovável pré-2012)

2012　2019　2030　2040　2050

Fonte: Bloomberg NEF

A matriz de geração de energia elétrica brasileira tem uma estrutura muito diferente da estrutura mundial. Os últimos anos para os quais há dados consolidados são 2018, para o Brasil, e 2017, para o mundo. As diferenças positivas com relação à energia renovável são: hidreletricidade (67% no Brasil; 16,3% no mundo); biomassa (8% no Brasil; 1,9% no mundo); eólica (8% no Brasil; 4,4% no mundo). Na via inversa, com relação a fósseis: carvão (mundo, 38,3%; Brasil, 4%); gás (mundo, 22,9%; Brasil, 9%) e nuclear (mundo, 10,2%; Brasil, 2%).

O gráfico acima, é bom repetir, não foi feito para agradar aos brasileiros nem se refere puramente a questões ambientais. Como todos os outros da série apresentados até aqui, ele revela, na parte histórica entre 2012 e 2019, um retrato da competição entre diversas fontes de energia elétrica no mercado. A área de projeções traduz apenas as estimativas de competitividade de cada fonte, com base na evolução de seus custos.

Nesse sentido ele mostra, para o Brasil, uma tendência evolutiva que é a mesma de todo o restante do mundo, com exceção dos Estados Unidos, onde a competitividade do gás é grande: um domínio ainda maior das novas fontes renováveis e uma perda de capacidade competitiva dos combustíveis fósseis. Essa tendência, que já aparece na parte histórica do gráfico, é projetada para adiante.

A capacidade de competir por custos faria com que, ainda na

O SETOR DE ENERGIA NO BRASIL PERCORREU UM CAMINHO PRÓPRIO

década de 2020, a energia eólica, a solar e a de biomassa se tornem as fontes dominantes no mercado – a ponto de, em meados da década de 2030, tomarem uma fatia de mais de 50% dele. Nesse momento a matriz elétrica brasileira seria quase que totalmente dominada por fontes renováveis, sobrando uma fatia quase residual para a energia nuclear e o carvão. Em termos de mercado de energia, como já se viu, seria uma revolução de pouco mais de duas décadas.

Isso diz um gráfico produzido de acordo com os critérios de uma nova economia, na qual a natureza ocupa um papel central na valoração dos dados. Mas a relação dessa análise filha de novos conhecimentos com o caso brasileiro certamente não é a mesma daquela de todos os exemplos vistos até aqui. Neles, tanto as mudanças na parte histórica como as projeções podem ser relacionadas a diretrizes de planejamento estratégico das nações – que funcionam como orientadoras das ações econômicas dos agentes.

Numa palavra: a natureza precisa ter valor entre esses agentes para funcionar como motora de um novo modo de fazer economia.

Quando a percepção desse valor existe, por exemplo na confecção de um gráfico, fica patente a qualidade da matriz brasileira num mundo que busca matrizes limpas.

Sem essa percepção, as tendências de mercado ainda assim se impõem – como vêm se impondo no caso brasileiro.

Mas ficam então fora da consciência – e essa falta de consciência faz muita diferença. Impede a busca organizada por renovação tecnológica, tira o foco das políticas governamentais, esvazia a ambição utópica de um Paraíso Restaurável, ainda que sua construção seja muito mais exequível nessa realidade energética que na média planetária.

Todos os casos já examinados revelam mudanças de matrizes que são frutos de esforço e persistência derivados de uma nova valoração da natureza. Ela gera instituições para favorecer o renovado enfoque, direciona recursos de pesquisa, fundamenta novas formas de financiamento. Aplicada por governos, constitui foco para prioridades de infraestrutura, acordos comerciais, estratégias de investimento.

Em essência, as metas ambientais conscientes passam a funcionar como marco regulatório de toda a atividade econômica. Apontam um futuro tanto para os agentes governamentais como para os empresários ou trabalhadores em busca de oportunidades.

Como mostram os exemplos já vistos, essa combinação funciona de maneira eficiente em regimes políticos diversos. Está na base do planejamento estratégico da maior economia do planeta, a da União Europeia, com seu Green Deal – muito por conta da perseverança alemã. São países quase todos com longa tradição de mercado e democracia.

Por outro lado, as metas ambientais funcionam também no planejamento central da China, com um regime político sob o férreo controle do Partido Comunista. Nesse caso, o governo não é apenas autor de leis e regulamentos, mas também formulador dos argumentos de legitimidade social, interventor no mercado via subsídios e favores, dono de um poder coercitivo sobre a população.

A valoração da natureza em economia também se espraiou globalmente para o setor privado. Investimentos de longo prazo, cálculos de riscos e regulamentações do mercado financeiro estão considerando cada vez mais as metas de tipo Paraíso Restaurável.

Esse modo de pensamento está muito distante das interpretações brasileiras – que são parte da história e da realidade do país. O gráfico tem como tema a produção de energia. Seu ponto de partida, o ano de 2012, marca apenas o instante do tempo em que o assunto virou tema de atenção, com a aplicação de novos valores. Nesse momento a situação energética brasileira já era produto daquilo que a nação construíra para movimentar sua economia. Da relação entre o homem e o aproveitamento das características naturais. Do emprego de engenharia e tecnologia.

Essa matriz limpa é, portanto, fruto de uma construção histórica anterior ao novo modo de pensar. Para chegar ao ponto atual, o setor de energia no Brasil percorreu um caminho próprio. Ao longo da história houve persistência, arranjos institucionais (leis e políticas governamentais), pesquisa em tecnologia, empresários realizando projetos, financiamento e bastante trabalho de muita gente.

Para trazer à consciência o valor da matriz brasileira, portanto, é preciso começar de um passado maior.

46. UMA MATRIZ COM HISTÓRIA: O CARVÃO VEGETAL

"Os meninos carvoeiros / passam a caminho da cidade. / - Eh carvoeiro! / E vão tocando os animais com um relho enorme. / Os burros são magrinhos e velhos. / Cada um leva seis sacos de carvão de lenha / A aniagem é toda remendada. / Os carvões caem. / (Pela boca da noite vem uma velhinha que os recolhe, dobrando-se com um gemido)."

MANUEL BANDEIRA, "Meninos Carvoeiros". In *O ritmo dissoluto*. São Paulo: Global Editora, 2014.

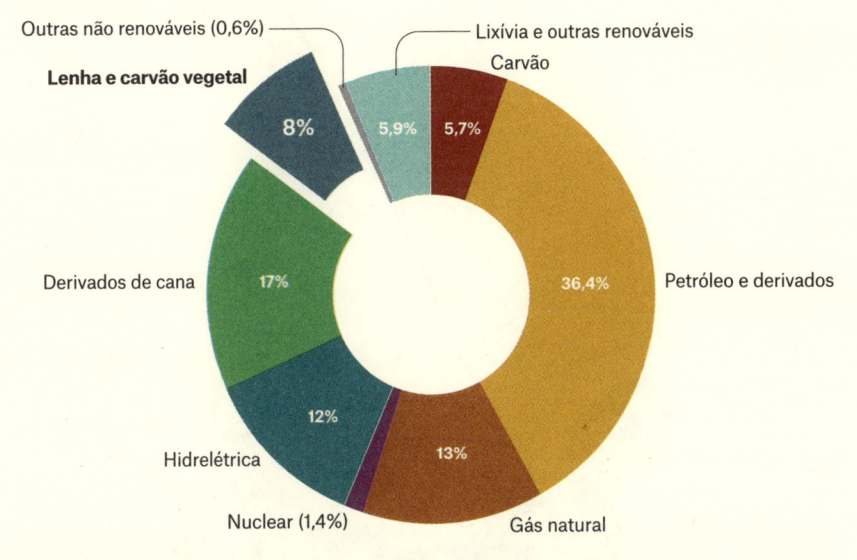

Gráfico (Fonte: EPE):
- Outras não renováveis (0,6%)
- Lenha e carvão vegetal 8%
- Lixívia e outras renováveis 5,9%
- Carvão 5,7%
- Petróleo e derivados 36,4%
- Gás natural 13%
- Nuclear (1,4%)
- Hidrelétrica 12%
- Derivados de cana 17%

A fatia de 8% do carvão vegetal na matriz energética brasileira se deve em parte a sobrevivências seculares e de graves consequências ambientais do passado – e, de outra parte, a métodos modernos e ambientalmente equilibrados desenvolvidos ao longo das últimas décadas – um retrato perfeito das ambiguidades que precisam ser trabalhadas para gerar futuro.

Talvez a maior peculiaridade da matriz energética brasileira atual seja a importância da lenha e do carvão vegetal. A elevada percentagem de 8% contrasta bastante com a média mundial de 3,6% – e ainda mais com a relação entre essa fonte e o desenvolvimento econômico. O consumo de lenha e carvão vegetal é relevante apenas nas economias muito pobres. A expansão da produção é marginal – menor que 1% ao ano. Como não tem qualquer relevância na economia complexa, os dados são praticamente deixados de lado quando se pensa em futuro.

Parte do emprego de carvão vegetal e lenha na economia brasileira é história de origem milenar. Os índios tinham na lenha sua fonte maior de energia, limitada ao consumo doméstico. Os grupos tecnologicamente mais avançados empregavam a queima de matas como parte da produção – para abrir clareiras onde plantar roças.

Como eram migrantes, mudavam de área assim que a terra perdia

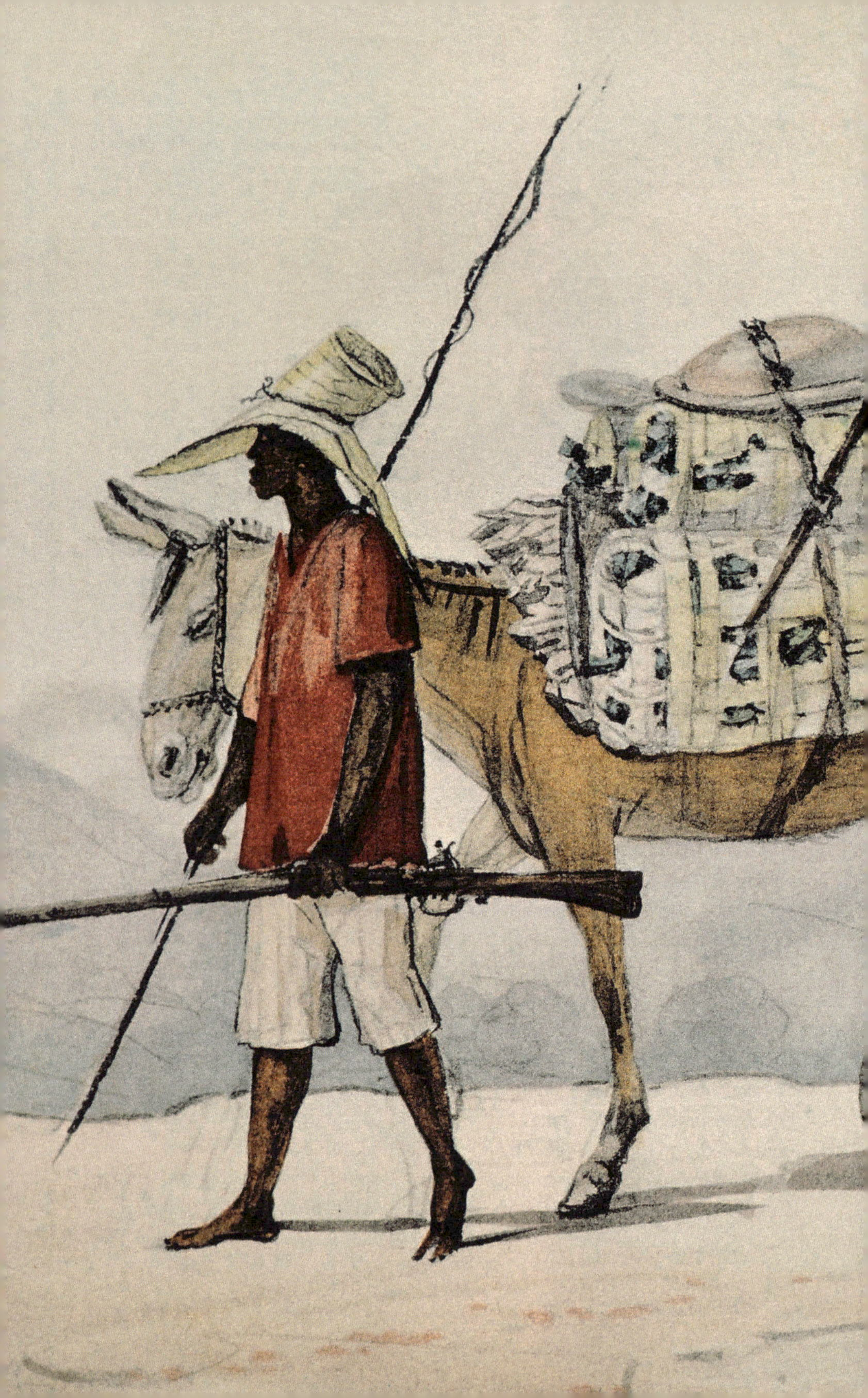

Na gravura de Jean-Baptiste Debret, do início do século XIX, uma tropa leva carvão vegetal do centro produtor no sertão para os consumidores. Essa foi a forma por excelência da produção de energia no Brasil até o fim da primeira metade do século XX.

sua fertilidade, deixando mudas e sementes que se misturavam às espécies que derivavam do rebrotamento da mata. Estudos recentes mostram que os territórios submetidos a esse processo têm mais riqueza biológica que nas condições naturais. No todo, portanto, havia bom equilíbrio ambiental.

No período colonial, a lenha se tornou a fonte de combustível por excelência, num processo ambíguo. Caboclos e pequenos agricultores assimilaram o nomadismo e a rotação das terras de roças. Grandes estabelecimentos absorveram o sistema da queima de florestas para abrir áreas agrícolas, mas adotaram a fixidez de localização europeia. Depois de um tempo grande com esse uso, não havia reflorestação natural.

Nas maiores instalações dessas áreas começou o uso intensivo da lenha como fonte de energia para atividade produtiva constante. Desde os grandes engenhos de açúcar até os pequenos fornos siderúrgicos espalhados pelas vilas e pelo sertão, todos empregavam a madeira das florestas tropicais para mover suas manufaturas.

Dada a abundância, a solução continuou a ser adotada mesmo com as mudanças trazidas pela Revolução Industrial no século XIX. No Brasil, a máquina a vapor funcionava basicamente com carvão vegetal. Indústrias e ferrovias se tornaram os maiores consumidores de energia do país – e a derrubada de árvores ia fornecendo o alimento para as fornalhas.

Iniciada no século XX, a diversificação energética foi se impondo de maneira lenta. Mas a queima de árvores das florestas continuou gerando a energia que movia o país. Tão recentemente quanto em 1941, o carvão vegetal fornecia nada menos que 75% de toda a matriz.[1] A data é significativa, pois coincide com a fundação da Companhia Siderúrgica Nacional, marco da passagem da indústria brasileira para uma nova escala de produção.

Começou uma nova era de emprego das florestas nativas na fundição siderúrgica em alta escala. Apenas na década de 1960 tornou-se relevante a produção de carvão vegetal resultante do plantio de florestas de eucalipto. A coexistência entre as duas formas foi assim analisada num boletim da Embrapa:

> Historicamente, [a produção] era suprida pela madeira proveniente de desmatamento impulsionado, inicialmente, pela expansão agropecuária. Em 1980, 85,9% da

---

1 J.B. Rezende, "A cadeia produtiva do carvão em Minas Gerais". In *Epamig: Boletim técnico 95*. Viçosa: Epamig, 2010, p. 11.

madeira era obtida dessa maneira, enquanto em 2006 a proporção se reduziu para 49%, graças à diminuição dessa prática em 81,8% entre 1989 e 1997, como resultante dos projetos de reflorestamento para obtenção de matéria-prima em Minas Gerais, estado com maior produção e consumo de carvão vegetal no país. Porém, a partir de 1998 voltou a subir o desmatamento com o aumento da produção na região Norte, pressionando a Floresta Amazônica, além do Cerrado. E a pressão sobre as matas nativas tende a aumentar quando há uma expansão da indústria siderúrgica, pois aumenta a demanda por carvão vegetal para suas atividades.[2]

A referência à região Norte e ao milênio atual tem a ver com a inauguração de siderúrgicas em Carajás, no rastro das quais foram instaladas dezoito produtoras de ferro-gusa com emprego de carvão vegetal – e nada menos que 25 mil carvoarias funcionavam em 2007, combinando destruição florestal com grandes projetos industriais:

> No bioma amazônico, no rastro da expansão dos altos-fornos, consolidou-se um mercado de carvão baseado numa vasta gama de fornecedores independentes, impulsionados, muitas vezes, por apoio técnico e financeiro das siderúrgicas. Nos dias atuais, as carvoarias estão fortemente integradas à economia das regiões onde atuam. É comum, por exemplo, fazendeiros permitirem empreendimentos do gênero em suas propriedades – obtendo, como pagamento, o desmate do terreno para a formação de pastos –, bem como o uso de restos de serrarias para queimar no carvoejamento.[3]

Essa associação entre grande indústria e destruição de matas informal faz a peculiaridade do carvão vegetal na matriz brasileira. Mais de 90% do consumo acontecem no setor siderúrgico, para o qual se queimam cerca de 440 milhões de árvores anualmente – metade das quais ainda provenientes de matas nativas.

Caso o Brasil passe a pensar em termos de metas ambientais, essa realidade precisa mudar. O país pode consumir carvão vegetal em massa – com balanço de carbono neutro. Basta para isso que todo o consumo venha de florestas plantadas e cesse a queima de matas nativas.

---

2 Leandro Penedo Manzoni e Talita Delgrossi Barros, "Carvão Vegetal", s.d. (https://www.agencia.cnptia.embrapa.br/gestor/agroenergia/arvore/CONT000gc6fompl02wx5ok01dx9lc67w62o0.html).

3 André Campos, "Carvão vegetal, no rastro da siderurgia". SESC-SP, 6 de julho de 2008 (https://www.sescsp.org.br/online/artigo/4853_CARVAO+VEGETAL+NO+RASTRO+DA+SIDERURGIA).

47.
UMA MATRIZ COM HISTÓRIA:
O CARVÃO MINERAL

"Tupi or not tupi, that is the question. (...) Tínhamos a justa codificação da vingança. A ciência codificação da magia. Antropofagia. A transformação permanente do tabu em totem."

OSWALD DE ANDRADE, *Manifesto Antropófago.* São Paulo: Penguin e Companhia das Letras, 2017.

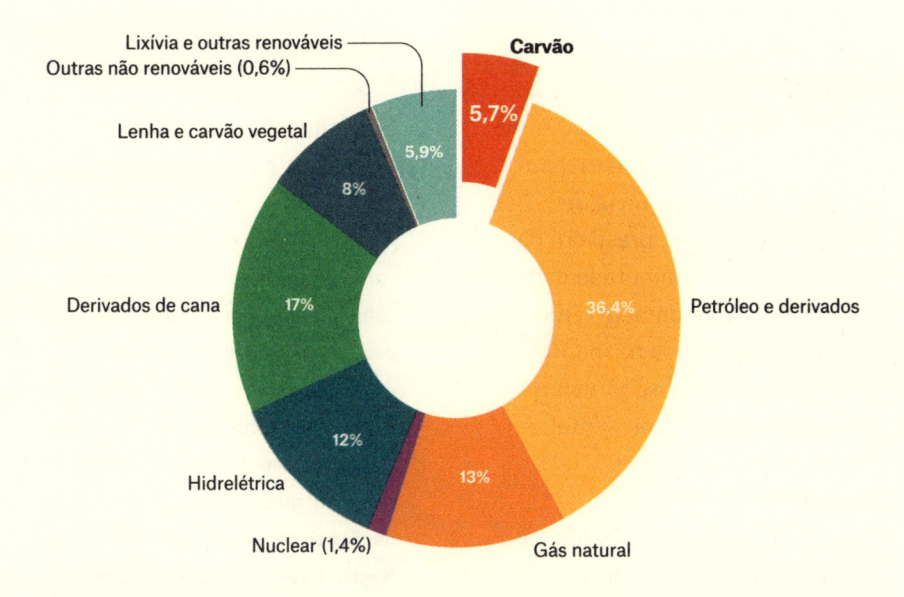

- Lixívia e outras renováveis
- Outras não renováveis (0,6%)
- Lenha e carvão vegetal 8%
- Derivados de cana 17%
- Hidrelétrica 12%
- Nuclear (1,4%)
- Gás natural 13%
- Petróleo e derivados 36,4%
- Carvão 5,7%
- 5,9%

Fonte: EPE

O maior contraste entre a matriz energética brasileira e a mundial vem do baixo emprego de carvão mineral – apenas 5,7% da energia consumida no país provêm dessa fonte, a mais comumente empregada no mundo. A diferença se deve à quase inexistência de jazidas no país. De um lado, essa realidade foi uma barreira imensa não apenas à industrialização como à autoestima dos brasileiros. De outro, incentivou pessoas a buscarem soluções alternativas não apenas para energia, mas também para o esforço nacional. Somente nos últimos 70 anos as soluções foram sendo encontradas.

Outra característica pela qual a matriz energética brasileira difere radicalmente do padrão mundial é a participação do carvão mineral. Este é o principal combustível empregado em todo o mundo: em 2016, nada menos que 38% da geração total de energia foram obtidos do carvão mineral. No Brasil essa proporção não passa de 5,7%.

A razão é singela: o Brasil tem raros depósitos de carvão mineral, concentrados no Sul do país, e mesmo esse minério é de baixo aproveitamento energético, se comparado ao daquele comercializado no mercado mundial. Esse fato torna mais cara a importação de carvão mineral – e mais competitivo o carvão vegetal abundante de produção local. A consideração neutra desse fato, no entanto, é uma possibilidade nova, derivada apenas do surgimento de novas noções de valor na economia.

No que se refere à história, o surgimento da máquina a vapor no século XVIII marcou a passagem do cenário da abundância de energia no território brasileiro para o da escassez – aumentada com a importância fundamental da indústria siderúrgica na indústria como um todo, que se tornou a marca do progresso ocidental a partir da segunda metade do século XIX.

O peso histórico e ideológico dessa mudança de cenário foi imenso no país. Um bom modo de entender esse peso é recorrer à análise de José Pires do Rio em *O combustível na economia universal*. O material do livro começou a ser publicado em jornais no ano de 1910, a primeira edição saiu em 1916, a segunda em 1942 e a terceira em 1944. O argumento básico, resumido no prefácio da terceira edição, era constante:

> Escrito no tempo da Primeira Guerra, o livro se manteve sem necessidade de alteração nenhuma. Em todo o tempo que separa as duas guerras o mundo industrial seguiu dominado mais pelo carvão que pelo petróleo e pela força hidráulica. Embora essas últimas fontes de energia tenham importância crescente, nenhuma das grandes potências baseia sobre elas seu poderio.[1]

Essa situação geraria um determinismo geopolítico:

> A intensificação da indústria carbonífera refletiu-se diretamente sobre a siderurgia. Irmãs gêmeas, as duas indústrias caminham juntas e dão esqueleto e músculos ao organismo econômico de uma nação. Conforme elas, haverá uma grande potência, que são poucas, ou ter-se-á nações caudatárias, que são muitas. Nesse determinismo geológico do mundo econômico aparece o mundo político, preparam-se as guerras.[2]

Essa ligação direta entre energia e economia explicaria o caso brasileiro:

> Considerados nossos precedentes históricos, considerados principalmente nossos recursos geológicos, nossa pobreza de combustível, não vemos qualquer motivo para desprezo de nossos antepassados. [...] Se estudarmos nossas possibilidades naturais com espírito positivo, sem hipóteses metafísicas, fora de sonhos

---

[1] José Pires do Rio, *O combustível na economia universal.* Rio de Janeiro: José Olympio, 1944, p. v.
[2] Ibid., p. viii.

JOSÉ PIRES DO RIO, PENSANDO O BRASIL DO INÍCIO DO SÉCULO XX SOB O PRISMA DA ESCASSEZ DE CARVÃO MINERAL: "SEM MOTIVOS PARA DESPREZARMOS A NÓS MESMOS"

transformados em princípios econômicos, desprezando as utopias apresentadas como projetos realizáveis, não será difícil nos convencermos de que, no passado ou no presente, vamos marchando entre os países civilizados, sem motivos para desprezarmos a nós mesmos.[3]

Essa era uma parte do argumento tão essencial como o determinismo geológico. O livro começou a ser escrito em 1910 como combate direto às posições do ex-ministro da Fazenda Joaquim Murtinho, que relacionava "desenvolvimento industrial" e "brasileiros" com outro determinismo: "Não podemos tomar os Estados Unidos como modelo para o nosso desenvolvimento industrial porque não temos as aptidões superiores de sua raça, força que representa o papel principal no progresso deste grande povo."[4]

A conclusão do livro de Pires do Rio era uma resposta direta a Murtinho:

> Falta-nos combustível para fundir o ferro e nosso minério ainda não se pode exportar, por muito longe dos portos marinhos. Há ingênuos que veem nisso um motivo para depreciar o homem e elogiar a natureza. [...] O que aconteceu no Brasil, independentemente de qualquer mudança de forma de governo ou reforma de suas Constituições,

---

3   Ibid., p. 43.

4   A fonte original é Joaquim Murtinho, "Introdução ao relatório do ministro da Indústria, Viação e Obras Públicas, 1897". In Nicia Luz Vilella (org.), *Ideias econômicas de Joaquim Murtinho*. Brasília: Senado Federal, 1980, p. 148. No original de José Pires do Rio, a citação aparece sem referência na p. 33.

sucedeu em muitos países, repúblicas ou monarquias, democracias ou autocracias, católicos ou protestantes, budistas ou muçulmanos.[5]

Essa argumentação, no entanto, não visava discutir ideologias, mas chamar a atenção para a projeção da restrição de carvão mineral como restrição da capacidade empresarial dos brasileiros em gerar progresso, transformando o problema material em problema cultural geral, em discussão de valores:

> Discutindo-se o problema da instrução pública, o regime tarifário, a reorganização do exército, a transformação do sistema monetário ou o plantio do trigo, o proponente do programa novo, invariavelmente, julgando-se o solvedor da questão principal, o progresso do país, pensa trazer remédio para... "o nosso mal". Por isso estamos habituados a ouvir de velha data, no Império como na República, sempre as mesmas queixas: "o nosso atraso vem do analfabetismo", "com essa Constituição importada dos Estados Unidos o Brasil jamais progredirá", "o nosso mal é esse protecionismo, uma nação fraca não poderá ser industrial", "acabemos com o papel-moeda se quisermos progredir".[6]

Sem reservas de carvão mineral, o Brasil progrediu industrialmente após o tempo em que o livro foi escrito – o que não fez cessar os argumentos do início do século passado. "Depreciar o homem e elogiar a natureza" continua sendo uma forma fácil de propor receitas para remediar a confusão entre o "progresso do país" e o fim "do nosso mal".

De fato, o Brasil tem pouco carvão mineral e teve que enfrentar grandes dificuldades para instalar uma indústria sem essa fonte de energia à disposição. Mas assim construiu uma matriz energética própria, diferente daquela do resto do mundo. Vale a pena olhar para a construção para, como diria José Pires do Rio, "estudarmos nossas possibilidades naturais com espírito positivo" – com o que se entende melhor o espírito empreendedor brasileiro envolvido em sua peculiar matriz energética.

---

5 Pires do Rio, op. cit., pp. 349-354.
6 Ibid., p. 354.

A usina de Volta Redonda, da Companhia Siderúrgica Nacional, encontrou forma própria para o país produzir aço.

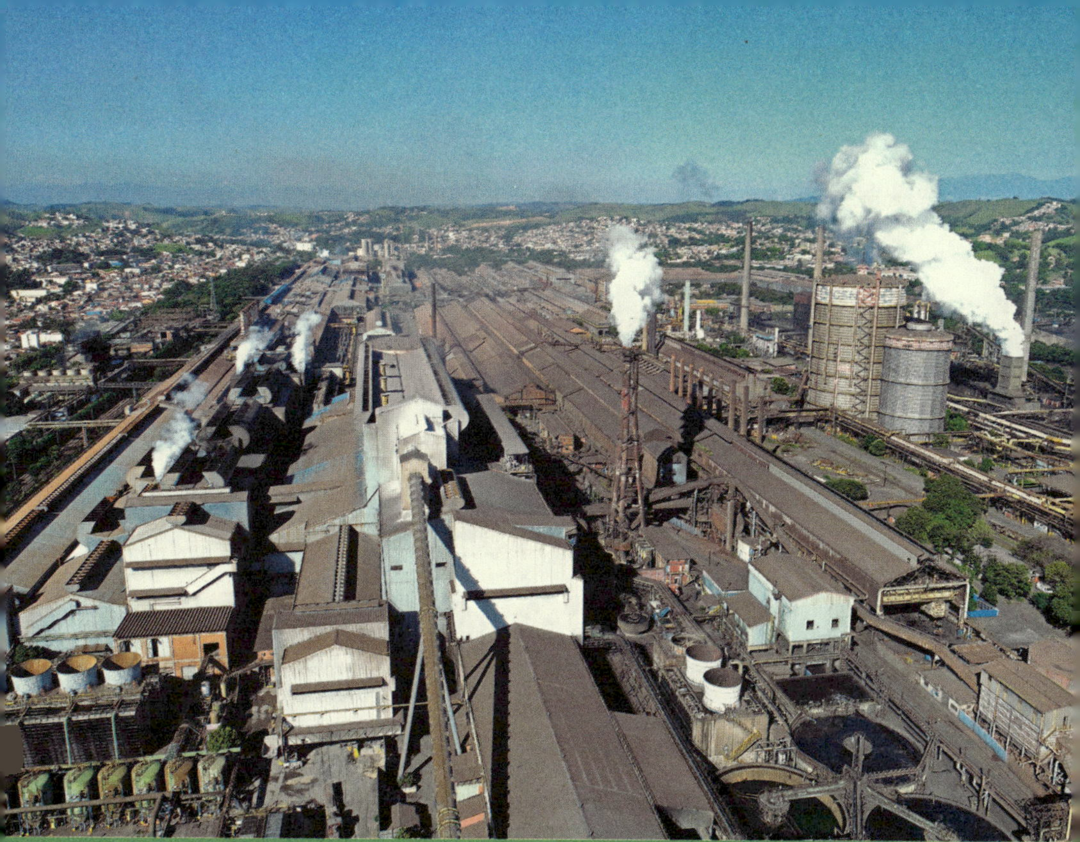

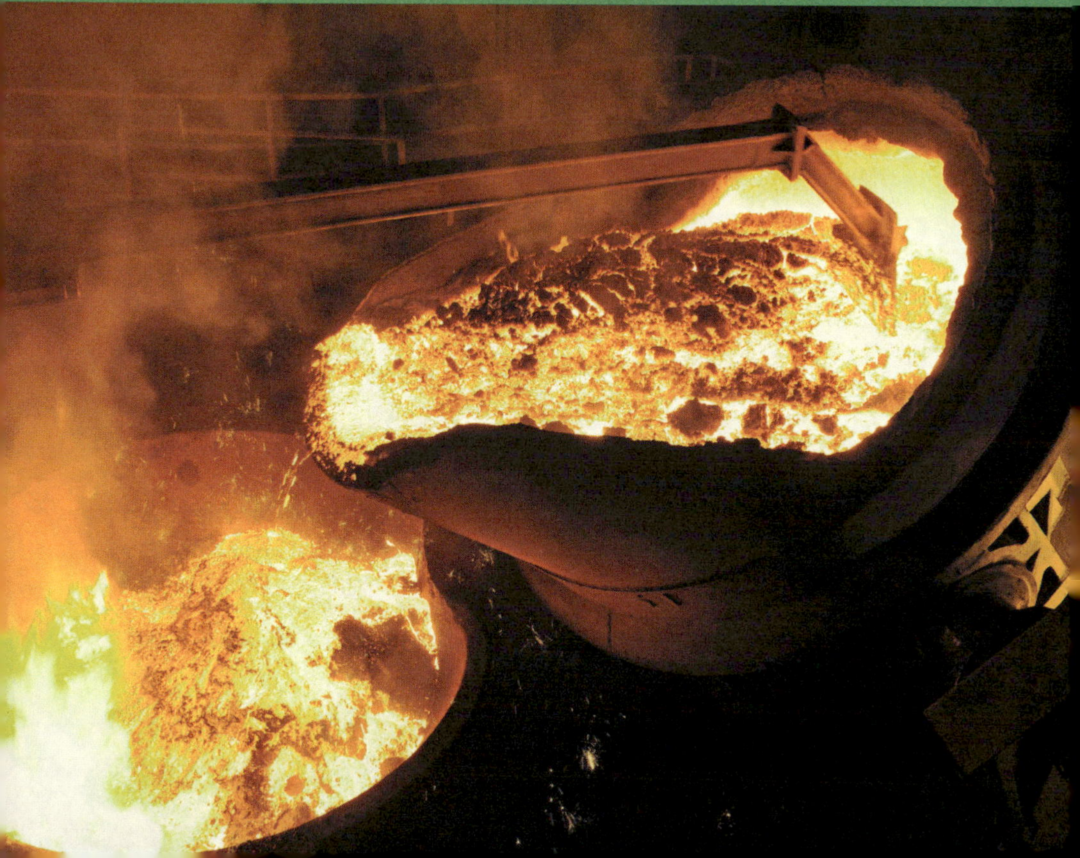

48.
UMA MATRIZ COM HISTÓRIA:
HIDRELETRICIDADE

"É sempre mais difícil ancorar um navio no espaço."

ANA CRISTINA CESAR, "Recuperação da adolescência". In *Poética*. São Paulo: Companhia das Letras, 2013, p. 17.

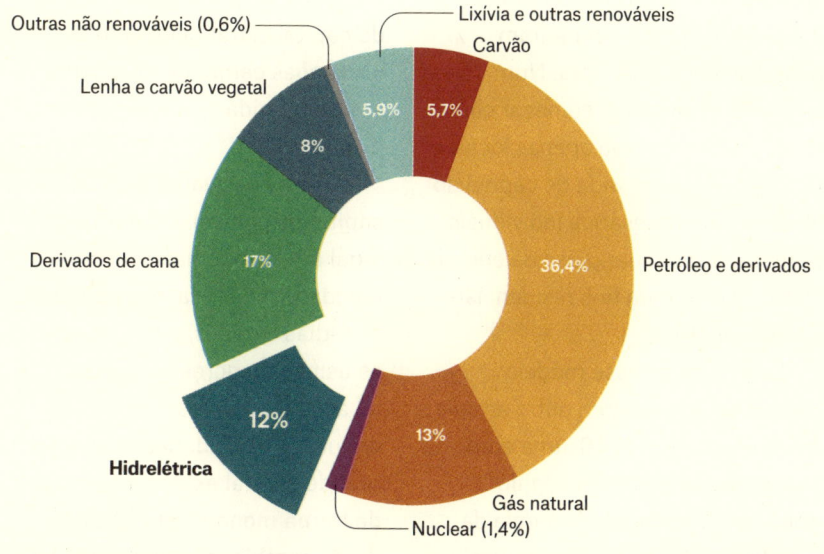

Outras não renováveis (0,6%)
Lenha e carvão vegetal — 8%
Lixívia e outras renováveis — 5,9%
Carvão — 5,7%
Petróleo e derivados — 36,4%
Derivados de cana — 17%
Gás natural — 13%
Nuclear (1,4%)
Hidrelétrica — 12%

Fonte: EPE

A hidreletricidade tem no Brasil um papel muito mais relevante que no resto do mundo. Os 12% da matriz energética nacional contrastam vivamente com os 2,5% da matriz mundial. No caso da matriz elétrica, a proporção chega a 67% no Brasil contra 16,3% no mundo.

A história da hidreletricidade no Brasil é um caso de grande sucesso empresarial local. Em termos históricos, o emprego da água como fonte para a geração energética coincide com o fim da monarquia: a primeira usina para fornecimento público, a de Marmelos, foi inaugurada em Juiz de Fora em setembro de 1889, dois meses antes da queda do Império.

Essa experiência inicial serviu de modelo para muita coisa, inclusive a regulação institucional republicana. Era uma barragem pequena, bancada pelo capital reunido localmente pelo industrial Bernardo Mascarenhas e autorizada legalmente pela prefeitura. Essa inovação vinda de baixo em pequena escala foi acolhida pelos legisladores do regime republicano recém-implantado, os quais promulgaram uma lei determinando que o uso da água para geração de energia era parte dos direitos de propriedade, de modo que bastava comprar as terras para construir usinas e lagos.

A legislação permitiu um rápido progresso. Por todo o país,

empresários privados, sobretudo donos de indústrias, repetiram o modelo de Juiz de Fora. Num território gigantesco, começar com redes de distribuição apenas locais e projetos com demanda de capital ao alcance de empresários individuais permitiu disseminar o uso da energia elétrica tanto para fins residenciais como industriais.

Logo, porém, esse modelo passou a conviver com outro arranjo institucional. Em 1900, uma empresa canadense, a Light, conseguiu dominar o mercado de energia da cidade de São Paulo, que conhecia um crescimento explosivo a partir da proclamação da República. Nesse caso não adiantava pensar em escala municipal. A primeira grande usina para abastecer a cidade foi construída no município vizinho de Santana de Parnaíba – e enquanto era construída já se estudavam outras opções ainda mais distantes. E, em 1904, a Light começou a investir também com o objetivo de controlar o mercado de energia do Rio de Janeiro, então a maior cidade do país.

A escala do capital mobilizado agora não tinha nada de local. E foi viabilizada por uma lei federal de 1905, que determinava uma fórmula de cálculo para as tarifas em escala nacional. Chamada Lei da Cláusula Ouro, permitia a transferência para as tarifas das desvalorizações cambiais. Assim acabava o risco do capital estrangeiro com as oscilações cambiais – e a conta era transferida diretamente para o consumidor.

A soma das vantagens de capital disponível e da proteção legal em âmbito nacional criou uma realidade bipartida: nas pequenas e médias cidades, multiplicaram-se as usinas menores com base na ação de empresários locais, enquanto nas cidades maiores o grande capital externo imperava de forma monopolista. O êxito dessa combinação de fatores foi imenso, como notaram Gomes e Vieira: "A capacidade instalada de energia elétrica no Brasil, de 1890 a 1930, aumentou 61709,52% [multiplicou-se por 617], o que atendia às necessidades do país."[1]

E o modelo inicial se esgotaria no período posterior a 1930, em boa parte devido a seu sucesso. As redes elétricas começaram a ultrapassar os espaços municipais, com as empresas maiores implantando projetos nos quais uma rede prejudicava outra. Foi preciso mudar a escala institucional para resolver o problema.

---

1 João Paulo Pombeiro Gomes e Marcelo Milano Pagão Vieira, "O campo da energia elétrica no Brasil". *Revista de Administração Pública*, vol. 43(2), mar.-abr. 2009, p. 296. (Rio de Janeiro: Fundação Getulio Vargas).

Em 1934, o governo federal promulgou o Código de Águas, pelo qual a União avocava para si o poder de concessão em rios que atravessassem mais de um estado e reservava para os estados o poder de concessão naqueles rios que corressem inteiramente em seus respectivos territórios. Como também havia suspendido a cláusula ouro, o resultado foi uma situação institucional em que os investimentos estrangeiros se tornaram inviáveis – e as escalas nacional e estadual, muito interessantes.

A nova realidade institucional privilegiava o Estado, que se tornou empresário do setor. O governo federal fundou duas empresas – Companhia Hidrelétrica do São Francisco (Chesf) e Furnas Centrais Elétricas –, ambas atuando em áreas maiores do que os estados; ao mesmo tempo, os governadores foram criando empresas para atuar na área de seus territórios. As consequências do novo modelo se refletiram em números: um crescimento de 77% no difícil período de 1930 a 1945 e um forte incremento de 362% nos dezesseis anos seguintes, entre 1946 e 1962.

Mais uma vez o sucesso levou a conflitos: os horizontes de progresso e as redes de distribuição começaram a se cruzar de novo, traduzindo-se em pressões sobre os legisladores. Em 1962, o governo federal criou a Eletrobras, com o objetivo de atuar como holding de outras empresas estatais. Em 1964, a empresa incorporou algumas das maiores concorrentes estrangeiras. Com a criação da correção monetária pelo regime militar, uma regulamentação tarifária que transferia para os consumidores os riscos inflacionários, tornaram-se viáveis os investimentos a longo prazo das estatais – fossem federais ou estaduais.

Essa nova etapa permitiu outro salto de crescimento, no qual as redes regionais da fase anterior foram interligadas numa única rede nacional – e projetos multinacionais como a usina de Itaipu levaram a interligação para além das fronteiras do país. Mais uma vez com bons resultados: nos dezessete anos entre 1962 e 1979, a capacidade instalada do Brasil cresceu 388%. A essa altura a hidreletricidade tinha uma participação superior a 80% na matriz elétrica brasileira. Graças à capacidade empresarial e técnica do país, era a fonte de energia fundamental para a industrialização.

Antes da entrada em operação de Itaipu, no entanto, mais um dos modelos institucionais entrou em violento colapso depois de um período positivo. Dessa vez a causa não foi o sucesso, mas a falência do Estado empresarial. A ditadura militar adotou um modelo de violenta estatização da economia como um todo, apesar dos murmúrios liberais de alguns agentes que lideraram o processo. Com isso, a participação do governo federal no PIB nacional passou de 7,8% em 1963 para 11,1% em 1966[2] – a fatia da riqueza nacional abocanhada pelo Estado conheceu um extraordinário aumento de 43% em apenas três anos. Em 1979, depois de quinze anos de regime militar, as leis promulgadas no período inicial haviam elevado a participação das receitas do governo federal a 19,45% do PIB – duas vezes e meia aquela do momento inicial.

O dinheiro arrancado da sociedade financiou a atividade empresarial do governo – que se mostrou, enquanto empresário, um fracasso rotundo: se fosse simples empresa, teria falido em 1981. Como não era, foi transferindo seu prejuízo empresarial para a sociedade sob a forma de inflação, recessão e ineficiência econômica. No caso da hidreletricidade, isto se fez também com o manejo das tarifas como instrumento de combate à inflação, por meio de reajustes abaixo desta – e os valores rebaixados apareciam como prejuízos nos balanços das operadoras. Porém, como eram empresas estatais, continuaram funcionando apesar da situação anômala.

O emaranhado institucional herdado da ditadura – um Estado que era empresário, agente regulador, interventor no mercado e investidor falido – só começou a ser resolvido a partir de 1995, quando teve início a privatização das empresas e a tentativa de regular o setor por meio da criação de agências. Um péssimo manejo da regulação, em 2012, feito com a intenção populista de baixar o valor das contas, levou a parte estatal do setor a uma nova falência de fato.

Ainda assim, feita a conta do quase século e meio, o resultado impressiona. A hidreletricidade é uma construção brasileira de altíssimo valor histórico em sua industrialização e com enorme potencial para o novo mundo de energia renovável – um potencial inverso ao do petróleo nesse mundo.

---

2 Thomas Skidmore, *Brasil: de Getúlio a Castelo*. Rio de Janeiro: Paz e Terra, 1988, p. 75.

A construção da usina de Itaipu, nos anos 1970/1980, foi o ápice dos projetos hidrelétricos de grande escala.

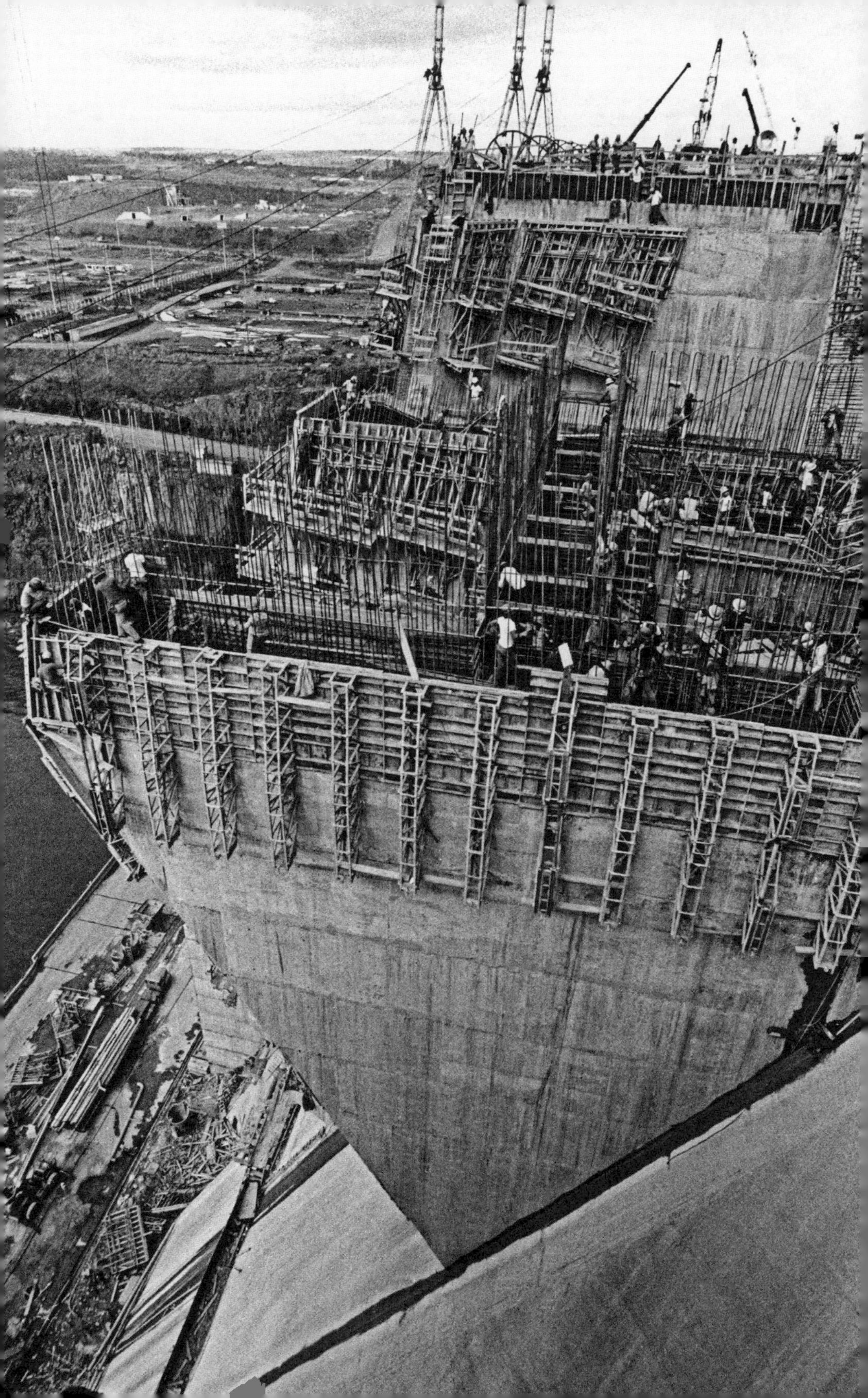

49. UMA MATRIZ COM HISTÓRIA: PETRÓLEO

"Somente os profetas enxergam o óbvio."

NELSON RODRIGUES. *A menina sem estrela: memórias.*
São Paulo, Cia das Letras, 1993, p. 216.

Pie chart labels:
- Outras não renováveis (0,6%)
- Lenha e carvão vegetal 8%
- Lixívia e outras renováveis 5,9%
- Carvão 5,7%
- Petróleo e derivados 36,4%
- Gás natural 13%
- Nuclear (1,4%)
- Hidrelétrica 12%
- Derivados de cana 17%

Fonte: EPE

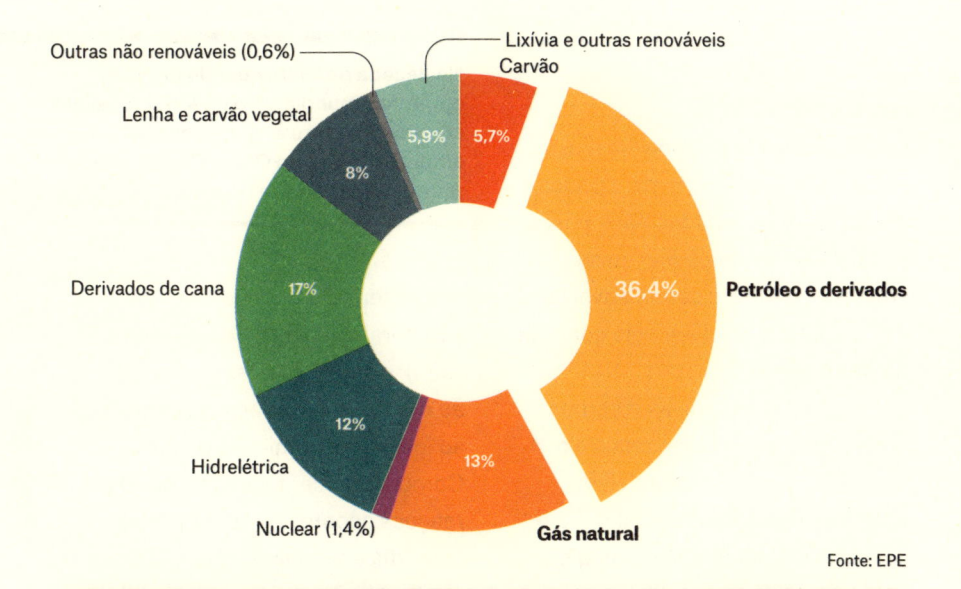

O petróleo e o gás natural detêm hoje uma fatia na matriz energética brasileira que é semelhante à dessa fonte na economia mundial. Mas a trajetória histórica dessa indústria mostra um esforço de epopeia – algo que torna ainda maior o desafio do declínio da era fóssil.

O petróleo e o gás natural dominam a matriz energética brasileira. O primeiro fornece 36,4% da energia, enquanto o gás natural responde por 13%. Juntas, as duas fontes representam 49,4% do fornecimento energético nacional. E nesse caso não há grande disparidade entre o cenário brasileiro e o mundial. Neste último, o petróleo detém 31,9% da produção de energia mundial, e o gás, 22,1%. Juntas, as duas fontes respondem por 54% da energia mundial.

Mas o caminho até esse ponto de chegada similar tem peculiaridades históricas importantes. A produção mundial começou a se tornar relevante na virada para o século XX. Nos Estados Unidos, onde o petróleo era explorado em pequenos poços desde meados do século anterior, os agentes do crescimento foram empresários privados – inicialmente empreendedores individuais, mas depois empresas gigantescas que estenderam suas pesquisas para muito além das fronteiras do país, dando início ao mito que associava o petróleo com a potência econômica nacional.

Na esteira delas vieram as petroleiras europeias, que concentravam suas pesquisas nos territórios coloniais, uma vez que não havia jazidas significativas no continente. Assim, desde o nascedouro, o mercado mundial de petróleo foi um campo para poucos e ricos, com os Estados nacionais dos países nos quais não havia empresas de porte sendo envolvidos nas disputas mundiais pelo controle do produto.

No caso do Brasil, as disputas entre gigantes internacionais e o setor público começaram cedo. Em 1907, o governo federal criou o Serviço Geológico e Mineralógico, uma autarquia com cargos estáveis e dependente de recursos orçamentários que tinha a função de acumular conhecimento técnico e buscar petróleo. Ao longo de um quarto de século, a autarquia iria perfurar 127 poços – sem descobrir uma gota de petróleo.

Nesse cenário, o empresário Oscar Cordeiro, presidente da Bolsa de Mercadorias da Bahia e geólogo amador, deu ouvidos aos populares do bairro de Lobato, em Salvador, que faziam correr histórias sobre um líquido escuro que podia ser retirado nos poços de água locais e empregado como combustível.

Como bom cidadão, ele se dirigiu às autoridades. Preparou um relatório detalhado das características geológicas do local, recolheu amostras e enviou tudo à repartição governamental

Na década de 1930, quando grandes empresas mundiais e o governo brasileiro combatiam entre si sem achar petróleo, o empresário baiano Oscar Cordeiro fez a primeira descoberta no país.

competente (o Serviço Geológico e Mineralógico fora extinto em 1934), que por sua vez respondeu ao modo da burocracia, enviando ao local uma comissão técnica. Como o parecer foi negativo, três reações aconteceram. Enquanto na mídia apareciam acusações de que os técnicos estavam vendidos às empresas estrangeiras, o governo aceitou o parecer – e Oscar Cordeiro se indignou.

Disposto a provar que havia petróleo na Bahia, Cordeiro vendeu seus bens, comprou modestos equipamentos de perfuração e foi à luta. Em 21 de janeiro de 1939, quando afinal o petróleo jorrou em Lobato, ele mergulhou no líquido negro trajando um imaculado terno de linho branco, e um jornal fotografou tudo – seu pesadelo pessoal havia apenas começado. Como o Brasil vivia sob a pesada ditadura do Estado Novo, o interventor no estado mandou cercar a área do poço, proibiu a entrada do empresário, confiscou-lhe os equipamentos e providenciou que fosse afastado da Bolsa de Mercadorias.

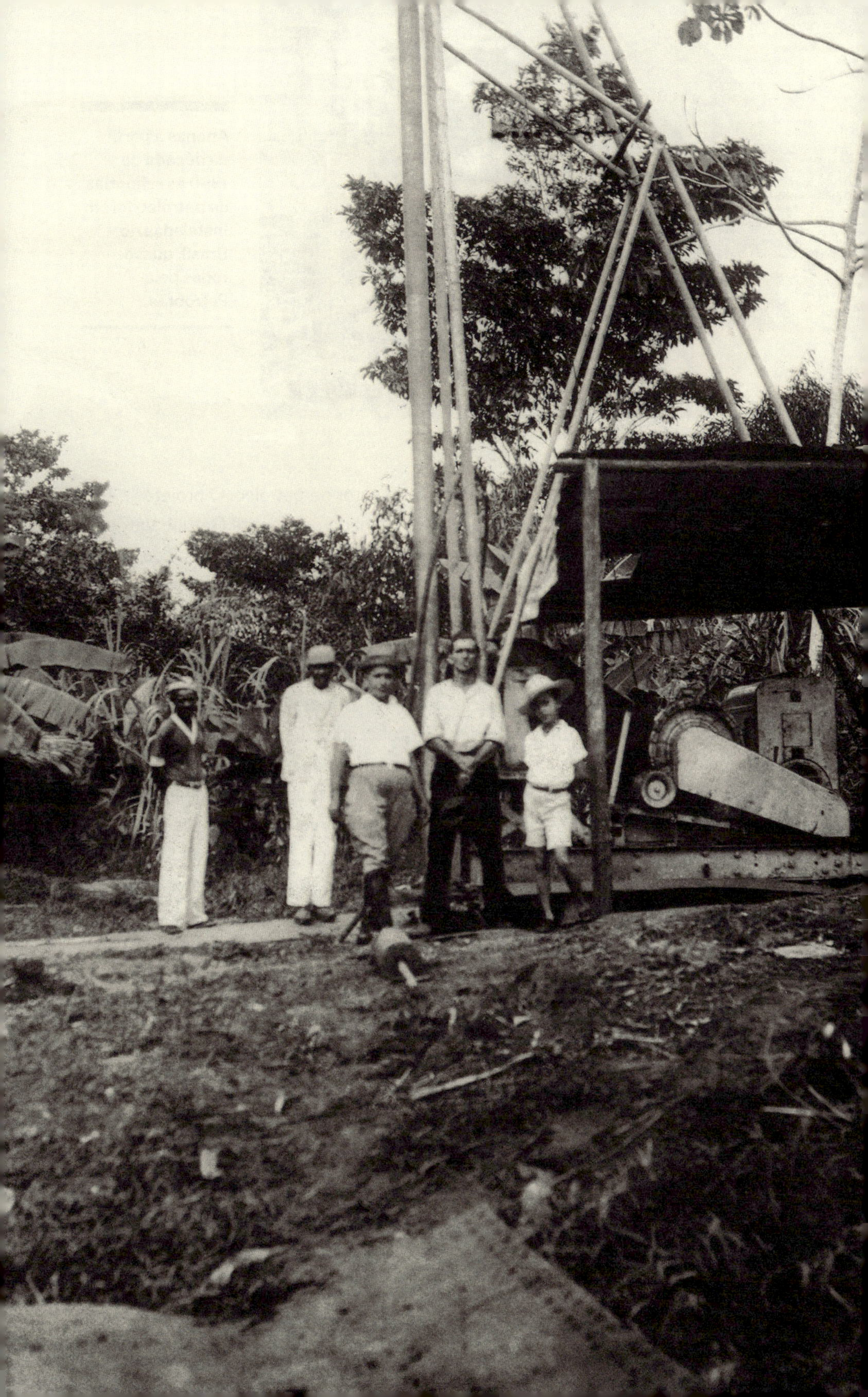

Apenas a partir da década de 1950 as refinarias de petróleo foram instaladas no Brasil, quase todas pela Petrobras.

Apesar desse péssimo sinal para o setor privado, foi este quem conduziu as tentativas bem-sucedidas que se seguiram. Duas refinarias foram instaladas no Rio Grande do Sul ainda na década de 1930. Depois da Segunda Guerra Mundial apareceu um modelo para ampliar a escala: associação entre capitais nacionais e estrangeiros. O grupo Soares Sampaio liderou o projeto, associado ao grupo Moreira Salles e a empresas norte-americanas. O empreendimento foi pioneiro pela capitalização no mercado de ações, através da qual 15 mil pequenos investidores privados ajudaram a vencer os requisitos de capital. O projeto teve início em 1947 e a maior refinaria do país foi inaugurada em 1954 – num cenário institucional bem diverso do momento inicial.

A inauguração da Refinaria e Exploração de Petróleo União S/A coincidiu com a regulamentação do setor de petróleo. O projeto inicial do presidente Getúlio Vargas previa o modelo da associação de capitais nacionais e estrangeiros, com o governo desempenhando o papel de regulador. Ao longo dos debates, os muitos anos de forte embate ideológico foram cobrando seu preço e uma inusitada composição entre a oposição liberal e setores militares nacionalistas (autores iniciais da campanha "O Petróleo é Nosso") acabou transformando em lei um modelo que transformava a prospecção e a operação de campos petrolíferos em monopólio nacional entregue a uma empresa estatal, a Petrobras.

Financiada por um imposto sobre a venda dos combustíveis, desde sempre a empresa teve condições de investir em pesquisa (ao mesmo tempo que construía refinarias e entrava no mercado de distribuição, competindo com o setor privado), e os resultados vieram. Nas décadas de 1950 e 1960, a participação da Petrobras no abastecimento cresceu, até chegar a 44% do mercado nesse último ano; a partir daí a evolução foi inferior ao crescimento da economia e a sua participação caiu para 21% em 1978 e 14% em 1979.[1]

O salto aconteceu no início da década de 1980, quando afinal encontraram-se jazidas de porte – no mar, bem longe do cenário das apaixonadas discussões passadas. A produção quadruplicou nessa década, passando da casa dos 200 mil para os 800 mil barris diários – e dobrou de novo nos vinte anos seguintes, chegando a 1,6 milhão de barris diários na virada do milênio.

As descobertas permitiram que a empresa sobrevivesse em bom estado à longa reorganização da falência do Estado herdada do regime militar. A mudança só chegou ao setor em 1997, quando o Congresso Nacional aprovou o fim do monopólio estatal, criando um quadro institucional que permitia a participação de empresas estrangeiras. Elas vieram, e a quantidade de poços de pesquisa perfurados sob risco cresceu exponencialmente. Uma década depois, uma enorme província petrolífera foi descoberta na bacia de Santos. No mesmo momento, foram suspensos os leilões para novos participantes.

Em 2010, um projeto do governo alterou outra vez o quadro institucional, punindo os descobridores privados e premiando a Petrobras – reconduzida ao papel de participante obrigatória em todas as atividades exploratórias.

Ainda no tempo dessa nova lei, o governo passou a manipular preços de combustíveis para evitar inflação – e a empresa, que perdia recursos, a aumentar seu grau de risco. Em 2014, o castelo desabou quando o preço do petróleo sofreu forte queda no mercado mundial, indo de 112 para 47 dólares no prazo de algumas semanas.

A brusca redução no valor das receitas levou a empresa praticamente à falência, em meio a pesadas acusações de corrupção. Foi preciso refazer o quadro institucional: em 2016, as regras foram de novo alteradas, com a estatal nacional voltando a perder o seu papel monopolista. A essa altura o pré-sal era uma realidade, com a produção brasileira atingindo 2,9 milhões de barris diários – um aumento de 80% em duas décadas. Mas justo as duas décadas de progresso mundial da energia renovável.

---

1 José Luciano de Mattos Dias e Maria Ana Quaglino, *A questão do petróleo no Brasil: uma história da Petrobras*. Rio de Janeiro: CPDOC Petrobras, 1993, p. 161.

50.
UMA MATRIZ COM HISTÓRIA:
ETANOL

"Não vai ser uma gripezinha que vai me derrubar."

JAIR BOLSONARO (https://www.agazeta.com.br/brasil/nao-vai-ser-uma-gripezinha-que-vai-me-derrubar-diz-bolsonaro-0320).

Gráfico (Fonte: EPE):
- Petróleo e derivados: 36,4%
- Derivados de cana: 17%
- Gás natural: 13%
- Hidrelétrica: 12%
- Lenha e carvão vegetal: 8%
- Lixívia e outras renováveis: 5,9%
- Carvão: 5,7%
- Nuclear: 1,4%
- Outras não renováveis: 0,6%

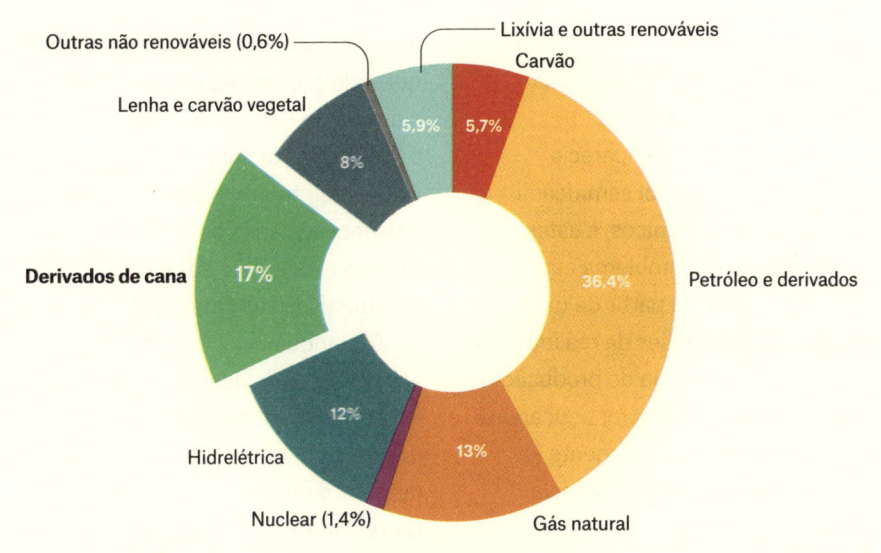

A fatia de 17% de participação dos derivados de cana na matriz energética brasileira constitui um marco mundial: o etanol é o único combustível que concorre com o petróleo no setor de transportes, mantendo seu mercado em qualquer lugar do planeta. Além disso, é um projeto de tecnologia desenvolvido no país, que serve de modelo para o mundo. Mas nem por isso está no centro das atenções: nas horas difíceis a produção é sacrificada para atender aos interesses tanto da concorrente estatal monopolista de petróleo como das finanças do governo. Será assim de novo na era do declínio dos combustíveis fósseis e na crise da Covid-19?

A entrada do etanol na matriz energética brasileira teve início com a coincidência de duas crises. O mercado de derivados da cana-de-açúcar enfrentava problemas no início da década de 1970, resultado de um presente de grego estatal. As exportações de açúcar geravam divisas; interessado nelas, o governo concedera financiamento subsidiado para a ampliação da capacidade produtiva, que passou de 5,4 para 11 milhões de toneladas. Quando as novas usinas estavam sendo inauguradas, o preço do açúcar despencou no mercado internacional – e logo havia um cenário de superprodução à vista.

Nesse exato momento, ocorreu uma crise inversa no mercado mundial de petróleo. Em 1974, o preço do barril simplesmente quadruplicou. Como na época o Brasil produzia apenas 15% do que consumia, era obrigado a importar muito petróleo. Essa mudança de preços, associada a uma crônica falta de divisas, criou um gigantesco gargalo para pagar a conta das importações maiores.

Essa equação, que parecia muito complicada, foi esmiuçada por cientistas e técnicos, e estes transformaram o problema em solução possível, a partir de uma série de constatações da realidade do país: havia tecnologia de produção de álcool carburante; o setor açucareiro podia se adaptar rapidamente à produção de álcool; a existência de conhecimentos científicos e tecnológicos do setor podia ser somada à de engenheiros da indústria automobilística para adaptar motores de carros a gasolina ao álcool.

Também foi descoberto um modo de resolver as coisas no mercado de petróleo. Com menos necessidade de produzir gasolina era possível aumentar a oferta de nafta para a indústria petroquímica. Tanques de armazenamento podiam ser adaptados ao álcool. A equação produtiva se fechou – e logo economistas acharam meios de enquadrar custos e financiamentos nas contas nacionais.

Tudo isso permitiu o estabelecimento de um objetivo principal: transformar o álcool em combustível de uso geral na frota automobilística. Na época, como a questão do meio ambiente era restrita a especialistas de ciência básica, ninguém sequer cogitou em empregar a faceta ambiental como norte do projeto. As justificativas centrais do decreto que implantou o Programa Nacional do Álcool (Proálcool) foram "o atendimento das necessidades do mercado interno e externo e da política de combustíveis automotivos".[1]

A grande novidade estava nos artigos 4 e 5 do decreto. O primeiro estabelecia um prazo de apenas um mês para o comitê encarregado de gerir o programa, formado por representantes de ministérios, dar o parecer final sobre projetos de qualquer natureza apresentados tanto pelo setor privado como por entidades públicas; o último determinava os responsáveis tanto pelo financiamento ao setor privado como pela adequação das finanças públicas. Isso deu uma agilidade incomum às decisões, que envolviam muitos setores ao mesmo tempo.

Os resultados vieram. Luís Augusto Barbosa Cortez, coordenador de um grupo que avaliou os ganhos do programa em 2016, cita o trecho de um discurso proferido em 1983 pelo então ministro da Indústria e Comércio, João Camilo Pena, como bom resumo do que se passou nos primeiros anos do programa:

1 Decreto nº 76.593, de 14 de novembro de 1975.

Com base exclusivamente em esforços e técnicas nacionais, foi desenvolvido, em apenas oito anos, de 1975 a 1983, um vasto elenco de conhecimentos e experiências em todas as fases de produção de matérias-primas, processos de fabricação e do uso do álcool, com completo domínio tecnológico de todas essas etapas, em áreas como o desenvolvimento de novas variedades de cana-de-açúcar; o aproveitamento de subprodutos; projetos de máquinas e equipamentos agrícolas e industriais; engenharia de motores; o aperfeiçoamento de materiais construtivos; o controle de emissões e consumo de combustíveis; as aplicações na alcoolquímica; e desenvolvimentos em setores de tecnologia de ponta, como a engenharia genética e o controle de processos por computadores, cujas contribuições certamente transcenderão os campos diretamente ligados ao Proálcool. Face a esses esforços, o Brasil dispõe hoje de um parque industrial altamente capacitado e competitivo, a níveis internacionais, no setor de equipamentos para a produção de álcool.[2]

Essa era a época dos grandes ganhos. O Proálcool começou com a mistura de etanol à gasolina, e foi assim até 1979; nesse ano foram lançados carros movidos exclusivamente a álcool, o que permitiu um aumento explosivo da produção. Mas então veio o primeiro momento de teste.

Em 1986 caiu o preço do petróleo no mercado internacional. Alívio para o governo às voltas com problemas em suas contas externas, maior capacidade de competição para a estatal petrolífera. Nessa hora o governo abandonou o financiamento do programa, o que significava deixar os produtores de álcool à mercê da concorrente com maior capacidade de competir. Os consumidores que se virassem: em 1989, começou a faltar álcool no mercado interno.

Para piorar, em 1990 uma guinada ainda mais radical da ação governamental gerou não apenas a extinção do Proálcool como a completa liberalização do setor, que incluiu a permissão de venda de combustíveis produzidos no mercado externo. As vendas de carros a álcool caíram quase a zero.

A sobrevivência veio com a retomada do mercado externo de açúcar – nessa altura o Brasil não só dominava a tecnologia como era o produtor mais competitivo do mundo. E, justo nesse momento

---

2   Luís Augusto Barbosa Cortez (org.), *Universidades e empresas: 40 anos de ciência e tecnologia para o etanol brasileiro*. São Paulo: Edgard Blücher, 2016, p. 41.

Equilíbrio ambiental: a planta de cana que absorveu carbono para crescer a caminho de se tornar combustível.

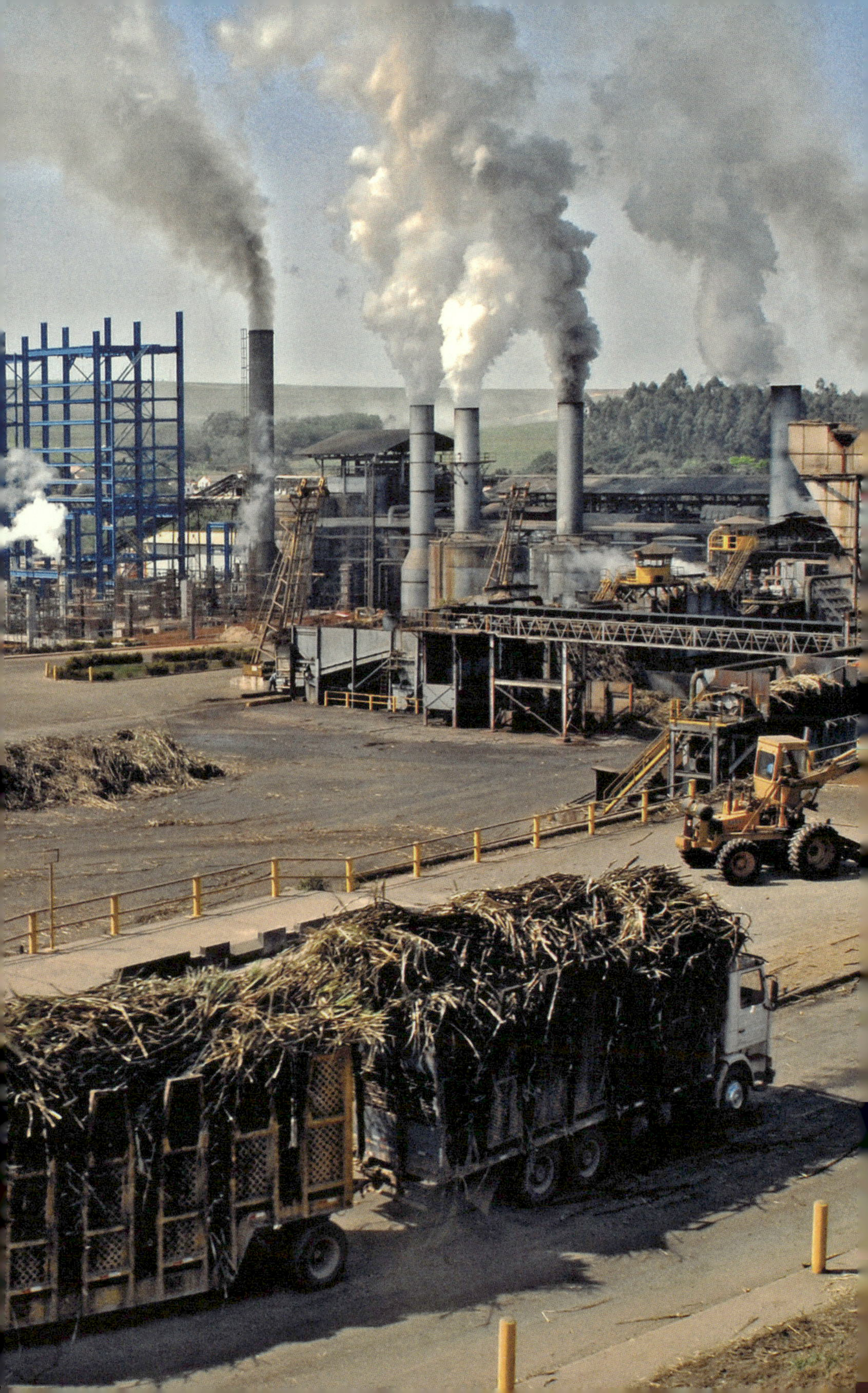

| Incentivos, mandatos de mistura, novas tecnologias | Desregulamentação, exportação de açúcar | Carro flex | Tecnologias 2ª geração |

Produção de etanol (bilhões de litros) — eixo esquerdo (0–30)
Cotação Internacional — eixo direito (0–120)

Séries: Total, Petróleo, Hidratado, Anidro, Açúcar

Petróleo: Brent (US$/barril). 2015: média jan-ago
Açúcar: US$/saco (50 Kg). 2015: média jan-ago

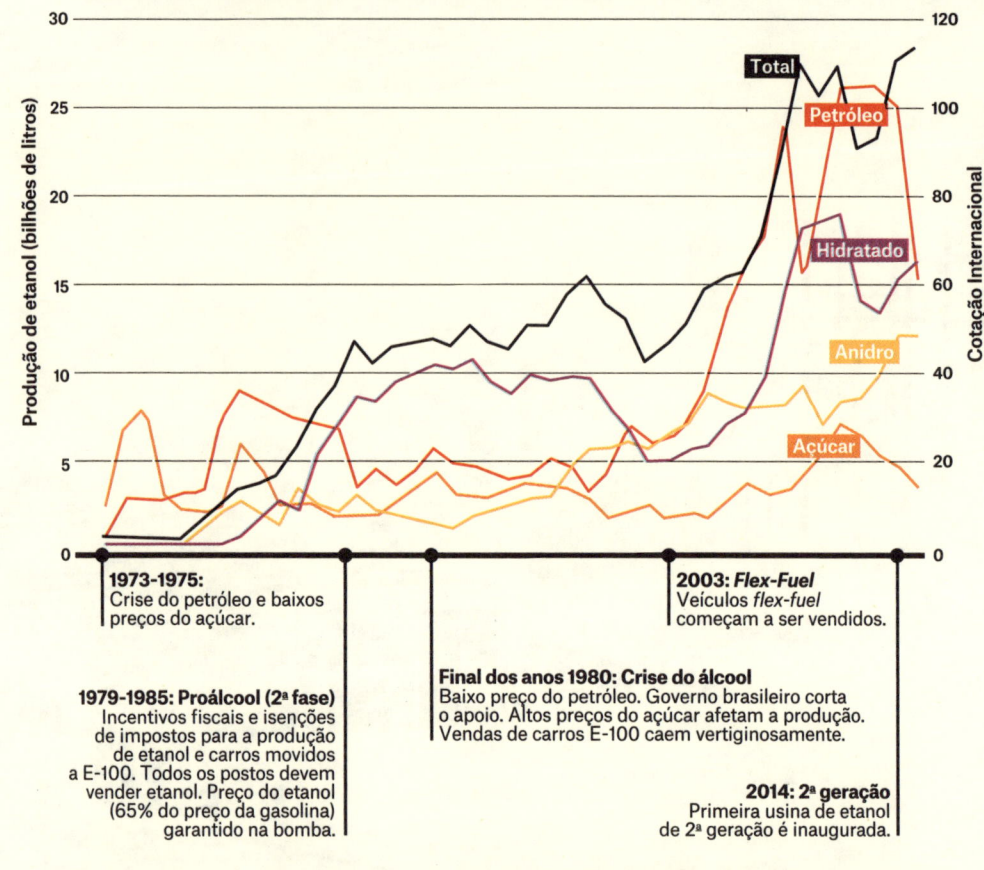

1973-1975: Crise do petróleo e baixos preços do açúcar.

1979-1985: Proálcool (2ª fase) Incentivos fiscais e isenções de impostos para a produção de etanol e carros movidos a E-100. Todos os postos devem vender etanol. Preço do etanol (65% do preço da gasolina) garantido na bomba.

Final dos anos 1980: Crise do álcool Baixo preço do petróleo. Governo brasileiro corta o apoio. Altos preços do açúcar afetam a produção. Vendas de carros E-100 caem vertiginosamente.

2003: *Flex-Fuel* Veículos *flex-fuel* começam a ser vendidos.

2014: 2ª geração Primeira usina de etanol de 2ª geração é inaugurada.

Fonte: autor com dados de Datagro, Ipea, Investing, IBGE, Unica

---

O gráfico acima mostra os altos e baixos na política, no consumo (com as constantes necessidades de trocar a produção de álcool pela de açúcar conforme a dança dos mercados e do humor do governo), na evolução tecnológica da indústria automobilística e na batalha com os preços do petróleo: meio século de lutas.

---

crítico, o programa foi visto como modelo para a nova economia com valor derivado da natureza. A partir da Eco-92, Conferência das Nações Unidas sobre o Meio Ambiente e o Desenvolvimento, realizada no Rio de Janeiro, o etanol brasileiro entrou no radar do mundo como alternativa renovável ao petróleo. Novas tecnologias puderam ser pesquisadas por causa desse interesse. A partir de

2003, com o desenvolvimento no Brasil da tecnologia de motores flexíveis, o consumo de etanol como combustível voltou a crescer. Todo o sobe e desce pode ser resumido no gráfico da página 272.

A dura experiência foi aproveitada. Na década de 2010, o modelo brasileiro inicial, o da mistura obrigatória de gasolina com biocombustível, que vigorou entre 1975 e 1979, foi adotado como norma para transição do petróleo para a energia renovável por Estados Unidos, União Europeia, China, Japão e Índia – entre outros países.[3]

Mas nem isso fez com que o etanol passasse para o centro das políticas brasileiras. No auge da subida de preços do petróleo, nos primeiros quinze anos do século XXI, o governo brasileiro fez pelo setor de petróleo aquilo que não fizera pelo etanol nos tempos do petróleo barato: manteve artificialmente baixos os preços da gasolina, alegando controle da inflação. Com isso os produtores de etanol perderam renda. Na baixa dos preços do petróleo, em 2014, o preço artificial da gasolina desapareceu – mas o nível de preços sem distorções permitiu uma coexistência entre os dois combustíveis no mercado, até a chegada da crise da Covid-19.

O preço do petróleo foi um dos mais atingidos inicialmente com a recessão – e a recuperação vai depender da retomada da economia ao ritmo anterior à pandemia (um clássico dos ciclos econômicos), de um lado, e da concorrência dos carros elétricos e híbridos (uma ruptura de padrões derivada da nova concepção de economia).

Por isso a retomada talvez não se resolva apenas com preços baixos. Com eles, o caixa das petrolíferas pode garantir sobrevivência. Ao mesmo tempo, tornam cada vez menos viáveis projetos de novos campos – e, também, tornam mais atraentes as perspectivas de projetos de energia solar e eólica como investimento futuro, graças à combinação de escala menor com retorno mais seguro via contratos de longo prazo. E o etanol avançou para essa área pioneira, tornando ainda mais complexo o quadro de competição neste momento. Embora seja, de longe, o caso mais relevante de energia renovável na matriz brasileira, o etanol ainda vive dos pés para as mãos, sem o apoio institucional proporcionado por algo como um sistema de metas.

---

3 Fernando Hideki Ohashi, "O advento, crescimento, crise e abandono do Proálcool". Tese de conclusão de curso. Campinas: Unicamp, dezembro de 2008, p. 41. Acessível em TCC/UNICAMP/Oh1a 1290003755/IE.

51. UMA MATRIZ COM HISTÓRIA: EÓLICA, SOLAR E BIOMASSA

"Brasil quadruplica mortes por covid-19 em 33 dias: 41.058 segundo consórcio.
Foram 1.239 novas mortes registradas no dado oficial nas últimas 24 horas e 1.261 segundo a apuração junto às secretarias estaduais de Saúde."

UOL, 11 de junho de 2020 (https://noticias.uol.com.br/saude/ultimas-noticias/redacao/2020/06/11/coronavirus-ministerio-da-saude-covid19-brasil-casos-mortes-11-junho.htm).

O apelo à matriz energética permite vislumbrar grandes movimentos em escala secular que são próprios do país. Um olhar mais apurado para as transformações recentes, aquelas derivadas de novas fontes de energia renovável, no entanto, exige uma volta à matriz elétrica brasileira para que possam ser melhor percebidas.

Nessa matriz, quando se olham os grandes números, a impressão da última década é de estabilidade. Em 2008, a participação da energia renovável era de 85%; a dos combustíveis fósseis, de 12%; e a da energia nuclear, de 3%. Dez anos depois, em 2018, as renováveis tinham perdido uma fatia de 1,5%, a energia nuclear, de 1% – e os combustíveis fósseis ganharam a diferença.

Esse movimento poderia reforçar a impressão de estabilidade, não fosse um fato muito relevante: o esgotamento de um modelo de hidreletricidade. A combinação de limites ambientais para grandes projetos com falência do modelo de negócios derivada de barbeiragens institucionais fez com que a fatia dessa fonte no total caísse de 81% para 67% – uma perda de nada menos que 14 pontos percentuais em apenas uma década. O fenômeno que explica a combinação de estabilidade geral com a perda do setor hidrelétrico é justamente o da expansão combinada de novas formas de produção de energia renovável, numa escala que impressiona.

A mudança mais relevante é a do crescimento da energia eólica. Embora o fenômeno de sua expansão tivesse começado no mundo na primeira década do século, em 2008 essa fonte era de emprego tão irrelevante no país que nem sequer aparecia na matriz. Uma década depois, no entanto, respondia pelo fornecimento de nada menos que 8% da energia elétrica no Brasil – e algumas projeções indicam que pode ter se tornado a segunda fonte mais importante ainda em 2019,[1] com participação de 9% no total da energia elétrica gerada no país.

A explosão concentrou-se nos últimos anos; em 2015, a fatia dessa fonte no total era de 3,5% – mas taxas de crescimento anuais da ordem de 15% foram assegurando a expansão. Ainda que a recessão derivada da Covid-19 venha a ser forte e duradoura, ao menos num primeiro momento a participação deve crescer, como efeito da inauguração dos parques que já estavam em obras e tinham contratos de fornecimento assegurado.

---

1 "Energia eólica já é a segunda maior fonte energética do Brasil", 12 de agosto de 2019 (https://bluevisionbraskem.com/inovacao/energia-eolica-ja-e-a-segunda-maior-fonte-energetica-do-brasil/).

MUDANÇAS RECENTES NA MATRIZ ELÉTRICA

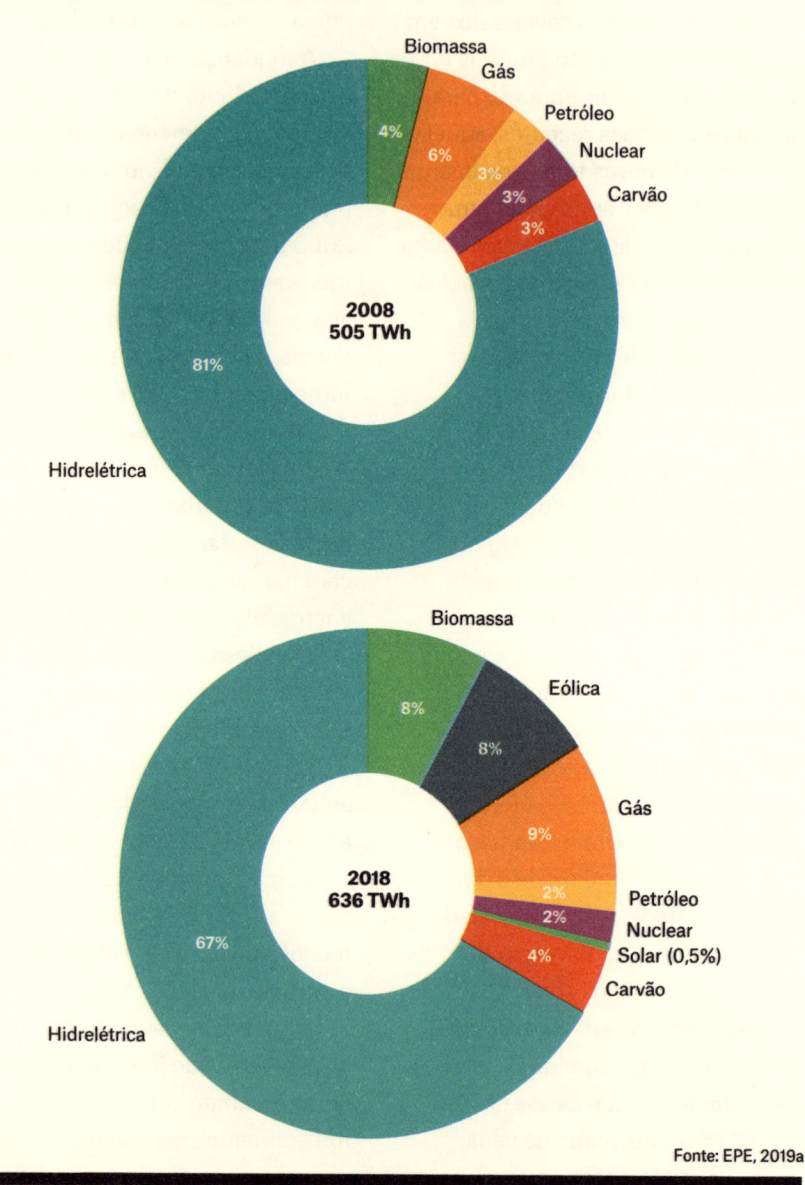

2008 — 505 TWh
- Hidrelétrica: 81%
- Biomassa: 4%
- Gás: 6%
- Petróleo: 3%
- Nuclear: 3%
- Carvão: 3%

2018 — 636 TWh
- Hidrelétrica: 67%
- Biomassa: 8%
- Eólica: 8%
- Gás: 9%
- Petróleo: 2%
- Nuclear: 2%
- Solar: 0,5%
- Carvão: 4%

Fonte: EPE, 2019a

Na última década a fatia da energia hidráulica na matriz elétrica brasileira caiu consideravelmente, passando de 81% para 67% do total. Mas como o período coincidiu com o forte crescimento de outras fontes renováveis – especialmente a energia eólica (toda instalada apenas na última década) e a da biomassa (cuja fatia dobrou no período) – foi possível manter a característica central: um domínio avassalador das fontes de energia renovável, que fazem dela uma das matrizes elétricas mais limpas de todo o planeta.

O ritmo do crescimento brasileiro da energia eólica tem uma característica própria: quase todo ele se baseia em preço, competitividade e mercado. O país não tem qualquer regulação especial para incrementar o emprego dessa fonte de energia. As fatias de mercado vêm sendo conquistadas em leilões.

Como em outros casos mundiais, os pontos mais adequados para a geração de energia eólica estão localizados em regiões específicas. No caso brasileiro, 86% da geração concentra-se no Nordeste. A produção está chegando ao ponto em que já é capaz de assegurar, em certos dias de ventos mais fortes, toda a energia elétrica consumida na região. Com os novos parques deve ser ultrapassado esse limiar, e o Nordeste vai ser capaz de exportar energia.

E os geradores eólicos começam a ganhar companhia na região, já que o Nordeste é a parte do país que apresenta o maior potencial de geração elétrica a partir da energia solar. No gráfico da página 276, essa fonte aparece com mero 0,5% do total da energia elétrica gerada no Brasil – um sinal claro de relativo atraso em relação ao cenário mundial, no qual tem um papel cada vez mais relevante.

Quando se passa da escala geral para a particular, no entanto, o cenário muda inteiramente. Em 2012, havia apenas sete redes de geração distribuída de energia solar no Brasil. Em 2019, já funcionavam 110,3 mil – 74,1 mil das quais (ou 67% do total) instaladas em 2019.[2]

Os sistemas de geração distribuída de energia solar podem ser instalados em pequena escala – quase três quartos estão em residências individuais. Como são autônomos, funcionam muito bem em propriedades rurais isoladas – a terceira maior fatia do mercado. Com isso, o potencial de atender locais onde não chegam as redes tradicionais de energia elétrica – da aldeia isolada de povos da floresta até a favela – pode transformar a energia solar na forma de maior impacto social no país num prazo muito curto. A pequena escala dos projetos se traduz em grande escala de trabalho. Algo como 5 mil empresas instalam os sistemas, o que exige uma força de trabalho muito maior do que todas as demais fontes.

Não é apenas no caso da energia solar que o avanço das fontes renováveis na matriz elétrica brasileira se faz por caminhos pouco

---

2 Michelle Martins, "Crescimento da energia solar no Brasil de 2012 a 2019 e como investir no setor", Bluesol, 19 de novembro de 2019 (https://blog.bluesol.com.br/crescimento-da-energia-solar-no-brasil/).

PARTICIPAÇÃO DA BIOMASSA DE CANA NA GERAÇÃO ELÉTRICA

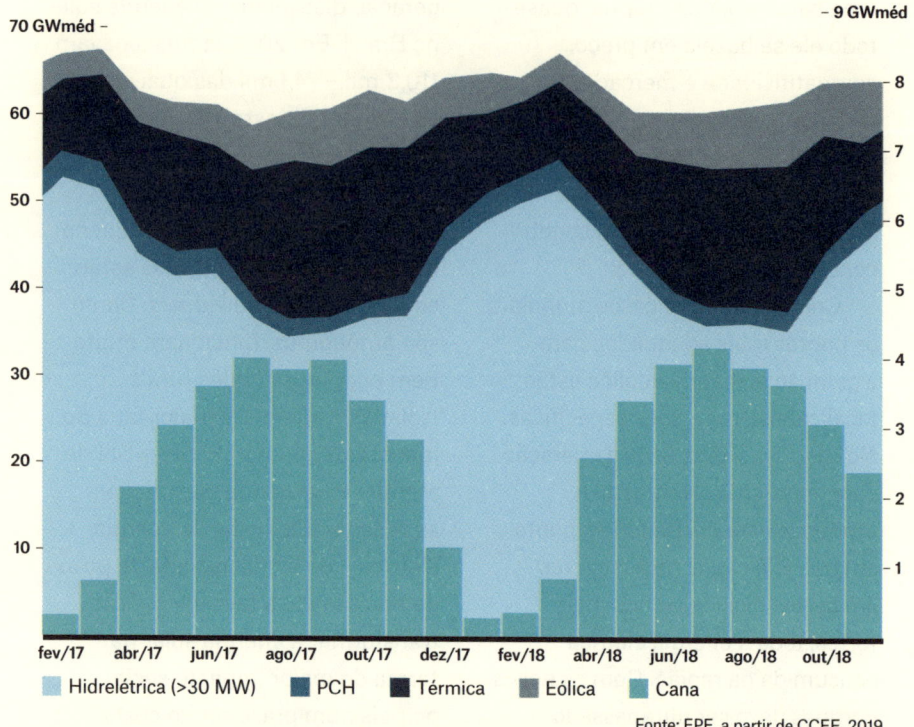

Legenda: Hidrelétrica (>30 MW) | PCH | Térmica | Eólica | Cana

Fonte: EPE, a partir de CCEE, 2019

Uma das grandes qualidades da matriz elétrica limpa do Brasil está na crescente adaptação da produção de energia às condições da natureza. O gráfico acima mostra o papel fortemente complementar do emprego da biomassa de cana e da hidreletricidade. Durante o verão, quando as usinas hidráulicas podem operar no nível máximo, a produção de biomassa é mínima; durante o inverno, quando diminuem as chuvas, ocorre a safra da cana – e a produção a partir do bagaço atinge o nível máximo. Equilíbrios como esse são característicos do emprego maciço de energia renovável. E o Brasil é o país do mundo que tem não apenas a maior produção natural de energia como as melhores possibilidades de aproveitar essa produção.

notados. As novidades em energia extraída da biomassa, por exemplo, ainda são comprimidas na rubrica "outras fontes renováveis". Também neste caso é preciso lupa para avaliar efetivamente o seu impacto.

Há anos, os produtores de cana detêm a tecnologia para queimar o bagaço que sobra da produção de açúcar e etanol e gerar energia elétrica. Da mesma forma, fabricantes de papel passaram a fazer o mesmo com a queima da lixívia negra, subproduto do processo de fabricação. A escalada dessas fontes no mercado tem sido rápida. A fatia da biomassa simplesmente dobrou em uma década, passando de 4% para 8% do total.

Quase metade desse mercado vem da queima do bagaço de cana, que respondeu por 3,9% de toda a energia elétrica gerada no país em 2018. E esta produção tem uma característica própria, a sazonalidade, evidente no gráfico da página 278.

Há uma forte concentração no período de seca, no qual baixa a produtividade das usinas hidrelétricas. Com isso, aumenta a possibilidade de um equilíbrio geral – cujo potencial ainda está longe de ser totalmente explorado. Como o fornecimento de energia para a rede de distribuição depende da participação em leilões, boa parte da capacidade existente é empregada apenas para consumo próprio – e o mesmo acontece com a produção de energia por indústrias de papel, como mostra o gráfico da página 280.

Portanto, já existe o potencial para aumentar a participação na oferta ao mercado – o limite ainda é a capacidade das redes para lidar com as flutuações típicas da energia renovável. Trata-se, assim, da mesma pauta do setor energético nos países que trabalham com metas para o aumento de participação da energia renovável.

As novidades em biomassa não se resumem à matriz elétrica. Novos combustíveis estão sendo desenvolvidos no Brasil, com especial destaque para o biodiesel – feito a partir de restos da produção agropecuária, de metano vindo de aterros sanitários e esgotos, plantas oleaginosas, etc. A produção se concentra sobretudo no Centro-Oeste e no Sul, responsáveis por 83% da produção nacional. Como no caso do etanol na década de 1970, o grande potencial de crescimento do biodiesel advém da mistura com o óleo diesel proveniente do petróleo. Toda a evolução da biomassa aponta para uma interpenetração com o mercado de combustíveis – o que leva a buscar uma nova totalização visando o futuro.

PARTICIPAÇÃO DA BIOMASSA DE CANA NA GERAÇÃO DE BIOELETRICIDADE

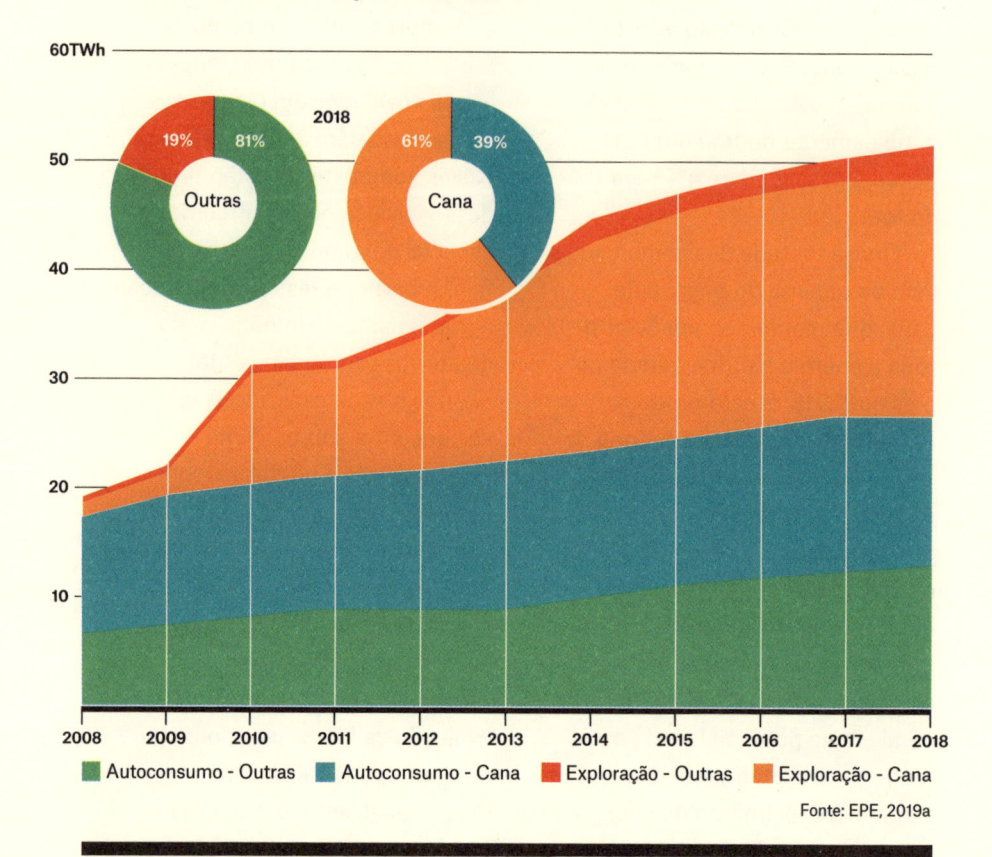

2018

Outras: 81% / 19%
Cana: 61% / 39%

- Autoconsumo - Outras
- Autoconsumo - Cana
- Exploração - Outras
- Exploração - Cana

Fonte: EPE, 2019a

O gráfico acima mostra outro dos potenciais para a produção de energia renovável no Brasil. A biomassa de cana ainda tem muito potencial para além da autoprodução hoje dominante – e o mesmo acontece com as demais formas de biomassa, entre as quais a lixívia negra da indústria de papel e celulose é dominante. Além disso, o país mal arranha no emprego de biodigestores – e ainda aproveita apenas uma pequena fração do potencial eólico do território.

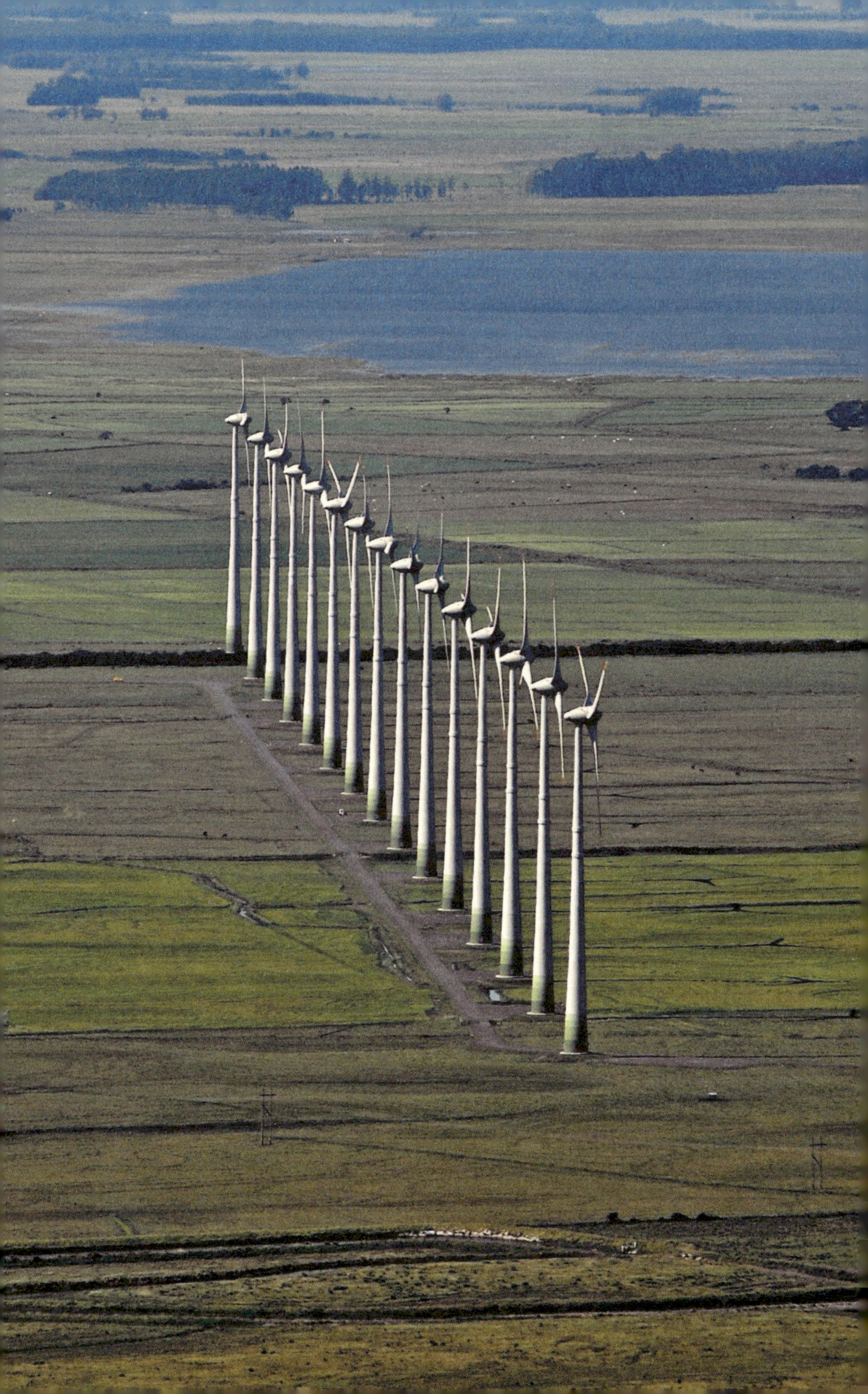

52. MATRIZ DE ENERGIA E O PLANO DE METAS

"Indago, mas não estou escutando
a pergunta anda solta
e ninguém explicou
que a resposta sou eu."

MIRIAM ALVES, "Fumaça". In *Cadernos Negros* n. 5, 1982.

"A nossa escrevivência não pode ser lida como histórias de 'ninar os da casa-grande', e sim para incomodá-los em seus sonos injustos."

CONCEIÇÃO EVARISTO, *Olhos d'Água*, 2014.

"Pois eu invoco a força de Zumbi para do meu lado guerrear,
nós preparamos um ataque poético e pensamos em cada instante.
Agora chega de hashtag eu já reuni meu bando e vamos explodir a porra da casa-grande."

BIA MANICONGO. @bi_xarte, no Instagram, 2 de junho de 2020.

Uma mirada nos milênios de ação humana passados no atual território do Brasil mostra pessoas empregando conhecimento para produzir a partir da natureza existente. De início, apenas a combustão de madeira gerava energia para as atividades produtivas. Essa forma milenar é relevante até hoje na matriz energética brasileira – a ligação permanente entre o passado profundo e a realidade de hoje. Destruindo florestas se moveu a história.

A queima de árvores se manteve como a forma mais relevante em quase todos os cinco séculos de contato entre os povos originários e os europeus. No primeiro momento, aquele no qual as visões da natureza tropical impressionavam os recém-chegados a ponto de manter viva a impressão de que o Paraíso Terrestre estaria em algum lugar daquele território, a lenha e o carvão vegetal faziam parte de uma realidade de fato dominada pela sinonímia com abundância.

Até meados do século XVIII, momento em que desapareceu a impressão de um Paraíso nesta Terra Sem Mal, essa impressão coincidia com observações empíricas: a abundância de madeira para queimar ou aproveitar era tão gigantesca que podia bem ser considerada infinita, para além dos cálculos de cuidado, gratuita – sem valor próprio, se considerada do ponto de vista econômico.

Lenha e carvão continuaram sendo as formas quase totalmente dominantes da energia brasileira no século XIX. Com elas foram alimentadas as caldeiras a vapor das indústrias e das ferrovias, com elas se fundiu o ferro, com elas se aqueceram as casas onde havia frio, com elas se cozinhou. Mas a impressão já não era mais de abundância, e sim de falta.

A era dos combustíveis fósseis começou com a exploração do carvão mineral – que não havia quem encontrasse no território da jovem nação. Levou ao domínio do trabalho assalariado, num tempo em que a elite conservadora considerava o trabalho escravo tão inelutável como o clima tropical. O atraso em relação ao ritmo do Ocidente aconteceu – e a floresta infinita começou a ser vista como pesadelo a ser vencido.

Quando a siderurgia se tornou muito relevante, na segunda metade do século XIX, o conhecimento das grandes jazidas de ferro no país levou a impressão de escassez ao paroxismo: havendo minério, a falta de desenvolvimento industrial passou a ser atribuída "ao povo analfabeto", como lembrava José Pires do Rio.

O século XX foi o século do petróleo, o século dos Estados

NA NOVA ECONOMIA O BRASIL PODE VOLTAR À POSIÇÃO DE ABUNDÂNCIA, GRAÇAS ÀS POSSIBILIDADES EM RENOVÁVEIS

Unidos, o século da projeção da abundância econômica sobre o domínio dessa fonte de energia. Para o Brasil, inicialmente, essa situação tornou ainda mais aguda a impressão de falta, a sensação de escassez e inferioridade.

Mais tarde, na segunda metade do século, a solução estatal para o petróleo alimentou outra espécie de visão cultural: a de que a intervenção governamental direta na atividade econômica era a única forma de trazer a situação da escassez para a abundância, do atraso para o progresso, de caminho único para suprir tudo aquilo que só se conseguia obter via escala de investimentos com dinheiro dos impostos.

Essa dominância cultural de uma visão centrada na dominância de combustíveis fósseis e projetos produtivos estatais de grande escala no mercado da energia ajuda a deixar de lado, como irrelevantes analiticamente, as soluções que ficaram fora da regra, o desenvolvimento real que se fez sem apelo a tal tipo de arranjo – ao grosso da matriz energética brasileira no último século e meio.

Não apenas o país resolveu suas necessidades energéticas tendo a lenha e o carvão vegetal como a fonte mais importante até a metade do século XX (e como a fonte mais importante na indústria siderúrgica de alta escala que se instalou) como a hidreletricidade foi o real pilar para equacionar as necessidades iniciais de energia derivadas do enorme crescimento econômico que aconteceu a partir da virada desse século.

Do ponto de vista institucional, a história dessa fonte conhece todo tipo de arranjo legal, de atividade empresarial e de presença estatal no setor. O forte desenvolvimento inicial ocorreu com o Estado funcionando apenas como legislador, a atividade empresarial dividida entre grupos locais e multinacionais, presença nula de

BRASIL: MATRIZ ENERGÉTICA

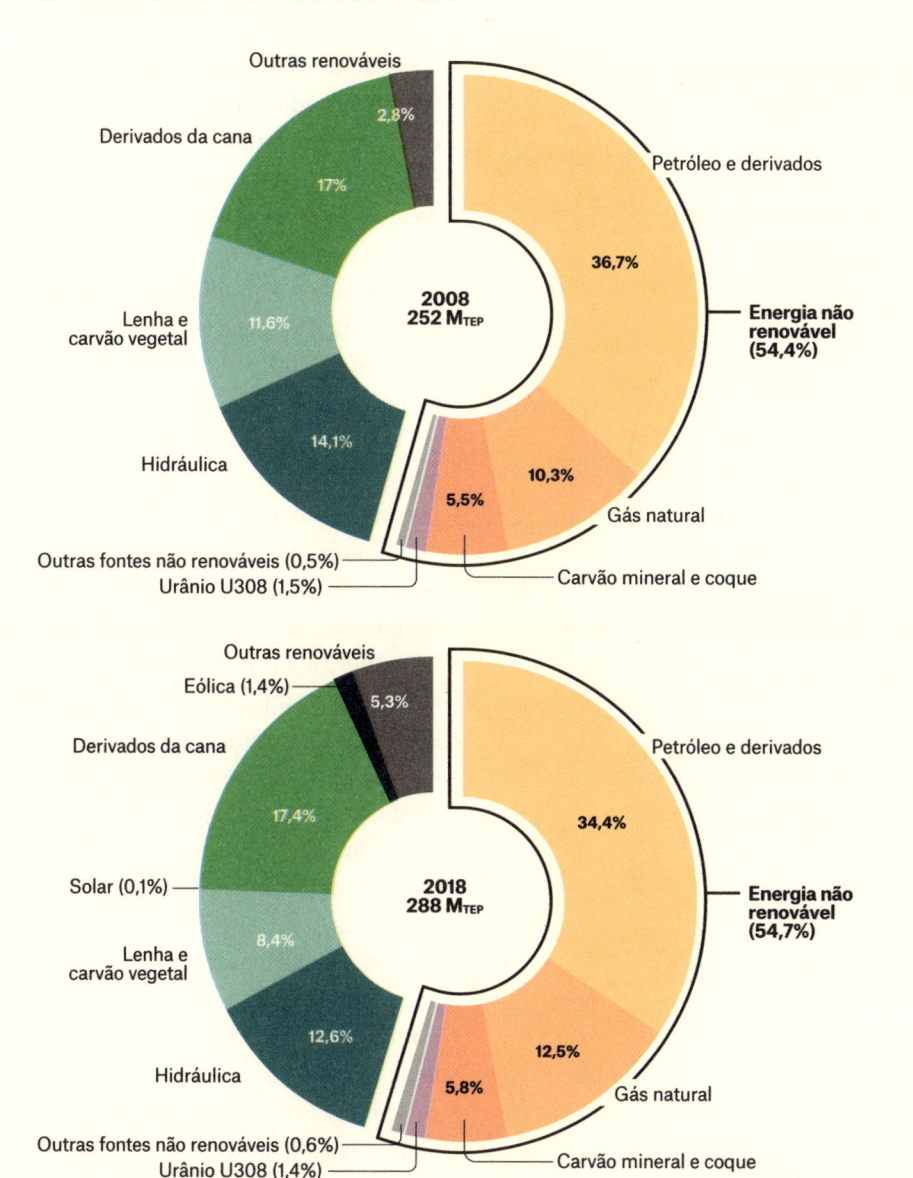

2008 — 252 M_TEP

- Outras renováveis: 2,8%
- Derivados da cana: 17%
- Lenha e carvão vegetal: 11,6%
- Hidráulica: 14,1%
- Outras fontes não renováveis (0,5%)
- Urânio U308 (1,5%)
- Carvão mineral e coque: 5,5%
- Gás natural: 10,3%
- Petróleo e derivados: 36,7%
- **Energia não renovável (54,4%)**

2018 — 288 M_TEP

- Outras renováveis: 5,3%
- Eólica (1,4%)
- Derivados da cana: 17,4%
- Solar (0,1%)
- Lenha e carvão vegetal: 8,4%
- Hidráulica: 12,6%
- Outras fontes não renováveis (0,6%)
- Urânio U308 (1,4%)
- Carvão mineral e coque: 5,8%
- Gás natural: 12,5%
- Petróleo e derivados: 34,4%
- **Energia não renovável (54,7%)**

Fonte: EPE, 2019a

O ponto central para entender o futuro está na decupagem de uma diferença fundamental: o papel ambientalmente deletério da destruição de florestas para a produção de lenha (claramente dominante na África) e o papel neutro das florestas plantadas. Com essa diferença em vista, é possível notar que a maior mudança na matriz energética brasileira na última década, mostrada nos gráficos acima – a diminuição do papel da lenha –, é a chave para o futuro em regime de Paraíso Restaurável.

52. Matriz de energia e o plano de metas

empresas estatais – assim foi até 1930, com resultados excepcionais.

Houve igual sucesso entre 1930 e meados da década de 1960, período no qual o Estado aumentou sua intervenção legal com a transformação da liberdade de empreender em outorga; entrou na atividade empresarial diretamente, seja com empresas nacionais ou estaduais, que concorriam diretamente com a parte privada do setor, ainda dividida entre empresários locais e multinacionais.

Houve sucesso também no modelo de estatização quase completa do setor, fruto da ação do governo ditatorial durante o regime militar – que coincidiu com o auge da dominância cultural da noção que associava desenvolvimento à capacidade de dar escala a grandes projetos pela intervenção maior do governo na economia.

Tal noção cultural não se desfez quando o sinal associativo deixou de ser o das indicações da realidade – e a economia entrou em decadência apesar (ou também por causa) do estatismo. A forte dominância da associação entre desenvolvimento e estatismo impede não apenas que fenômenos como o esgotamento da capacidade para novos grandes projetos hidrelétricos seja levado em consideração – e a construção de Belo Monte é um monumento a essa incapacidade – como impede também uma avaliação clara do sucesso da hidreletricidade em todo o período anterior, quando a ação empresarial privada foi fundamental para suprir o país da energia que precisava para se industrializar – com o governo, a maior parte do tempo, funcionando bem como fornecedor apenas do quadro jurídico-legal ou como agente suplementar.

Da mesma forma, a visão ainda dominante da fusão entre planejamento estratégico e ação direta do Estado na economia gera uma avaliação do Proálcool nos termos de sua criação na época, ou seja, como instrumento auxiliar na solução dos problemas de escassez de divisas do governo central e de emprego mais eficiente do petróleo num ambiente de reserva de mercado pela Petrobras.

Com isso ficam de lado as reais inovações do projeto – quando se pensa "reais inovações" já não mais segundo os modelos tradicionais, mas conforme a lógica de um Paraíso Restaurável.

O Proálcool teve muito da lógica de metas ambientais, mostrada até aqui em muitos casos mundiais: um modelo de relações entre Estado e agentes privados que combina um papel do primeiro como garantidor de uma meta central, fornecedor de apoio via instituições de pesquisa ou

BRASIL: O ÚNICO PAÍS CAPAZ DE PRODUZIR ENERGIA RENOVÁVEL PARA CONSUMO INDUSTRIAL E PARA O SETOR DE TRANSPORTES

linhas de financiamento específicas, agência central na qual empresários de todo tipo e agentes públicos conferem o andamento dos projetos e calibram decisões.

Ambiente no qual, sendo todos responsáveis por sua parte, o todo ganha mais que cada parte poderia ganhar sozinha.

Tudo isso aconteceu no Proálcool. Outra característica relevante do programa estava no fato de que ele marcou a entrada do empresário rural no mercado da "energia renovável" – para usar metaforicamente a denominação da nova economia, com o termo sendo aplicado a um evento que aconteceu antes de sua disseminação. Essa mudança de papel do produtor em contato com a natureza, antes relegado ao que se chamava "setor primário", vem a ser uma das características sociológicas mais relevantes dos novos tempos. Não apenas o mercado passa a ser muito maior como a atividade de produtor de energia permite muito mais sofisticação cultural.

Como se viu nos casos das economias maiores que foram mostrados, moradores de áreas agrícolas estiveram na linha de frente das mudanças energéticas – seja em Feldheim, Huashui, Burlington ou Georgetown. No Brasil isso acontece desde a década de 1970, embora a finalidade não fosse expressamente ambiental.

Não se trata de acidente nem coincidência, mas simplesmente do fato de que áreas naturais são essenciais para a produção de energia renovável de qualquer espécie. Além disso, funcionam como laboratórios na escala necessária para o teste de inovações – e depois como base produtiva na nova realidade.

No cenário interpretativo dominante no século XX brasileiro, o campo foi projetado na arte e

O BRASIL TEM TECNOLOGIA E CAPACIDADE EMPRESARIAL PARA SER LÍDER MUNDIAL NA ERA DA ENERGIA RENOVÁVEL

no imaginário como o lugar do atraso, da violência, da falta de civilidade. O termo "sertão", tão estrutural que já estava grafado na carta de Caminha, virou sinônimo de sombra da Nação, enquanto a vida na cidade era idealizada como luz – e a capital da nação apelidada de "Cidade Maravilhosa".

Tal imagética precisa ser relativizada para que se entenda inclusive o que veio depois do Proálcool. A partir da década de 1980, esmaecida a função ordenadora do Estado central interventor na área de energia, nem por isso os processos de modernização deixaram de acontecer. E isso apesar da perda de dinâmica geral da economia nesse tempo que coexistiu com as tentativas de adequar o país ao ritmo do mundo globalizado: as recessões e o declínio se tornaram cada vez mais reais, sem que o modelo cultural da solução estatal perdesse sentido – e as mudanças aconteceram fora do grande enquadramento.

Quando se olham as mudanças da última década na matriz energética brasileira, as novidades todas se concentram na fatia das energias renováveis. Como em todo o restante do mundo, elas conquistaram mercados relevantes. Mas, ao contrário dos países nos quais há metas ambientais, o Estado não tem qualquer relação com o núcleo do processo, que ocorreu quase unicamente por conta da tecnologia e da eficiência de custos trazidos de fora – e fundamentalmente a partir do setor privado e de empresas inovadoras de menor porte. E em projetos no geral feitos longe das grandes cidades.

Assim, distante das vitrines da consciência nacional, a estrutura histórica de séculos da matriz energética brasileira começou a se cruzar com o mais avançado, com o tempo no qual o mundo começa a mudar a visão dominante sobre a produção econômica, levando cada vez mais em conta a natureza como valor.

Essa é uma mudança que, para ser entendida, exige novas formas analíticas de olhar para o futuro – formas essas que geram excelentes notícias efetivas quando se analisa o passado da matriz energética brasileira. Ao contrário dos tempos do carvão ou do petróleo, quando a mudança na realidade trouxe dificuldades que foram vencidas – e um pessimismo cultural que ainda não se venceu –, essa nova forma de encarar a produção econômica encontra a estrutura de produção de energia brasileira numa posição extremamente favorável na relação com os pressupostos diferentes que estruturam a busca pela economia muito eficiente – porque em equilíbrio ambiental.

Desta vez não se trata de correr atrás de uma fonte de energia que faz a potência econômica do dia no mundo, mas que não se encontra ao esquadrinhar o território. A obra real no caminho de uma economia ambientalmente sã está muito adiantada – mas a confiança de que esse é o caminho a ser trilhado é, culturalmente, quase nula. Na forma tradicional de pensar, fica-se esperando o Estado para fazer aquilo que já está feito; já aquilo que se poderia fazer bem-feito com os novos conceitos é visto com suspicácia e desdém, de modo que a ação deliberada do lado público muitas vezes se transforma em obstáculo ao progresso.

É como se houvesse um paraíso alcançável na Terra cujos conceitos escapam aos do lugar.

Está na realidade brasileira, como em praticamente nenhum outro lugar do planeta, instalada já uma grande capacidade de produção a partir da natureza, como fruto da história e da ação humana. Está já na realidade do mundo o conjunto de valores, crenças, tecnologias e produções eficientes para que esse tipo de produção domine a economia.

Está entre as possibilidades efetivas de futuro nacional juntar a realidade e a história com os novos valores e as novas técnicas. A crença de que a natureza não cria valor já não é mais apenas uma questão de fé ideológica há algum tempo. E já é também uma forma de cegar para possibilidades efetivas – e desperdiçar riqueza. Mesmo quando uma lição tem séculos, nem sempre ela é fácil de ser aprendida. O resultado é a reiteração de hábitos; mas velhos hábitos têm outros significados, muito diferentes, em novos enquadramentos.

53. QUEIMAR FLORESTA É QUEIMAR DINHEIRO

"Alertas de desmatamento na Amazônia batem recorde no primeiro trimestre de 2020, mostram dados do Inpe"

ELIDA OLIVEIRA E THAIS MATOS. G1, 13 de abril de 2020 (https://g1.globo.com/natureza/noticia/2020/04/13/alertas-de-desmatamento-na-amazonia-crescem-5145percent-no-primeiro-trimestre-mostram-dados-do-inpe.ghtml).

"Eu não consigo respirar."

(Últimas palavras de George Floyd, com um policial branco ajoelhado sobre o seu pescoço, antes de morrer asfixiado, em Minneapolis, no dia 25 de maio de 2020.)

A frase que abre este capítulo é paradoxal para a imensa maioria dos brasileiros. Entre outras coisas, contraria um clássico adágio: "Dinheiro não dá em árvores." Esta afirmação da sabedoria popular expressa o bom conhecimento costumeiro, é acolhida na teoria da economia, entendida como expressão de alto valor moral e, além disso, sancionada pelas normas psiquiátricas. Durante séculos, todo o Ocidente pensou e agiu em função dessa constatação. Enfim, era uma crença com todas as condições para se generalizar a ponto de ser considerada quase indiscutível.

Mas valores mudam, e com eles os costumes, as teorias e as normas. Assim desapareceu a impossibilidade de arrancar dinheiro das árvores – por fórmulas de enquadramento institucional, antes mesmo da economia de foco ambiental. Um modo simples de entender a primeira fase da mudança é apelar para o exemplo de Gana, na África. Ali, na virada para o atual milênio, o governo empreendeu um grande esforço de planejamento com o objetivo de transformar uma matriz energética muito simples, mostrada no gráfico ao lado.[1]

"Biomassa", no caso, era definida como a soma do consumo de lenha e carvão vegetal. Essa fonte servia não apenas para a cozinha (71% do consumo total em 2004), mas como base para os maiores setores industriais (25,7% do consumo): processamento de óleo de palma, energia para fábricas têxteis, bebidas, secagem de tabaco, defumação de peixe, sabão, etc.

COMPOSIÇÃO DE TIPOS DE COMBUSTÍVEL PARA CONSUMO FINAL DE ENERGIA (2000)

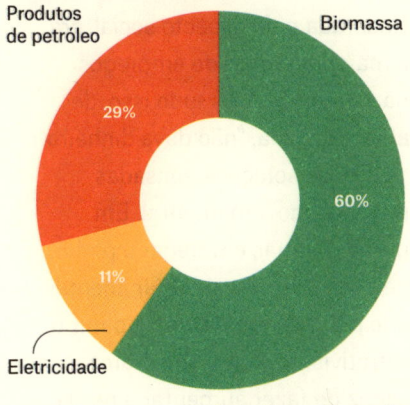

Produtos de petróleo: 29%
Biomassa: 60%
Eletricidade: 11%

Fonte: Energy Commission

A matriz energética de Gana segue ainda o padrão mais arcaico da humanidade, com o domínio da produção de lenha obtida da devastação de florestas sobre todas as demais fontes. No Brasil essa peculiaridade do passado ainda sobrevive, mas cada vez mais perdida em meio às imensas possibilidades da chamada biomassa moderna, aquela que não fere o equilíbrio ambiental.

---

[1] **Energy Commission, "Strategic National Energy Plan 2006 – 2020", julho de 2006 (http://www.energycom.gov.gh/files/snep/WOOD%20FUEL%20final%20PD.pdf), p. 6.**

Lenha e carvão eram fundamentais na economia do país, que tinha 22 milhões de habitantes em 2006, quando o documento foi preparado: "Essa atividade gera 2% do PIB e indiretamente garante a sobrevivência de 3 milhões de ganenses, a maioria nos setores informais do comércio e serviços. A produção de combustível de madeira é fonte de renda para a população rural, e 65% dos empregados no setor são mulheres."[2]

As árvores davam dinheiro – mas de um modo problemático para o crescimento da riqueza nacional. Era uma produção de baixo valor agregado: como o querosene e o gás de petróleo custavam dez vezes mais do que a lenha, esta se mantinha como a fonte mais comum de energia – e de problemas para um governo empenhado no crescimento econômico: "Qualquer cenário de desenvolvimento vai colocar enorme pressão sobre as fontes de suprimento de madeira e promover uma elevação de preços. Mas não fazer nada, neste caso, levaria a um desmatamento total."[3]

O plano governamental para mudar a realidade contemplava duas soluções diretas: reflorestamento e incentivo ao uso de fontes alternativas. Para tanto, o programa tinha apenas uma meta: "Formalizar o informal." Colocar na lei o costume. A razão era clara: "Como setor informal, a produção de lenha funciona sem capacidade de incrementar recursos humanos e sem capacidade de governança para implementar e monitorar políticas, além de não permitir as necessárias articulações para a ação das várias agências governamentais envolvidas com o setor."[4]

Considerada do ponto de vista da produção, a transformação de árvores em lenha e carvão era parte da atividade econômica. Vista sob a ótica dos custos, a atividade era competitiva. Encarada pelo aspecto social, era a maior geradora de empregos na economia. Mas tudo isso, de alguma forma, "não dava dinheiro".

Daí as soluções pensadas na esfera governamental. Em primeiro lugar, empregar o poder de fazer leis para premiar agentes que plantassem árvores e punir o extrativismo – criar um marco legal capaz de fazer aumentar a renda na atividade, ainda que aumentando os custos do produto. Em segundo lugar, trazer renda para o governo e suas agências reguladoras e articuladoras.

Esse projeto de passagem do ambiente informal para o formal pode funcionar como uma lente de

---

2 Ibid.
3 Ibid., p. 14.

4 Ibid., p. 18.

aumento, por exemplo, para o quadro brasileiro da produção de carvão vegetal. O programa primário é fácil de ser aplicado. Na prática, não é tão difícil mandar fiscais e achar carvoarias.

A realidade informal é aceita na suposição de não haver alternativas realistas para a formalização. Mas esta é uma realidade que também mudou com a nova economia. A criação de valor nela não se limita a novas formas de energia disputando mercado (algo que faz parte da lógica do "dinheiro não dá em árvores"), mas vai se estendendo a novas formas de gerar riqueza com a conservação da natureza (algo que está além do senso comum de que preservar é impedir o progresso).

Frente a crenças desse tipo, o dinheiro criado a partir de novas noções sobre valor pode ser um poderoso argumento. Considere-se este texto extraído de um site empresarial:

> Economia florestal há muito tempo não envolve apenas ambientalistas e militantes das causas do meio ambiente e dos povos tradicionais. Pelo menos desde o início deste milênio, já se trata de um mercado em franco crescimento – ainda que com percalços ao longo dessas últimas duas décadas. O universo de títulos verdes [modelo de títulos de investimento nos quais os recursos são usados exclusivamente para financiar projetos verdes, sendo os créditos de carbono sua principal matriz] registrou em 2017 um saldo de 895 bilhões de dólares, crescimento de 201 bilhões de dólares em relação ao ano anterior. Desse total, 61% foram para comercialização de baixo carbono e 19% para energia limpa.[5]

A evolução dos fundos de energia limpa, aqueles que podem ser empregados para financiar a conservação de florestas, cresce na velocidade mostrada no gráfico da página 295.[6]

Apenas para comparação, o total de títulos emitidos até outubro de 2019 é bastante superior ao total das exportações brasileiras nesse mesmo ano, que foi de 177 bilhões de dólares.

Esse é o montante dos recursos que resultaram da evolução de diversas leis – todas elas com

---

5 "Como funcionam os créditos de carbono". Inteligência/bluevision, 28 de abril de 2019 (https://bluevisionbraskem.com/inteligencia/economia-florestal-como-funcionam-os-creditos-de-carbono/).
6 Leena Fatin, "Green bond issuance tops $200bn milestone - New global record in green finance: Latest Climate Bonds data". Initiative Climate Bonds, 21 de outubro de 2019 (https://www.climatebonds.net/2019/10/green-bond-issuance-tops-200bn-milestone-new-global-record-green-finance-latest-climate).

MANTER AS FLORESTAS INTACTAS É HOJE FONTE DE DINHEIRO

importante participação de brasileiros em sua criação. As primeiras legislações vieram na esteira da Eco-92, a reunião mundial que foi pioneira na criação de legislações favoráveis a programas de metas ambientais. Em 1997, a partir desses conceitos, foi criado um título financeiro chamado "crédito de carbono". Este título é adquirido por um emissor de gases de efeito estufa – e o dinheiro da compra é transferido para alguém que busca financiamento para um projeto visando reduzir emissões (os 81% da comercialização de baixo carbono) ou para alguém capaz de manter florestas existentes ou sequestrar carbono (os 19% da fatia de 2017) por outros meios.

O que esse dinheiro tem a ver com o Brasil? Tal associação é feita por Elizabeth de Carvalhaes em uma entrevista para a revista *Época Negócios*:

"Nunca o mundo precisou tanto das florestas brasileiras – e isso poderá ser uma enorme oportunidade para o país." É o que defende Elizabeth de Carvalhaes, presidente da Ibá, associação que reúne empresas dependentes de madeira e investidores em florestas plantadas no Brasil. Para ela, a busca por uma indústria de baixo carbono – obrigação que hoje faz parte da agenda dos 195 países signatários do Acordo de Paris – dará ao Brasil a chance de, finalmente, decolar, transformando-se no maior exportador mundial de serviços ambientais. "O mundo precisará cada vez mais de madeira e de crédito de carbono", diz ela. "Nós somos o país com o maior potencial para entregar tudo isso."[7]

Hoje, essa possibilidade continua tão distante quanto no momento da entrevista, em 2017, pela simples razão de que o governo brasileiro vem agindo mais de acordo com os princípios seculares do saber costumeiro que com a mentalidade do governo de Gana, a de formalizar.

---

7 Raquel Grisotto, "O crédito de carbono será a nova commodity do Brasil". *Época Negócios*, 15 de maio de 2017 (https://epocanegocios.globo.com/Economia/noticia/2017/05/o-credito-de-carbono-sera-nova-commodity-do-brasil.html).

EMISSÃO DE TÍTULOS VERDES (US$ Bilhões, 2015-Out 2019)

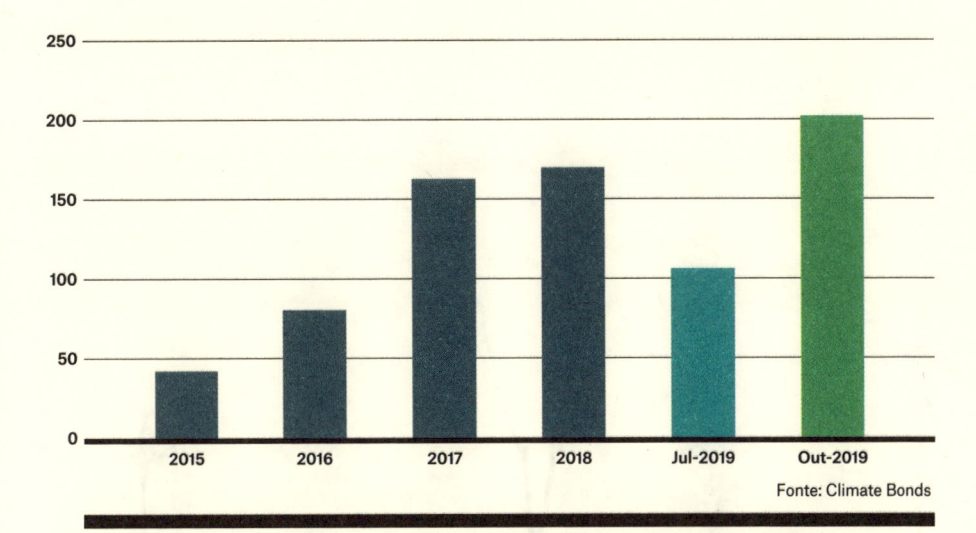

2015	~40
2016	~80
2017	~165
2018	~170
Jul-2019	~108
Out-2019	~205

Fonte: Climate Bonds

A emissão de títulos financeiros através dos quais os emissores de carbono pagam a proprietários de áreas de florestas virgens para manterem as matas está conhecendo um crescimento explosivo. As duas últimas colunas mostram o total delas na metade de 2019 e em outubro do mesmo ano – nesse momento as emissões do ano anterior tinham sido superadas. O Brasil seria um dos mais fortes candidatos a receber esse dinheiro, se criasse leis e controle do desmatamento.

Mas já não se trata mais do inelutável, e sim de escolha.

E escolha contra o mercado dos títulos de crédito de carbono, a riqueza. Escolha que favorece a tradição da economia informal do deflorestamento e se faz contra a entrada de empresários formais no mercado – e contra as receitas do próprio governo.

Na via inversa, essa manutenção joga contra a riqueza que as novas noções de valor econômico derivado da natureza estão criando, assim como impede a justa consideração das possibilidades de, numa nova realidade de riqueza, aproveitar o apoio social e cultural advindo de novos olhares para criar alinhamento com conhecimentos ancestrais, igualmente revalorizáveis.

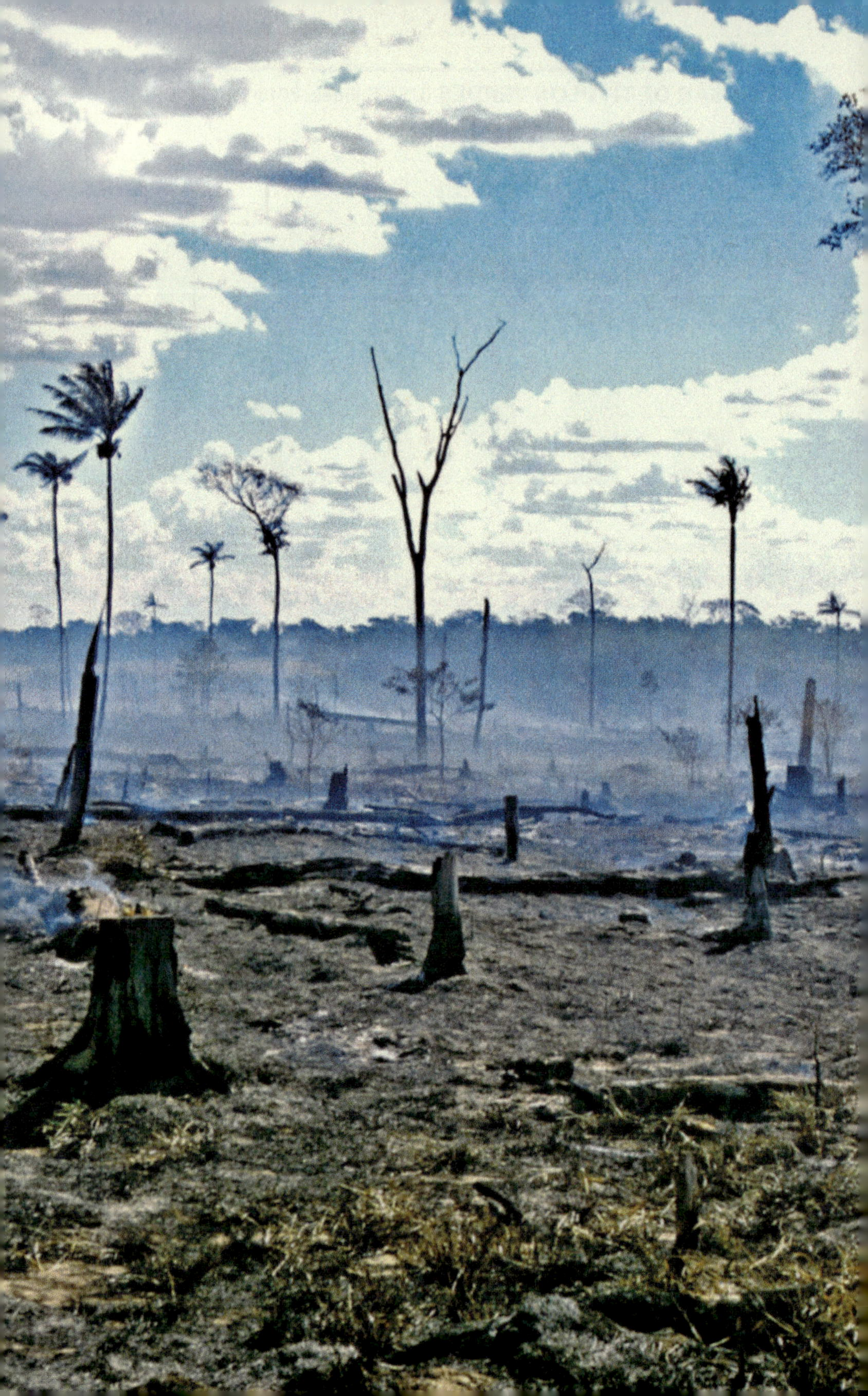

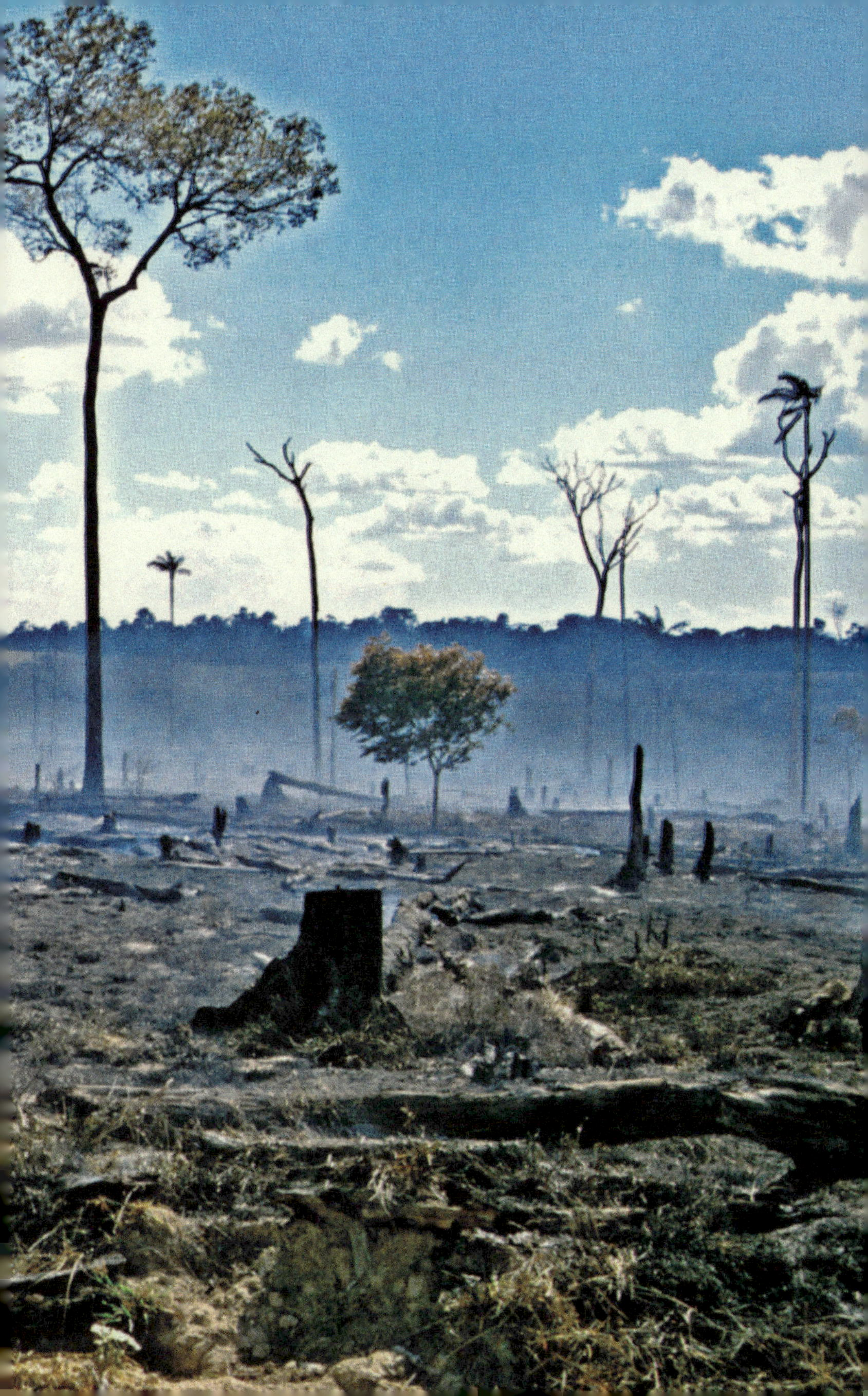

54. AXÉ: ENTRE OS HOMENS E A NATUREZA

"Eu andava perambulando
sem ter nada pra comer,
Fui pedir às almas santas
para vir me socorrer

[...]

Quem pede às almas
as almas dá
filho de pembe é que não sabe aproveitar."

CLEMENTINA DE JESUS, "Fui pedir às almas santas".

Por muito tempo, a cultura iorubá foi considerada homogênea, mesmo no que se refere à religião: os orixás eram descritos como deuses de um panteão organizado, cada um dos quais com características constantes. A partir do último quartel do século passado, porém, alguns estudiosos começaram a realçar certos detalhes que muitas vezes passaram despercebidos nos estudos anteriores: havia grande variedade no papel de cada um dos deuses de acordo com o local, a organização política ou a época. Pierre Fatumbi Verger ressaltou essas variações, que lhe sugeriram outro caminho de entendimento:

> Diante da extrema diversidade e das inúmeras variações de coexistência entre os orixás, fica-se descrente diante de certas concepções demasiado estruturadas. A religião dos orixás está ligada à noção de família. A família numerosa, originária de um mesmo antepassado, que engloba os vivos e os mortos. O orixá seria, em princípio, um ancestral divinizado que, em vida, estabelecera vínculos que lhe garantiam o controle sobre certas forças da natureza, como o trovão, o vento, as águas doces ou salgadas, ou então, assegurando-lhe a possibilidade de exercer certas atividades como a caça, o trabalho com metais ou, ainda, adquirindo o conhecimento das propriedades das plantas e de sua utilização. O poder, axé, do ancestral-orixá teria, após a sua morte, a faculdade de encarnar-se momentaneamente em um de seus descendentes durante um fenômeno de possessão por ele provocada.[1]

Tal possessão tem um sentido de ligação familiar:

---

1 Pierre Fatumbi Verger, *Orixás*. Salvador: Corrupio, 1997, p. 18.

A interação entre deuses, homens e natureza no candomblé é de tal ordem que os cultos como o de Obá são realizados diretamente no espaço natural.

OS ORIXÁS, EMBORA SEJAM DE FONTE DIVINA, ATUAM DIRETAMENTE TANTO NAS FORÇAS DA NATUREZA COMO ENTRE DESCENDENTES HUMANOS

O orixá é uma força pura, axé, imaterial, que só se torna perceptível aos seres humanos incorporando-se em um deles. Este ser escolhido pelo orixá, um de seus descendentes, é chamado elegun, aquele que tem o privilégio de ser montado por ele. Torna-se o veículo que permite ao orixá voltar à terra para saudar e receber as provas de respeito dos descendentes que o evocaram. [...] Voltando assim momentaneamente à terra, entre seus descendentes, os orixás dançam diante deles, recebem seus cumprimentos, ouvem suas queixas, concedem graças e dão remédios para suas dores e consolo para seus infortúnios. O mundo celeste não está distante, nem [é] superior, e o crente pode conversar diretamente com os deuses e aproveitar de sua benevolência. O tipo de relacionamento é de caráter familiar e informal.[2]

A continuidade entre a natureza, da qual os orixás ganharam a forma para seus poderes, o mundo terrestre, e a esfera celeste e imaterial do axé marca quase toda a religião iorubá – pois há uma exceção:

---

2 Ibid., p. 19.

PARAÍSO RESTAURÁVEL

> Na mão direita de quem recebe o orixá, um abebé, objeto simbólico de vários deuses, que tem a forma circular da Terra e do ventre feminino, ligado também à fertilidade.

Acima dos orixás reina um deus supremo, Olodumare, cuja etimologia é duvidosa. É um deus distante, inacessível às preces e ao destino dos homens. Está fora do alcance da compreensão humana. Ele paira acima de todas as contingências de justiça e de moral. Nenhum culto lhe é destinado. Ele criou os orixás para governarem e supervisionarem o mundo. É, pois, a eles que os homens devem dirigir suas preces. Olodumare, no entanto, aceita julgar as desavenças que possam surgir entre os orixás.[3]

Esse reinado acabou servindo de ponto de fixação para a noção de um Deus semelhante ao dos monoteístas, assim referido por Verger:

> O reverendo Padre Moulero, o primeiro nagô a ser ordenado padre no Daomé, chegou a escrever que "as populações neste país só acreditavam nos ídolos e não conheciam a Deus, mas é preciso fazer uma exceção aos nagôs, que, sob influência dos muçulmanos, adquiriram (antes da chegada dos missionários católicos) um conhecimento de Deus que se aproxima da noção filosófica cristã".[4]

Tal substrato familiar, multiforme e em evolução seria transplantado para a América a partir do tráfico de escravos – ganhando novas formas no território brasileiro. Essas formas, que variaram desde os terreiros até os sincretismos com santos católicos e a espiritualidade Tupi (especialmente na umbanda), formam mais uma camada de substrato para a espiritualização da natureza na cultura do país.

---

3 Ibid., p. 20.
4 Ibid., p. 22.

55. PEIXES COM GUARDA-CHUVAS NAS PORTAS DO PARAÍSO[1]

PASSENTE   PRESSADO

PRES*TURO*   PASS*URO*   PRESSA*URO*

*FUTU*ADO   *FUTU*ENTE

AUGUSTO DE CAMPOS, *Equivocabulos, Linguaviagem, Colidouescapo*. São Paulo: Edições Invenção, 1971.

---

1 Para uma discussão mais completa da teoria econômica aqui mencionada, ver a "Teoria do valor Tupinambá", artigo de Jorge Caldeira que serve de base para este capítulo, publicado em seu livro *Nem céu nem inferno* (São Paulo: Três Estrelas, 2015).

A noção de dinheiro que brota em árvores da floresta é, talvez, menos paradoxal para as muitas crenças sobre o valor transcendente da natureza mostradas até aqui do que para alguém acostumado com o pensamento econômico padrão no Ocidente, quando se trata de tentar entender as transformações que estão acontecendo com a nova economia – que deriva valor da natureza. Um conforto possível para a travessia conceitual está na própria história brasileira, muito marcada por eventos que provocam esse tipo de choque conceitual.

Um dos primeiros choques dessa espécie aconteceu com o jovem Jean de Léry, aquele discípulo de Calvino que esteve na baía de Guanabara em 1557. Já foi contada parte da história: sua grande ambição era acumular almas convertidas para a religião reformada. Sua grande frustração nesse empenho o levou a condenar todos os nativos brasileiros como animais brutos, sem nenhum pingo de razão e descendentes danados de Caim. Ainda assim foi capaz de escrever um trecho no qual eles aparecem como humanos trabalhadores, capazes de desenvolver ideias racionais sofisticadas e julgar negativamente os descendentes de Abel. Primeiro descreveu o trabalho:

> Quanto ao pau-brasil, direi que tem folhas semelhantes às do buxo, embora de um verde mais claro, e não dá frutos. Quanto ao modo de carregar os navios com essa mercadoria, direi que tanto por causa da dureza, e consequente dificuldade em derrubá-la, como por não existirem cavalos, asnos ou outros animais de carga para transportá-la, é ela arrastada por muitos homens. Se os estrangeiros que por aí viajam não fossem ajudados pelos

selvagens, não poderiam, nem sequer em um ano, carregar um navio de tamanho médio.²

O termo "ajudados" é relativamente bondoso em relação a seus compatriotas. O processo de trabalho quase não tinha a participação deles:

> Os selvagens, em troca de algumas roupas, camisas de linho, chapéus, facas, machados, cunhas de ferro e demais ferramentas trazidas por franceses e outros europeus, cortam, serram, racham, atoram e desbastam o pau-brasil, transportando-o nos ombros nus às vezes por duas ou três léguas de distância, através de montes e sítios escabrosos até chegarem à costa, junto aos navios ancorados, onde os marinheiros o recebem. Em verdade só cortam o pau-brasil depois que os franceses e portugueses começaram a frequentar o país. Anteriormente, como me foi dito por um ancião, derrubavam as árvores deitando-lhes fogo.³

Depois de descrever o trabalho e a capacidade de resposta a uma nova situação de mercado, Léry aborda a matéria da elaboração de ideias econômicas:

> Os nossos Tupinambá muito se admiram dos franceses e outros estrangeiros se darem ao trabalho de ir buscar os seus arabutan (pau-brasil). Uma vez um velho perguntou-me: "Por que vindes vós outros, mairs e peros (franceses e portugueses) buscar lenha de tão longe para vos aquecer? Não tendes madeira em vossa terra?" Respondi que tínhamos muita, mas não daquela qualidade, e que não a queimávamos, como ele o supunha, mas dela extraíamos tinta para tingir, tal qual o faziam eles com os seus cordões de algodão e suas plumas.
>
> Retrucou o velho imediatamente: "E porventura precisais de muito?" "Sim", respondi-lhe, "pois no nosso país existem negociantes que possuem mais panos, facas, tesouras, espelhos e outras mercadorias do que podeis imaginar e um só deles compra todo o pau-brasil com que muitos navios voltam carregados." "Ah!", retrucou o selvagem, "tu me contas maravilhas", acrescentando depois de bem compreender o que eu lhe dissera: "Mas esse homem tão rico de que me falas não morre?" "Sim", disse

---

2 Jean de Léry, *Viagem à terra do Brasil*. Belo Horizonte: Itatiaia, 2007, p. 168.
3 Ibid.

eu, "morre como os outros." Mas os selvagens são grandes discursadores e costumam ir em qualquer assunto até o fim, por isso perguntou-me de novo: "E quando morrem, para quem fica o que deixam?" "Para seus filhos, se os têm", respondi. "Na falta destes, para os irmãos ou parentes mais próximos."[4]

A reprodução de um diálogo no qual o nativo é inquiridor e formulador dos conceitos – e o narrador europeu um informante que não atina bem com a linha de raciocínio que está sendo seguida – é uma raridade em toda a literatura do contato entre europeus e ameríndios. Mais raro ainda é o trecho que vem a seguir, no qual se reproduz um julgamento estranho para as noções ocidentais mais básicas sobre economia, com direito a elogios do narrador:

> "Na verdade", continuou o velho, que, como vereis, não era nenhum tolo, "agora vejo que vós outros mairs sois grandes loucos, pois atravessais o mar e sofreis grandes incômodos, como dizeis quando aqui chegais, e trabalhais tanto para amontoar riquezas para vossos filhos ou para aqueles que vos sobrevivem! Não será a terra que vos nutriu suficiente para alimentá-los também? Temos pais, mães e filhos a quem amamos; mas estamos certos de que, depois da nossa morte, a terra que nos nutriu também os nutrirá, por isso descansamos sem maiores cuidados."[5]

Léry, que julgou os nativos como seres desprovidos de razão, foi também capaz de registrar um julgamento no qual os europeus aparecem como "loucos", dada sua estranha mania de correr atrás de bens para acumular e de destruir a capacidade da Terra de nutrir.

Está narrado o peixe com guarda-chuva.

Não há como juntar os dois pressupostos essenciais de valor – a acumulação de bens, que é a essência da atividade econômica para Léry, e a preservação da terra, valor fundamental para o chefe – num único construto racional. Em outros termos, desses dois valores não derivam conjuntos coerentes de racionalizações, de argumentos subordinados. Ou se segue um ou o outro – os dois juntos são paradoxais. Daí porque o caso seja mesmo de estranhamento, de o seguidor de um pressuposto julgar louco o seguidor de

---

[4] Ibid., p. 169.
[5] Ibid.

outro pressuposto – um valor tão fundamental que é associado ao próprio domínio da razão.

Este seria um dilema insolúvel se o homem fosse dotado apenas de uma consciência que se identifica com a capacidade de criar argumentos lógicos a partir de certos axiomas. Porém, como mostra o próprio texto de Léry, uma pessoa que julga duramente a outra também é capaz de empregar outro registro – no caso, o da empatia sentimental até com ideias que parecem estapafúrdias – a fim de descrever positivamente no diálogo os corolários do pensamento do chefe Tupinambá e sua capacidade de convencimento para os olhos ocidentais.

Foram necessários quatro séculos para que a mesma atitude de empatia fosse transformada em método científico por antropólogos. Quando isso ocorreu, o escopo da admiração por uma economia cujo pressuposto maior é a preservação da fertilidade da Terra estendeu-se a uma série de campos novos.

A alocação do trabalho, por exemplo, aparece de outra forma quando vista a partir do pressuposto maior de valor do chefe, aquele dominante na cultura Tupi-Guarani. Os nativos trabalhavam muito – para aquilatar quanto, basta o pequeno trecho de Léry descrevendo os esforços necessários para o corte e transporte do pau-brasil.

Também havia capacidade de reagir a novas oportunidades com grande rapidez: os nativos organizavam coletivamente o trabalho, por vontade própria, em função das vantagens a serem obtidas numa troca consensual com portugueses ou franceses. Sendo intercâmbio, além do trabalho havia o cumprimento da palavra empenhada: os termos da troca de artefatos de ferro por madeira eram estabelecidos em acordos, os quais eram cumpridos por ambas as partes.

Enfim, a economia se movia com a soma dos esforços dessas duas partes, apesar dos valores opostos. Mas os estranhamentos eram inevitáveis quando surgiam diferenças impossíveis de vencer pela razão calculadora. Um juízo muito recorrente dos europeus era o que definia os nativos como preguiçosos ou indolentes – apesar de todas as evidências de trabalho diligente disponíveis.

Porém, quando se leva em conta o pressuposto da preservação, é fácil entender que o trabalho visando à acumulação, em detrimento da fertilidade da Terra, era considerado pelos nativos não apenas incompreensível, mas negativo em termos morais. Para o europeu, contudo, trabalhar além da necessidade era tido como virtude cristã; e a limitação do esforço, como pecado.

"NÃO SERÁ A TERRA QUE VOS NUTRIU SUFICIENTE PARA ALIMENTÁ-LOS TAMBÉM?"

Esse tipo de julgamento também acarretou uma demora de quatro séculos para se reconhecer a capacidade de desenvolver tecnologia por parte dos nativos. Em alguns aspectos, a diferença tecnológica a favor deles era gigantesca. No século XVI, os europeus dominavam o uso de algo como uma centena de espécies vegetais; os nativos manipulavam cerca de 3 mil espécies – hoje consideradas patrimônio da humanidade. Cerca de três quartos de todas as drogas medicinais de origem vegetal atualmente em uso provêm de fórmulas aperfeiçoadas pelos índios. Com exceção de algumas rubiáceas, não há nenhuma espécie empregada na moderna farmacopeia cujas propriedades não eram conhecidas por eles – pelo contrário, há muitas espécies cujo uso conhecem e que até hoje permanecem desconhecidas pelos ocidentais.

Os Tupi-Guarani obtiveram um diferencial tecnológico importante em relação aos demais povos da floresta tropical: a domesticação de espécies e seu cultivo. Para isso, desenvolveram técnicas de cruzamento e hibridação, de modo a obterem melhores sementes e variedades mais produtivas. Os europeus, quando chegaram, consideraram "primitiva" a técnica agrícola dos índios. Mas logo estavam levando para seus países sementes e formas de cultivo dos nativos americanos, que aperfeiçoaram a tecnologia de domesticação de alguns produtos agrícolas básicos para toda a humanidade. Entre eles, destacam-se o milho, o algodão, o amendoim e o tabaco, culturas agrícolas que se espalharam por todo o planeta a partir dos cultivares domesticados pelos Tupi-Guarani – para não falar de mandioca, feijão, abóbora, pepino, chuchu, batata-doce, pimentas, abacate, abacaxi, caju, mamão, maracujá e cacau.

A mescla de domínio tecnológico com o princípio da não acumulação determinava um ritmo de vida próprio. Observar a natureza e conhecer os

A SAÚDE DA TERRA É A SAÚDE DOS HUMANOS: UM AXIOMA QUE VOLTA À POSIÇÃO CENTRAL

hábitos dos animais e as características das plantas era bem mais importante que a tentativa de guardar comida por longos períodos. Também a natureza ditava a vida nômade. Era preciso se deslocar quando diminuía a fertilidade do solo (o que acontecia em poucos anos nas áreas cultiváveis, pois eram abertas por queimadas), buscar novos territórios de caça, instalar armadilhas nos lugares certos, saber onde encontrar os vários peixes em cada época do ano.

Somando o valor econômico da preservação com o conhecimento tecnológico, os Tupi-Guarani desenvolveram uma economia cuja principal característica era a eficácia máxima na distribuição. As maiores recompensas iam para quem aplicava mais tecnologia para produzir apenas as quantidades certas – e havia muito pouco desperdício e lixo ao final do ciclo, depois do consumo.

Com esses dados torna-se possível entender por que o chefe via com horror uma sociedade cujo objetivo maior era acumular mercadorias desenfreadamente – ou homens que projetavam em objetos acumulados o sentido das relações entre eles.

Por outro lado, o apelo empático à formação cultural do passado brasileiro também sugere que as mudanças em andamento, nos valores essenciais que definem o sentido da atividade econômica a partir da constatação das mudanças climáticas, não vão levar ao fim da economia, do trabalho, das trocas entre os homens, do mercado.

O que muda, isto sim, é o axioma central – na direção indicada pelo chefe Tupinambá (e pela ioga hindu, pelo tao chinês, pelo romantismo alemão, pelo candomblé). A concepção milenar e global de que a saúde e fertilidade da Terra é a saúde e fertilidade dos humanos está voltando ao centro do palco, assumindo o papel de valor máximo da vida econômica.

Não exatamente pelo retorno à vida primitiva. O axioma atual do equilíbrio ambiental deriva da ciência e se manifesta em legislação mundial – mas se torna mais inteligível com o apelo às culturas tradicionais. Chineses, alemães, europeus, africanos – cada povo a seu modo fundamenta os novos passos em conceitos fundados na sua cultura local. Cada povo busca seu Paraíso Restaurável, seu caminho para um convívio são e integrado com a natureza.

Quando o caminho da compreensão é achado, começam a surgir leis e instituições aceitáveis pelo costume – mas também capazes de conter guias e incentivos para a ação racional dos homens no mercado. Dessa combinação estão surgindo tecnologias e formas produtivas aptas a enfrentar vantajosamente a concorrência tradicional – muito especialmente no mercado de energia.

Essa mudança pressiona ainda mais o mundo dos valores: não se trata apenas de energia eólica ou solar contra carvão e petróleo, mas dos conceitos centrais que devem presidir a organização da vida econômica.

Esse conflito de valores não pode ser resolvido pelos métodos usuais de compromisso. Para lembrar outro momento histórico no qual se deu um conflito equivalente, o caso da abolição da escravidão traz indicativos para o entendimento daquilo que está em jogo hoje. No século XIX, a escravidão era uma instituição milenar, disseminada no costume, justificada pela razão, amparada nas leis, fonte de títulos de propriedade seguros que serviam como base para o movimento do mercado financeiro.

Tal instituição não foi atacada por motivos de produtividade, mas porque era muito difícil abrigar na lei universal da igualdade entre os homens o caso particular da posse de um sobre outro – a partir de certo ponto no avanço da noção de liberdade como princípio basilar da vida social, o cativeiro passou a ser tão estranho quanto um peixe usando guarda-chuva.

Algo semelhante se passa atualmente com a nova economia. As leis ajudaram a chegar ao ponto em que a competitividade da energia renovável se tornou efetiva. Agora se avizinha um momento de universalização potencial, de transformar em norma aquilo que um dia foi exceção. Essa disputa pela normalidade não se resolve facilmente por compromissos racionais. A violenta recessão trazida pelo episódio ambiental/sanitário da Covid-19 já está tornando essa competição energética mais aguda.

Nesse momento do mundo está inexoravelmente o Brasil – e nesse momento está o país numa posição real excepcional para firmar caminhos. Tem história, tem capacidade tecnológica, tem inclusive boa parte da legislação necessária para avançar. Mas, para o novo tempo, é preciso pensar com novos mapas – ainda que para aproveitar antigos valores.

56.
RESTAURÁVEL

"Quando pronuncio a palavra Futuro,
a primeira sílaba já se perde no passado.
Quando pronuncio a palavra Silêncio,
suprimo-o.
Quando pronuncio a palavra Nada,
crio algo que não cabe em nenhum não ser."

WISLAWA SZYMBORSKA, "As três palavras mais estranhas". In *Poemas*, p. 107. São Paulo: Companhia das Letras, 2011.

A palavra tem várias acepções. Em primeiro lugar, o sentido de possibilidade de ganhar novas forças, trazer de volta algum organismo a um estado saudável. Outro significado é o de buscar novamente o domínio de algo sobre o qual ele foi perdido, colocar em condições de funcionamento. Um terceiro vem a ser o de, lidando com algo que é precioso, que tem valor permanente, recuperar seu esplendor original.

Em nenhum desses sentidos a aplicação do adjetivo "restaurável" a um substantivo comum como "natureza" permite superar a noção de senso comum da economia tradicional, segundo a qual ela se identifica com simples matéria-prima, o substrato neutro que o homem trabalha para criar valor, na suposição de operar uma cornucópia infinita de benesses gratuitas. Por isso, só se pode restaurar a noção transcendente de "Paraíso" se associada a "natureza".

Mas essa está muito longe de ser uma operação metafísica, uma busca apenas espiritual. A necessidade de enfrentar o desafio de mudar radicalmente os objetivos até então costumeiros da vida econômica tornou-se um imperativo categórico a partir do conhecimento científico sobre os efeitos do emprego de combustíveis fósseis.

Muito esforço humano gerou novos conceitos para lidar com essa realidade. Esses conceitos foram aplicados tanto a tecnologias novas – especialmente a produção economicamente competitiva de energia a partir do vento e do sol, além da chamada bioenergia moderna – como a modelos de gestão pública capazes de incorporar essa mudança tecnológica como objetivo nacional. A combinação de ambos gerou transformações relevantes no mercado financeiro, que foi capaz de incorporar a nova combinação no cálculo econômico. As métricas derivadas desses conhecimentos também

Gross Primary Productivity
(Kg C/m², 2001-2011)

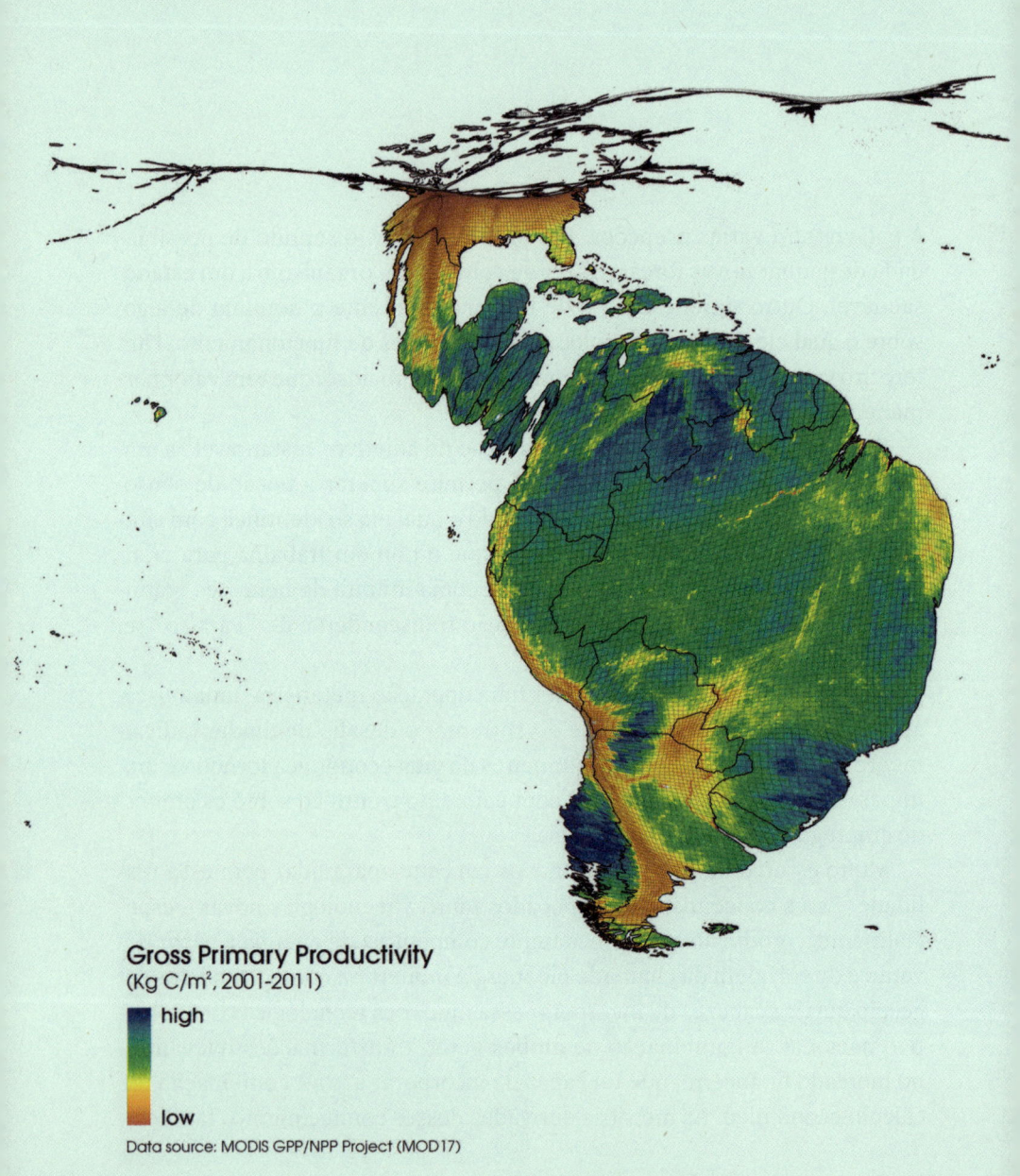

high
low

Data source: MODIS GPP/NPP Project (MOD17)

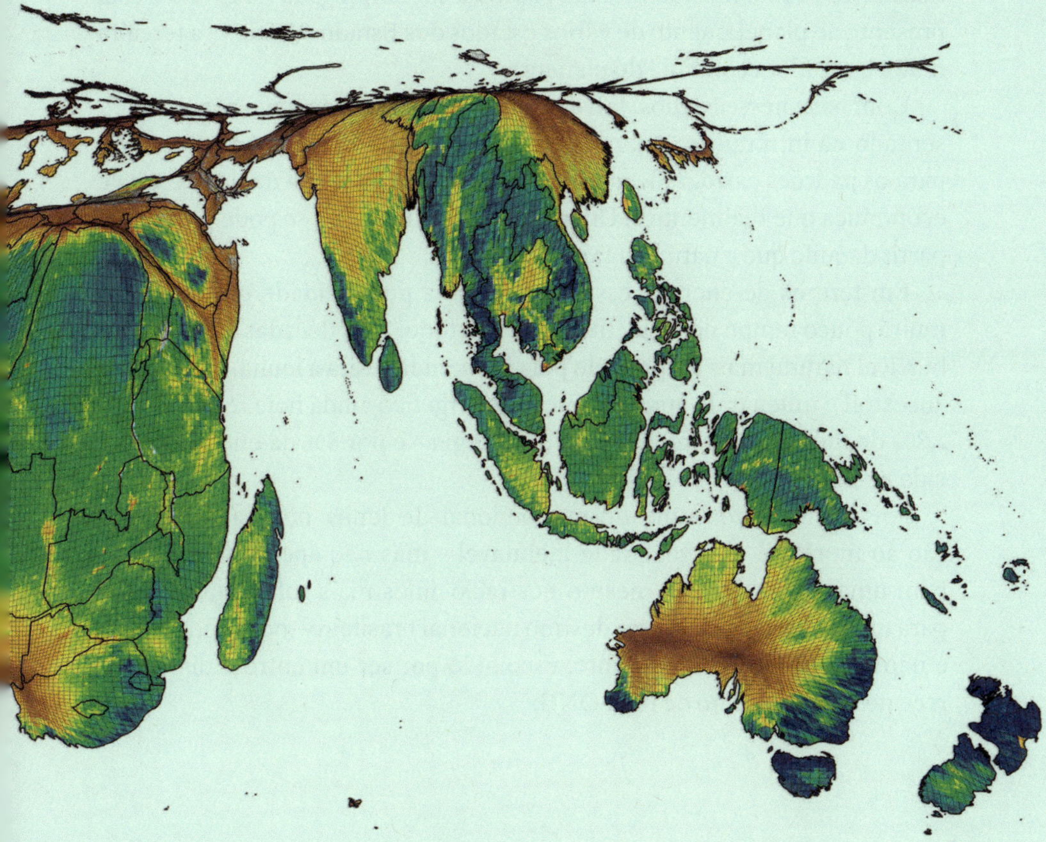

passaram a fazer parte do planejamento de empresas privadas, que focam seus objetivos de longo prazo em torno de programas de carbono neutro.

Essas são as características mais gerais das transformações. Como foi visto na escala nacional, uma equação que parte de metas ambientais tornou-se, a partir de 2005 na Alemanha, o modelo de planejamento para uma grande economia nacional – logo estendido para a União Europeia; a recessão provocada pela Covid-19 coincidiu com a transformação do que era modelo de metas em visão permanente para a economia. Desde o início da década de 2010 o mesmo modelo passou a ser empregado na China e está presente no planejamento de vários estados dos Estados Unidos – a terceira maior e a maior economia do planeta.

Com base nesses dados, talvez valha a pena olhar de novo o mapa apresentado na introdução. Agora não mais como um mapa apenas estranho para os padrões cartográficos usuais, mas como um mapa da nova espécie econômica que realmente é. Um mapa que indica o que se pode produzir a partir daquilo que a natureza faz.

Em termos de energia, essa não era uma possibilidade exequível até muito pouco tempo no Ocidente como um todo. Três décadas atrás, o combustível natural mais empregado pela humanidade era a lenha. Essa forma ancestral e milenar de aproveitamento energético ainda hoje responde por 2,8% de toda a produção humana de energia – e por 8% da energia produzida no Brasil, como já foi mostrado.

Pois bem. O consumo desproporcional de lenha no Brasil em relação ao mundo é uma realidade inelutável – mas não apenas isso. É também uma realidade que, mesmo nos raciocínios mais sofisticados, serve para uma associação com um destino nacional brasileiro – no caso, infernal, e não paradisíaco. O argumento, escolhido por ser um entre muitos, aparece neste documento de uma ONG:

A ENERGIA SOLAR PODE TRANSFORMAR QUALQUER CIDADÃO EM PRODUTOR DE ENERGIA

O crescimento da indústria brasileira de biocombustíveis na próxima década pode gerar impactos profundos no clima. A política de biocombustíveis no Brasil é de especial importância devido à grande área florestal e à alta biodiversidade do país. Embora o Brasil tenha implementado políticas para conter o desmatamento, bem como garantias de sustentabilidade em seu regime de biocombustíveis, essas medidas talvez façam pouco para atenuar as pressões indiretas da demanda de biocombustíveis sobre desmatamento e pastagens, o que pode resultar na conversão de terras ricas em carbono.[1]

O autor do documento quer um mundo novo do ponto de vista ambiental, mas olha o país basicamente como escravo da tradição de desmatar para ter produção. Daí porque, apesar de reconhecer a capacidade tecnológica para a geração de novas formas de energia, vai jogando o futuro nacional não na conta das soluções ambientais, mas no agravamento dos problemas gerados pelo desmatamento tradicional.

Não é um argumento desprovido de forte fundamento empírico: tabelas estatísticas mostram acentuada correlação entre aumento da atividade econômica na produção no campo e aumento do desmatamento. O fato de essa tendência ter se revertido ao longo de muitos anos no século XXI é fácil de ser deixado de lado como indicador de tendência. Nos últimos anos o desmatamento aumentou acentuadamente, o que torna ainda mais razoável deixar de lado, como exceção, os dados positivos.

Também não é uma interpretação que deixe de ter base na avaliação das instituições: apesar de mudanças nas leis e na ação das autoridades, a gigantesca tolerância com o desmatamento faz com que as atitudes brasileiras para estabelecer metas ambientais sejam vistas com desconfiança.

O conhecimento das tendências atuais da nova economia torna ainda mais verossímil a argumentação. Desde que as emissões de títulos verdes explodiram nos últimos anos, a atitude brasileira de ser insensível ao dinheiro para continuar tolerante com a mais primitiva forma de produzir energia também serve para fundamentar desconfianças como esta: se o país joga fora dinheiro para continuar desmatando, não há como deixar de desconfiar de sua capacidade de trafegar no mundo das metas ambientais, da nova economia.

---

1 "Oportunidades e riscos para a expansão continuada dos biocombustíveis no Brasil", agosto de 2019 (https://theicct.org/sites/default/files/publications/ICCT_Brazil_Biofuels_PG_20190826.pdf).

BRASIL: MATRIZ ENERGÉTICA

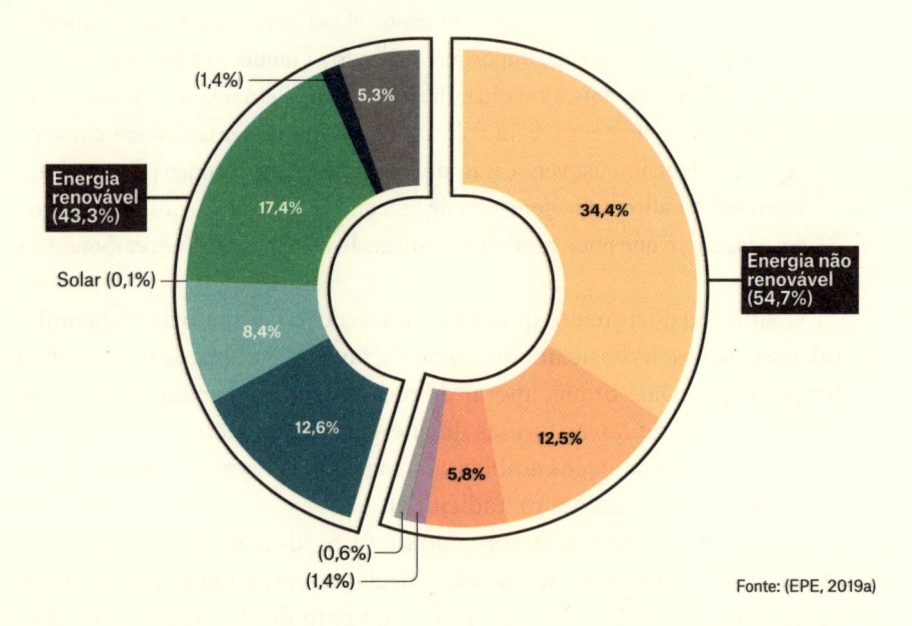

- Energia renovável (43,3%)
  - (1,4%) — 5,3%
  - 17,4%
  - Solar (0,1%)
  - 8,4%
  - 12,6%
  - (0,6%)
  - (1,4%)
- Energia não renovável (54,7%)
  - 34,4%
  - 12,5%
  - 5,8%

Fonte: (EPE, 2019a)

MUNDO: MATRIZ ENERGÉTICA

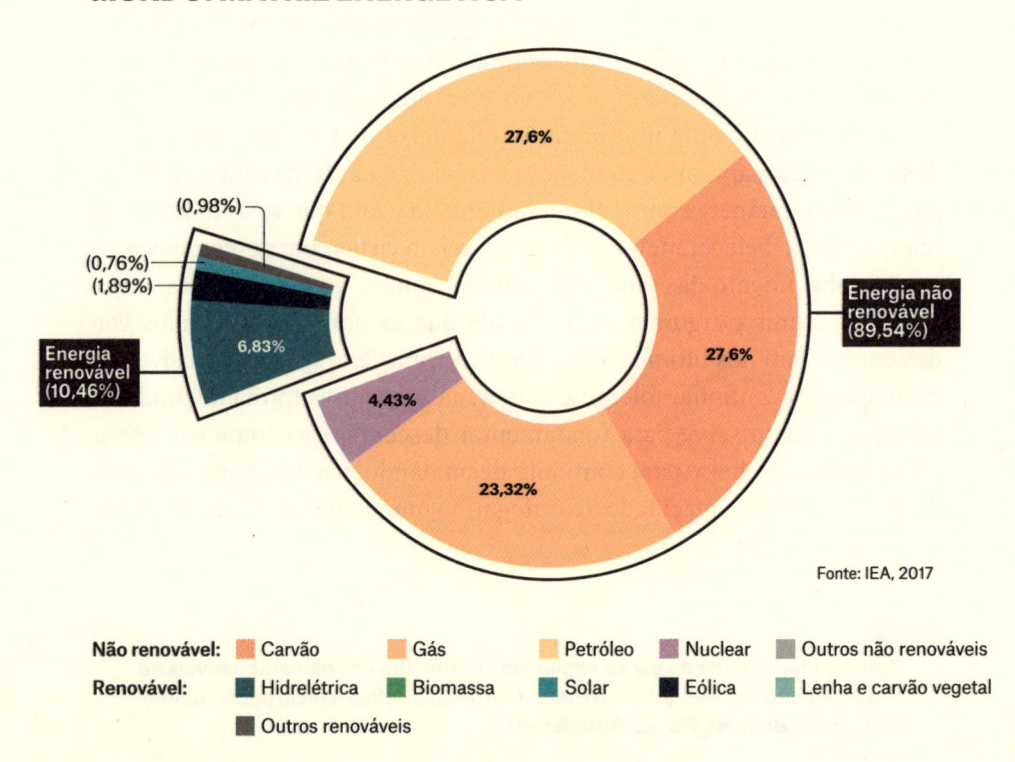

- Energia renovável (10,46%)
  - (0,98%)
  - (0,76%)
  - (1,89%)
  - 6,83%
  - 4,43%
- Energia não renovável (89,54%)
  - 27,6%
  - 27,6%
  - 23,32%

Fonte: IEA, 2017

Não renovável: ■ Carvão ■ Gás ■ Petróleo ■ Nuclear ■ Outros não renováveis
Renovável: ■ Hidrelétrica ■ Biomassa ■ Solar ■ Eólica ■ Lenha e carvão vegetal ■ Outros renováveis

BRASIL: MATRIZ ELÉTRICA

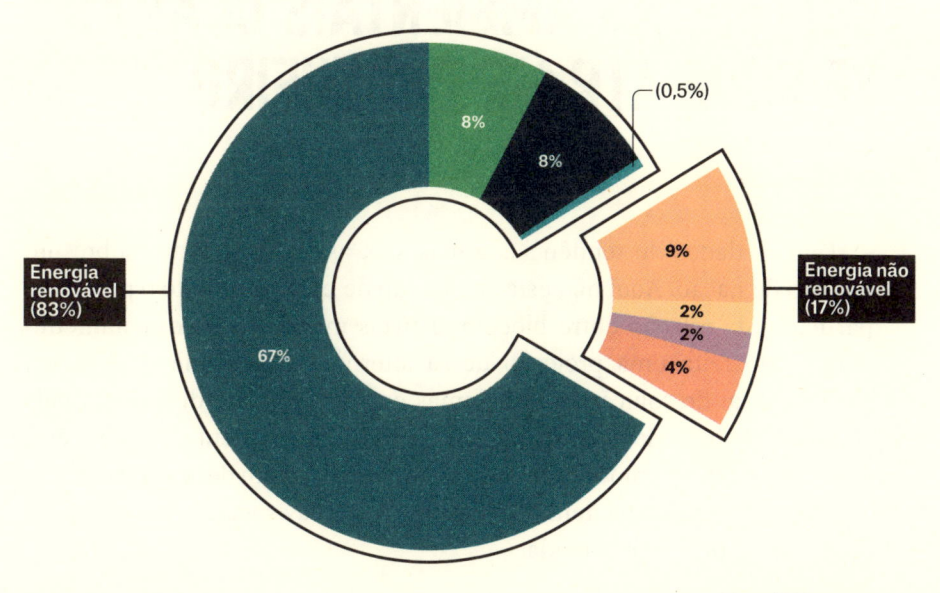

- Energia renovável (83%)
  - 67%
  - 8% (Biomassa)
  - 8% (Eólica)
  - (0,5%) (Solar)
- Energia não renovável (17%)
  - 9%
  - 2%
  - 2%
  - 4%

Fonte: (EPE, 2019a)

MUNDO: MATRIZ ELÉTRICA

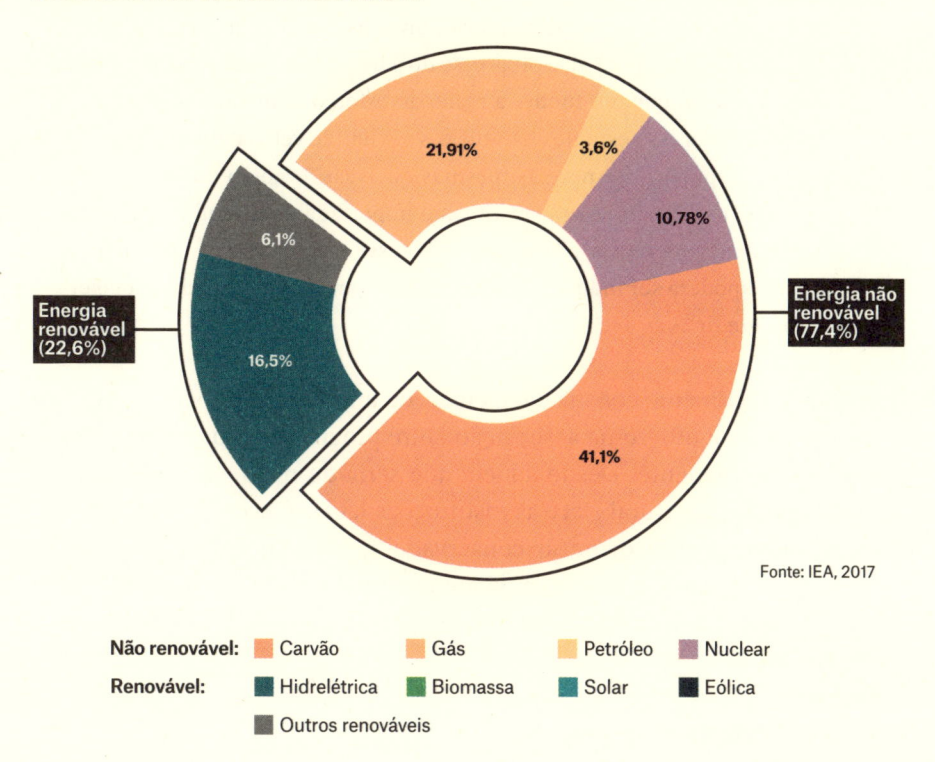

- Energia não renovável (77,4%)
  - 21,91%
  - 3,6%
  - 10,78%
  - 41,1%
- Energia renovável (22,6%)
  - 6,1%
  - 16,5%

Fonte: IEA, 2017

Não renovável: ■ Carvão ■ Gás ■ Petróleo ■ Nuclear
Renovável: ■ Hidrelétrica ■ Biomassa ■ Solar ■ Eólica
■ Outros renováveis

56. Restaurável

COM METAS AMBIENTAIS CLARAS SE PODE ATRAIR O DINHEIRO

Fatos e dados de tendências atuais são, assim, projetados sobre um modelo de nação. Aqui não está se falando de como é tratado o problema particular da relação entre biocombustíveis modernos e desmatamento, mas sendo feita uma projeção dessa alternativa econômica sobre um modelo geral de solução de problemas energéticos e produtivos do país, no qual a tradição do desmatamento é a norma permanente, com o crescimento da produção moderna sendo apontado como um derivado dela.

Já foi mostrada uma definição normativa dessa espécie, a de José Pires do Rio, que pode ser retomada:

> Discutindo-se o problema da instrução pública, o regime tarifário, a reorganização do exército, a transformação do sistema monetário ou o plantio do trigo, o proponente do programa novo, invariavelmente, julgando-se o solvedor da questão principal, o progresso do país, pensa trazer remédio para... "o nosso mal". É que, no fundo, a razão do esforço humano é de natureza econômica. Por isso estamos habituados a ouvir de velha data, no Império como na República, sempre as mesmas queixas: "o nosso atraso vem do analfabetismo", "com essa Constituição importada dos Estados Unidos o Brasil jamais progredirá", "o nosso mal é esse protecionismo, uma nação fraca não poderá ser industrial", "acabemos com o papel-moeda se quisermos progredir".[2]

Nesse argumento construído há mais de um século também se constrói – propositadamente – uma associação entre progresso do país e uma primitividade permanente. Desde aquela que seria do povo – como se o analfabetismo fosse natural – até as instituições legais e econômicas. Note-se que essa seria a visão de nação conservadora, aquela que descreve a nação como a combinação entre uma pequena elite ilustrada em oposição a um povo ignaro e incapaz de progredir na legalidade.

---

2   José Pires do Rio, op. cit., p. 354.

Nos tempos em que escreveu, José Pires do Rio tentava definir como "ingênuos" os formuladores de tal noção de nação e buscava formular outra, que colocava os brasileiros numa situação de normalidade:

> Há ingênuos que veem nisso um motivo para depreciar o homem e elogiar a natureza. [...] O que aconteceu no Brasil, independentemente de qualquer mudança de forma de governo ou reforma de suas Constituições, sucedeu em muitos países, repúblicas ou monarquias, democracias ou autocracias, católicos ou protestantes, budistas ou muçulmanos.[3]

Mesmo buscando tal ideal, não deixava de reconhecer uma estrutura forte, impeditiva de sua realização econômica:

> A intensificação da indústria carbonífera refletiu-se diretamente sobre a siderurgia. Irmãs gêmeas, as duas indústrias caminham juntas e dão esqueleto e músculos ao organismo econômico de uma nação. Conforme elas, haverá uma grande potência, que são poucas, ou ter-se-á nações caudatárias, que são muitas. Neste determinismo geológico do mundo econômico aparece o mundo político, preparam-se as guerras.[4]

Esses dois textos, o da ONG e o do engenheiro, tomados como simbólicos, indicam o nível daquilo que aqui se define como "Paraíso Restaurável": um sentido para a Nação, não apenas para a economia. O substantivo vem de uma intuição do Ocidente desde o primeiro segundo em que teve contato com a vida nos trópicos. Uma visão de abundância. De uma intuição que o mapa confirma como realidade científica mais de cinco séculos depois.

Já o "Restaurável" aponta inicialmente para um emprego dessa noção muito próximo daquele de José Pires do Rio: o de ambiente no território onde está instalada uma formação social tão boa ou tão ruim como qualquer outra na face desta Terra. Capaz de lutar pela sobrevivência, de construir quando a oportunidade se apresenta.

A grande diferença para o argumento feito na virada para o século XX, o momento de maior distância entre o aproveitamento do que havia ao redor e a criação de riqueza – por falta de combustíveis fósseis exploráveis no território –, vem a ser a de que essa barreira determinista está sendo rompida,

---

3 **Pires do Rio, op. cit., pp. 349-354.**
4 **Ibid., p. viii.**

no mundo como um todo, pelas normas e fatos que levam a um penoso direcionamento da produção econômica a um equilíbrio com a natureza. Nesse cenário, os combustíveis fósseis passam a ser vistos como determinismo de sinal negativo, não mais como primícias das grandes potências.

É o esforço para enquadramento nessa nova realidade, o equilíbrio entre produção econômica e saúde ambiental, que o autor do texto sobre biocombustível moderno julga ser "impossível" no Brasil – com apelo ao modelo de nação do pensamento conservador nacional (e ele é mais um dos muitos progressistas que adota o modelo, para fazer o contraste capaz de dar realismo numérico e político a sua projeção).

Para inverter esse quadro ao modo pretendido por José Pires do Rio, o de pensar a formação social e os brasileiros na normalidade razoável do mundo, de maneira rápida, a solução é apelar para a máxima de José Bonifácio de Andrada e Silva:

"O problema, no Brasil, é que o real é maior que o possível."

As possibilidades do Paraíso Restaurável pelo lado real são as apresentadas nos gráficos das páginas 318 e 319. Pelo lado da matriz elétrica, 83% de energia renovável para a realidade brasileira, 77,4% para os combustíveis fósseis, no cenário mundial. Pelo lado da matriz energética, 43,3% de energia renovável no Brasil, 10,46% no mundo.

Essa a obra dos brasileiros na história. Essa a base real para se pensar num Paraíso Restaurável. Não mais com determinismo fatalista e sinal negativo, dos tempos de José Pires do Rio, mas determinismo realista e positivo – caso o país entre num regime de metas ambientais consoante com o que hoje predomina nas economias da União Europeia e da China.

FALTA DEFINIR UMA REDE DE DISTRIBUIÇÃO À ALTURA DO POTENCIAL DE ENERGIA RENOVÁVEL DO PAÍS

Não apenas capaz de fazer a nação se integrar no mundo futuro da energia renovável, mas de liderar essa transformação no intervalo de décadas que o restante do mundo vai levar para chegar aonde o Brasil já está.

O Paraíso Restaurável foi pensado milenarmente como relação entre homem e natureza pela cultura Tupi-Guarani; percebido como possibilidade inusitada de abundância pela vertente europeia sensível ao que hoje se chama biodiversidade desde o primeiro olhar. Consoante com percepções de todas as culturas e religiões aqui mostradas.

Mas, sobretudo, a noção de Paraíso Restaurável funciona como guia realista para dar valor a formas de produção de energia que o país já desenvolveu em sua história, em contato com a natureza produtiva – e que agora a humanidade adota como ideal, mesmo convivendo com ambientes naturais menos produtivos.

Tendo o Paraíso Restaurável como norte realista, como norte fundado na realização passada que aponta para o futuro nacional num renovado cenário mundial, o problema passa a ser outro: como lidar com o mito oposto, aquele da incapacidade inelutável da massa desprovida de potencial empreendedor?

57. A RESISTÊNCIA FÓSSIL

"O inimigo que vai combater é tanto mais perigoso quanto lhe serve de armadura a insinuante pretensão de apresentar-se em campo na satisfação de necessidades públicas que confundem com o progresso e a civilização do país. Já se vê que nos referimos à absorção pelo Tesouro público de uma volumosa porção do capital flutuante que concorre para a ampliação de riqueza e o desvia de sua missão, embora o procure derramar em misteres de utilidade pública."

BARÃO DE MAUÁ, "O meio circulante no Brasil", 1876. In Ganns, Cláudio, *Mauá, Autobiografia*. Rio de Janeiro: Zelio Valverde, 1942, pp. 307-308.

Campos Salles repetia sempre uma ordem tática para seus pares quando as condições lhes eram adversas: "Vamos recuar combatendo." Aprendeu a lição com as manobras dos conservadores que retardaram a abolição no Brasil – mesmo republicano, o jovem Campos Salles não disse uma palavra sobre abolicionismo até não lhe restar alternativa.

Não há por que esperar outro comportamento quando a necessidade passa a ser a de frear mudanças, a de ganhar mais um dia com as coisas "como estão". No caso histórico do Brasil, as instituições municiam muito a capacidade de recuar combatendo.

Não pode ser de outra forma numa formação social em que o real é muitas vezes, como notou José Bonifácio, maior que o possível. Desde o inusitado encontro entre navegadores com a Bíblia na cabeça e nativos que pensavam numa Terra Sem Mal, o novo aparece na realidade sem pedir licença ao tradicional, o crescimento nem sempre é fruto da ordem. Uma nação na qual, de repente, se pode descobrir por números tão sérios quanto os de matrizes de energia que aquilo que parecia atraso é liderança, direção a ser seguida.

Nesse sentido, "Paraíso Restaurável" não vem a ser exatamente uma utopia, mas apenas um convite para considerar a realidade existente numa forma que não é aquela derivada da necessidade de manter – um ideal às vezes sem muito sentido num entorno no qual faltam riqueza e tradição grandes para conservar. Daí o apelo constante ao recuar combatendo, ao tornar lentos os caminhos da inovação – ainda quando desejável.

Sendo opção realista num quadro de mudança, exige também que se veja com realismo a fonte das resistências. Uma tática básica do recuar combatendo é simplesmente negar o novo. No caso ambiental, negar que exista mesmo um aquecimento global, negar as possibilidades de enriquecimento e progresso embutidas nos sucessos dos inovadores.

Outra tática clássica é a da resistência legal. Na história brasileira não há período mais ilustrativo que os 38 anos decorridos entre o fim do tráfico de escravos e o fim da escravidão – o período em que o Barão de Mauá se esfalfava para trazer pouco progresso capitalista em meio ao orgulho monárquico dos conservadores. Essa tática é talvez pouco produtiva no momento, já que a legislação brasileira é bastante adequada à realidade da energia renovável.

Um terceiro modo do recuar combatendo é o apelo ao costume brasileiro que contraria a norma legal. Ficou famoso a partir da lei que proibiu o tráfico de escravos em 1831 – e que só se tornou realidade em 1850. Nas duas décadas de intervalo os traficantes brasileiros continuaram no negócio, ironizando a "lei para inglês ver" – atrasando quanto possível a inelutável mudança. Essa possibilidade é aplicada ao caso presente, por exemplo, com a retirada da fiscalização sobre desmatadores pelo governo.

A própria estrutura atual do Estado brasileiro vai favorecer muito esse tipo de resistência. Ela foi montada pelo regime militar para concentrar tremendamente recursos financeiros no governo central – que triplicaram em relação ao PIB do país entre 1964 e 1979. Essa estrutura deu ossatura a grandes projetos na área de energia, a cereja do bolo econômico na era da energia fóssil.

Virou um trambolho que afundou a economia na era da globalização, da década de 1980 em diante, mas não foi desmontada ao fim do regime – um ponto que merece atenção. Há muita gente à esquerda acreditando que somente um Estado grande pode trazer progresso econômico e, especialmente, progresso social – e que defende inclusive um aumento do estatismo brasileiro, sem reformas na sobra de décadas.

O estatismo não é um mal em si: o Estado chinês não é exatamente mínimo nem muito menos democrático; ainda assim opera um sistema de metas ambientais com êxito (e com a empática afinidade eletiva de velhos comunistas). Mas não é qualquer ação do Estado que é própria para um regime de metas.

O que é específico dele é a possibilidade de reunir muitos agentes dispersos em torno de objetivos únicos – sem a arma do controle centralizado dos recursos. Assim o governo se torna o guardião da meta, o atrator de esforços e o incentivador de resultados que são criados longe dele e com efeito econômico apenas indireto nos cofres públicos.

Essa realidade institucional é para inovadores, não para defensores de estruturas ameaçadas. Faz parte da tradição brasileira em momentos opostos: o Plano de Valorização do Café de 1906 foi inteiramente montado fora do governo e se tornou instituição legal e operacional no setor público. O Plano de Metas de Juscelino Kubitschek juntou objetivos públicos, empresas estatais e privadas. Ambos funcionaram em momentos de democracia operante.

Já o Proálcool é o que mais se aproxima do modelo de relações entre Estado, entes estatais empresariais, tecnologia desenvolvida em instituições, empresários e agentes privados necessários para um Paraíso Restaurável. Mas foi montado em momento de férreo regime ditatorial.

Com esses exemplos em vista se pode entender o cenário. O modelo para o qual foi regulada a ação da estrutura do Estado brasileiro é aquele dos grandes projetos centralizados. E esse foi o modelo de criação e ainda é o de operação de uma entidade que estará umbilicalmente na posição de recuar combatendo.

A soma de petróleo e gás corresponde a 45,9% do total da energia produzida no país. Caso a nação adote um programa de metas ambientais, essa fatia vai ser previsivelmente cadente. Havendo prudência, haveria manobras no sentido de se adaptar aos novos tempos – como vêm fazendo algumas empresas multinacionais do setor, que representa 51,6% do mercado mundial de energia.

Há importantes diferenças no caso brasileiro. Em primeiro lugar, uma única empresa domina o mercado, possui um monopólio real sobre extração, refino e distribuição – além de ser estatal e símbolo da força da ação do Estado para desenvolver. Mais ainda: ela tem valor, ela opera, ela tem lógica. Não deve ser tratada sem respeito.

Assim como no caso das empresas alemãs de carvão, um plano de metas ambiental pode considerar com cuidado o período de transição. Mas dificilmente essa estrutura agora colocada em posição defensiva vai deixar de lado as táticas consagradas pela tradição histórica para essa situação. Está na posição estrutural de recuar combatendo.

Não será a única. Um conjunto menos relevante do ponto de vista operacional, mas preso a uma posição complicada, são as estatais do setor elétrico. Em qualquer realidade de domínio das energias renováveis, como se viu, o desenho que surge é de uma rede inteligente, capaz de processar entradas e saídas múltiplas. Seria bom haver mudança, como está havendo no mundo inteiro, mas é preciso pensar em quem vai recuar combatendo – sem esquecer que tudo precisa mudar para haver um futuro.

Com ou sem planos de metas, com avanços e recuos, será travada a luta entre as fontes renováveis e os vetustos impérios fósseis que recuam combatendo. Havia um período de acomodação, com espaço suficiente para alegrar os dois lados – até vir a Covid-19 e sua recessão. Com menos mercado, esvaiu-se o colchão de acomodação. No novo cenário, há esperançosos querendo avançar sobre os resistentes.

58. PARAÍSO RESTAURÁVEL: A PÁTRIA DOS CIDADÃOS

"Um galo sozinho não tece uma manhã: / ele precisará sempre de outros galos. / De um que apanhe esse grito que ele / e o lance a outro; de um outro galo / que apanhe o grito que um galo antes / e o lance a outro; e de outros galos / que com muitos outros galos se cruzem / os fios de sol de seus gritos de galo, / para que a manhã, desde uma teia tênue, / se vá tecendo entre todos os galos."

JOÃO CABRAL DE MELO NETO, "Tecendo a manhã".
In *A Educação pela Pedra*. Rio de Janeiro: Alfaguara.
© herdeiros de João Cabral de Melo Neto

O maior sentido para um Paraíso Restaurável não é o da transição para uma economia de baixo carbono em si mesma. As forças econômicas internas que impulsionam essa mudança são fortes o suficiente para terem dado forma às matrizes brasileiras sem que houvesse qualquer plano coordenado para se chegar a essa realidade.

Serão mais fortes caso o processo mundial de mudança de custos – expressos nos gráficos projetivos mostrados – e de regulação institucional – que determina estruturas nas maiores economias mundiais – ganhem coesão. Subsídios e incentivos podem dar ao processo uma velocidade ainda maior.

A recessão trazida com a Covid-19 tornou ainda mais intenso o combate. Os setores ligados aos combustíveis fósseis foram, no primeiro momento, os mais atingidos no mercado mundial de energia – a ponto de se inverter o fluxo de pedidos de ajuda ao governo e subsídios. Antes seara exclusiva da inovação – sob a queixa das grandes empresas –, surgiram fortes pedidos no sentido contrário: favores para que as empresas de petróleo se mantivessem vivas.

No caso do carvão mineral, a crise foi terminal para muitas empresas, com usinas sendo fechadas no momento de queda da economia. Mas na Alemanha, onde existia um relógio regulado para que a transição aconteça sob controle, foi possível apenas adiantar um pouco os cronogramas, para preservar empregos sem comprometer as metas acordadas.

Parte essencial das metas estabelecidas na Alemanha tem a ver com aquilo que a presidente da Comissão Europeia, Ursula von der Leyen, definiu como objetivo social maior do Green Deal europeu: não deixar ninguém para trás.

JOSÉ BONIFÁCIO DE ANDRADA E SILVA É TAMBÉM UM PAI DA PÁTRIA QUE QUERIA UMA NATUREZA PRESERVADA

Isso está muito longe de significar "andar para trás". As razões para ir adiante com um plano de metas ambiental vão muito além da troca de fontes de energia ou de puro interesse nessa questão. A mudança é, basicamente, um processo de descentralização, de transferência de competências, poderes, oportunidades e benefícios sociais. Grande a ponto de permitir moldar novas formas de convívio social para todos – para levar todos adiante.

A primeira transferência de competências vem a ser a dos produtores de energia. Era antes um mundo hierárquico, fundado em grandes monopólios ou cartéis (caso do petróleo), projetos de escala imensa, mercados altamente regulados – e quase nenhum poder do cidadão.

A energia renovável abre um mercado gigantesco para o produtor rural. Não à toa as mudanças energéticas começaram em pequenas cidades de produtores rurais: Feldheim, Huashui ou Burlington são exemplos. O progresso, quando a escala é ampla, se faz na luta contra os donos de vantagens de regulação, desacostumados à ideia de competir no mercado – e, mais ainda, à possibilidade de perder.

Para a maior parte das pessoas, habituadas à estabilidade monopolística do mundo fóssil, soa estranha a ideia de que a capacidade de inovar e a competência para produzir venham do campo, das pequenas empresas de tecnologia – de fora da área esperada. Mas essa não é a única inovação. A mudança de oportunidades e benefícios sociais segue na mesma direção.

É possível começar a mudança praticamente sozinha e olhando muito para baixo, para os mais pobres, como fez Ajaita Shah no Rajastão. As novas fontes renováveis são maleáveis, independentes – e, sobretudo, permitem a participação ativa do cidadão. Melhor dizendo, funcionam tanto melhor quanto mais próximas de cada um estiverem.

A ação coletiva em pequena escala ganha novos horizontes. Em vez de passar a vida esperando uma autorização de cima, é perfeitamente viável reunir um grupo de vizinhos para resolver uma questão energética de forma exclusivamente local. Qualquer aldeia indígena ou bairro rural isolado pode encomendar uma pequena rede solar para mudar sua realidade, sem depender de ninguém.

Aliás, essa solução pode ser também do poder público municipal – o que leva a ações de governo numa escala mais amigável. As intermináveis viagens de prefeitos aos corredores da burocracia central podem muitas vezes ser trocadas por visitas a empresas que oferecem soluções simples e rápidas para muita coisa que antes só era fornecida com a bênção de cima.

Isso vale não apenas para energia, mas para toda espécie de serviço ambiental: da manutenção de nascentes saudáveis até um pequeno digestor para efluentes sanitários, muita coisa nova passou a fazer parte do cardápio de opções à disposição de administradores e populações antes punidas pela pequena escala ou pela distância das redes.

Nas cidades grandes, a favela não depende mais da autoridade para ter energia e comunicações: placas solares, mesmo pequenas, garantem a recarga de celulares ou de pequenas baterias. Projetos comunitários tornam viáveis muitas atividades antes inconcebíveis.

Esses exemplos mostram algo mais que exortações utópicas. Estão aí apontando o fato de que o poder de decisão sobre energia não é mais apenas uma questão de mérito do planejamento central (embora um planejamento central com mérito ajude muito). As alternativas podem ser viabilizadas a partir das decisões de cada cidadão.

Por isso, o Paraíso Restaurável não é um ideal útil apenas para autoridades de governos centrais – nem um ideal que desapareça por decreto de um comandante de governo central. Simplesmente reflete o fato de que a tecnologia chegou ao ponto em que consegue oferecer meios para que o homem aproveite, de maneira mais eficiente e menos deletéria, a energia da própria natureza para fazer uma sociedade melhor.

O Brasil fez isso do modo possível ao longo de sua história. Não por acaso, José Bonifácio de Andrada e Silva, patriarca da Independência, escreveu no distante ano de 1813 sobre as relações entre produção humana e natureza:

> Sem matas, a umidade necessária para a vida das outras plantas e dos animais vai faltando entre nós; o terrão se faz árido e nu. Diminuídos os orvalhos e chuveiros, diminuem os cabedais, certos e perenes, dos rios e das

O PARAÍSO RESTAURÁVEL É HOJE UM PROJETO TECNICAMENTE POSSÍVEL.

fontes; e só borrascas e trovoadas arrasam as ladeiras, areiam os vales e as costas, inundam as searas. Novos climas e nova ordem de estações estragam campos outrora férteis e temperados.[1]

O apelo à autoridade da razão para defender a preservação era então possível para um brasileiro acostumado a ver todo dia o que muitos pensavam ser o Paraíso na Terra, mas exótico no cenário europeu de seus interlocutores. Os Pais da Pátria semeavam em terreno árido, tão árido que, em 1822, Frei Caneca se contentava com pouco em seu trabalho de construir um futuro para o cidadão do Brasil nascente: "Se acaso nos muitos milhares de brasileiros e europeus que nos podiam ler, conseguirmos a conversão de dois indivíduos, teremos por isso grande ventura."[2]

Foram precisos dois séculos para que aparecesse uma realidade produtiva não apenas adequada às condições naturais do Brasil, mas também capaz de trazer a oportunidade de que essa natureza seja mais do que um objeto de apreciação estética – e o é – ou de destruição pelo fogo como única relação produtiva relevante.

Com essa nova realidade é possível entender certos fenômenos que pareciam paradoxais. O Paraíso bíblico não foi procurado no Brasil por acidente. Os ocidentais que chegavam iam atrás de um jardim, de uma porção especial da natureza separada e reservada por Deus para deleite do homem. Encontraram pessoas que acreditavam viver num espaço no qual havia uma Terra Sem Mal. Aos dois grupos se juntaram africanos que estavam acostumados com a presença do divino na natureza.

---

1 José Bonifácio de Andrada e Silva, "Memória sobre a necessidade de plantio de novos bosques em Portugal". In Jorge Caldeira (org.), *José Bonifácio de Andrada e Silva*. São Paulo: Editora 34, 1999, p. 57. Col. Formadores do Brasil.
2 Frei Joaquim do Amor Divino Caneca, "A pátria do cidadão". In Evaldo Cabral de Mello (org.), *Frei Joaquim do Amor Divino Caneca*. São Paulo: Editora 34, 1999, p. 99. Col. Formadores do Brasil.

José Bonifácio de Andrada e Silva e Frei Joaquim do Amor Divino Caneca: dois dos formuladores das noções básicas que guiam a nação brasileira.

Graças à herança de todos e de seus valores, o Paraíso Restaurável é hoje um projeto tecnicamente possível. Pode conduzir à produção de muita riqueza. Mas isso só se fará de fato com o entendimento dessa herança recebida. O cidadão que pode energeticamente não é apenas aquele da estreita legalidade de hoje. Restaurar o Paraíso significa criar uma nova legalidade, na qual o índio é sujeito não apenas formal, mas tão relevante quanto o é no universo da cultura de preservação que carrega. Uma realidade legal que permita o trânsito de orixás na natureza. Uma regulamentação com respeito aos ditames femininos da mãe Terra. Um novo centro para a vida econômica, capaz de permitir que ela seja complementar – e não oposta – aos ritmos cíclicos da vida no planeta.

Melhor ainda, é uma oportunidade que pode ser aproveitada desde essa grande base cultural já existente – pois também não falta tecnologia, racionalidade nem espírito empreendedor para o brasileiro transformar a partir da ação individual. Com governo é bom, mas também dá para mudar muito sem ele – e é esse o verdadeiro padrão da mudança.

Basta cada um não esquecer o exemplo do velho chefe Tupinambá para que já seja possível cuidar melhor do jardim desnudo no qual humanos possam ler um código, assegurar um legado de fertilidade da Terra Sem Mal digno de nossos netos e netas.

OS MOTIVOS DE CADA AUTOR

JORGE CALDEIRA

Violeta, este livro foi escrito em São Paulo, entre as últimas batidas do coração de seu avô Jorge Alberto e os primeiros choros da Cecília. O Júlio viu tudo.

Esta dedicatória repete um sinal lançado 38 anos atrás, em 1982, quando escrevi meu primeiro livro (*Noel Rosa: de costas para o mar*). Comemorava o nascimento da esperança, então depositada em minha filha, como agora o faço com minha neta Cecília. E agia sem deixar de respeitar a memória dos que se foram (minha mãe, Carmen, no primeiro livro), como ocorreu recentemente com meu pai.

Marca assim minha passagem para uma nova posição na vida. O primeiro a me alertar para ela, dez anos atrás, foi Luiz Seabra. Ao longo dos anos em que tive o privilégio de sua convivência, ele foi colocando com toda a clareza que não se tratava mais de "progresso ou natureza", e sim de "natureza é progresso". Em vez de uma dicotomia insuperável, um desafio a ser vencido. O convite para um salto de consciência.

Nova posição, novos propósitos. A memória ajudou: em vez de resgates lógicos, deixei-me navegar no mar das coincidências significativas, das relações não causais ("sincronicidades", na linguagem conceitual comum de Wolfgang Pauli, Nobel de Física, e do psicólogo analítico Carl Jung). A lista delas segue abaixo:

Em 1983 recebi um convite de Jorge da Cunha Lima para colaborar com o governo Franco Montoro. Fui inicialmente alocado no Departamento de Águas e Energia Elétrica de São Paulo. Ressoando o pioneirismo do governador, que não só criou uma Secretaria do Meio Ambiente como conferiu ao setor prioridade em seu governo, organizei a revista *Pau Brasil*, uma das primeiras a tratar exclusivamente dos temas ambientais. Adquiri assim um interesse que, em seguida, ficaria dormente por décadas, até ser reativado nas conversas com Luiz Seabra.

Essas conversas coincidiram com uma lição de vida. Quando meu filho Júlio completou 18 anos, dei-lhe de presente o ideal de minha geração para esse momento da vida: um automóvel. Poucos anos depois ele simplesmente o vendeu, dizendo que era caro e sujo. Mais tarde renovou a lição, exigindo que minha presença ao lado dele nas arquibancadas da Olimpíada de 2016 dependesse apenas de transporte público; além da alegria de estar a seu lado, entendi por que razão a mobilidade estava se tornando sua praia. E passei a andar muito mais a pé, de bicicleta ou por transporte público.

A essa altura, alguns desses deslocamentos eram já para as reuniões do conselho de ética da Rede de Ação Política pela Sustentabilidade (RAPS). Com essa entidade passei a conhecer não só muita gente que pensava em termos da coincidência entre futuro e meio ambiente, como pude acompanhar a luta de muitos cidadãos com mandato eletivo, por diversos partidos, visando transformar esse ideal em norte valorativo e prática real nesta nação. Sou profundamente grato a todos eles: não vem sendo exatamente fácil para alguém de minha geração lidar com tal desafio.

Outra coincidência mais que relevante ocorreu no dia 9 de abril de 2019. Nesse dia, num restaurante de comida japonesa da rua Amauri, em São Paulo, conheci Julia Marisa Sekula, que me convidou para fazer uma conferência num evento que ela estava organizando. Não havia propriamente um tema, mas conversamos de maneira muito livre sobre o futuro do Brasil.

Duas horas depois da conversa, recebi por e-mail o mapa que está estampado na introdução deste livro. Ele serviu de mote para a minha palestra, dada no dia 7 de junho. Daí em diante aconteceram vários contatos para troca de ideias.

A terceira coincidência deu-se no dia 29 de agosto de 2019. Entusiástica preservadora do Pantanal, Teresa Bracher queria conversar a respeito. Para o encontro, levei Luana Schabib – a quem conhecia havia tempos como repórter da revista *Brasileiros*; embora tivéssemos tentado várias parcerias em reportagem, nenhuma acabou indo adiante.

Saímos animados da conversa com Teresa – ou, em meu caso, tão entusiasmado quanto poderia estar alguém com o pai no hospital e enfrentando com dignidade o destino – e já com a ideia de Paraíso Restaurável na cabeça. Apresentei o conceito no dia 28 de outubro numa palestra na cidade de Bananeiras, na Paraíba, proferida a convite do prefeito Douglas Lucena, meu colega na RAPS.

O convite para a Julia foi uma consequência natural. Assim, o projeto começou como o de um grupo de estudos. Recebemos colaborações espontâneas de pessoas muito especiais, que participaram de debates abertos com a equipe. Primeiro, a antropóloga Marta Azevedo, grande conhecedora da cultura Tupi-Guarani. Depois, o biólogo Fernando Reinach. Em seguida, o geólogo Teodoro Isnard Ribeiro de Almeida. Mais tarde, Natasha Costa Penatti. Somos profundamente gratos a todos pela ajuda.

E assim foi feito este livro: com a esperança de que o diálogo entre vozes e gerações diversas tenha feito sentido para você, amável leitor.

JULIA MARISA SEKULA

Aos meus pais, Jolantha e Marek, que se aventuraram pelo mundo em busca do desconhecido; à minha irmã, Laura, a quem eu devo tudo.
E a todas as pessoas que têm a coragem de sonhar.

"Não faz muito tempo a Terra tinha dois bilhões de habitantes, isto é, quinhentos milhões de homens e um bilhão e quinhentos milhões de indígenas. Os primeiros dispunham do Verbo, os outros pediam-no emprestado."[1]

---

1 Jean-Paul Satre, prefácio, Os *Condenados da Terra*, de Frantz Fanon (1961). Tradução de José Lourênio de Melo (1968).

Todos nós sofremos por amor, tememos decepção e perda, buscamos realização e, querendo ou não, estamos fortemente ligados à nossa comunidade. Desde o Himalaia até a Rocinha, não há como escapar disso.

O que nos diferencia são as nossas palavras. Não as nossas línguas distintas, mas as nossas narrativas. Palavras que comunicam ideias e definem aquilo a que atribuímos um significado. Elas nos ajudam a entender o passado e a elaborar um roteiro de futuro. Elas também alimentam juízos de valor e desigualdades – quando as palavras que usamos para descrever duas trajetórias de vida idênticas, por exemplo, divergem em função de gênero, raça ou orientação sexual. Essas pequenas marcas em uma página criam e perpetuam o nosso mundo.

E exatamente por serem tão pequenas e de aparência inócua é que acredito profundamente em sua capacidade de transformar a sociedade.

Hoje vivemos uma era de escassez – uma escassez de afeto, empatia e piedade –, mas sobretudo escassez de palavras ponderadas e ideias corajosas. Isso tem uma consequência, que se faz sentir em nossa narrativa como povo brasileiro. Quem fomos? Quem somos? E quem gostaríamos de ser? Será que sabemos?

Somos todos culpados por falar do meio ambiente recorrendo apenas a um vocabulário pobre de desmatamento, florestas e animais. Por falar de política utilizando rótulos de esquerda ou de direita – marcadores permanentes de distrações permanentes – como se não tivéssemos palavras para descrever aquilo que está entre esses extremos, ou que não se encaixa em ideologias estabelecidas. E quando falamos do futuro, se é que falamos, muitas vezes parecem nos faltar todas as palavras.

Isso tem um custo: diante de um futuro baseado em crédito de carbono, somos os cuidadores do maior ativo estratégico do planeta – a Amazônia –, mas o tratamos apenas como um obstáculo ao desenvolvimento. Em vez de aprender com as narrativas genuinamente brasileiras – dos Guarani, dos Orixás e de imigrantes aventureiros –, nada mais fazemos do que copiar valores americanos ou europeus, valores envelhecidos e já comprovadamente limitados.

Este livro é uma obra de amor pelo Brasil, que vive eternamente no "potencial", como o "país do futuro". Mas o futuro vem, e o futuro passa. Mais do que nunca, a nossa política e as nossas terras abundantes clamam por palavras novas, ideias novas, caminhos novos.

Este livro é a história da busca de um Paraíso. Uma luta por uma Terra Sem Mal – um futuro melhor.

E se este livro não despertou debate, não encheu seu coração de amor ou luta, espero que ao menos tenha lembrado a você, caro leitor, que as palavras e as ideias têm peso. Cabe a nós colocá-las em prática.

LUANA SCHABIB

À minha mãe Waded, minha editora, meus olhos e meu coração. Ao meu pai Ney, meu espelho e minha força. Aos meus irmãos Igor, Neder e Pedro, meus braços e entendimento. Aos meus sobrinhos, meu futuro. À minha família grande e inspiradora. Aos amigos que me brindam com o hoje e os contrapontos necessários. Às diferenças, ao conhecimento e à coragem de pensar o novo.

Começo com um mea-culpa. Até 2019, a conservação do meio ambiente não era pauta prioritária nos meus debates.

Nascida em Corumbá, MS – coração do paraíso descrito na parte mítica deste livro –, olhos acostumados com as paisagens retumbantes do Pantanal, meu coração era dedicado principalmente aos assuntos da política. Distribuição de renda, garantia de direitos, estabelecimento de políticas públicas, o direito à terra, as questões de gênero, igualdade racial. "Tudo é política", repetia, excluindo o meio ambiente. Tanta coisa parecia mais urgente – principalmente com as abordagens de micropolítica que envolvem o tema. Mea-culpa.

Daqui, eu faço a "minha parte". Uso a bicicleta como meio de transporte, tento consumir o mínimo possível de plástico, me preocupo com a origem de tudo que consumo, compro dos pequenos. Porém, me perguntava com ceticismo... o que os Estados estão fazendo? E os acordos globais firmados e não cumpridos?

Mantenho sempre grandes amigos que fazem meu cérebro se oxigenar. Amigos que pensam diferente, me mostram outras perspectivas para ideias já estabelecidas. Jorge Caldeira é um desses. Nas nossas conversas longas, regadas da generosidade desse intelectual, ficam explícitas as diferentes visões de mundo – isso para além da vontade de compreender o outro.

Foi num desses encontros que ele me apresentou uma boa dose de dados e fatos sobre a urgência ambiental, junto de um relato afetivo sobre o tema. Como seria o futuro para os próximos – filhos e netos – se não refletíssemos agora o presente? Foi assim que descobri que encarava a natureza como fonte inesgotável de recursos. Foi ali que Caldeira me fez uma provocação: entrar no projeto deste livro.

Sorte a minha. Pude participar de processos criativos de autores diferentes; participar de debates e seminários com pensadores atuais – plurais e fora da minha bolha; entender a mudança de paradigma econômico; e enfim partir para uma jornada buscando personagens dessa pauta tão viva num bioma tão complexo e incrível quanto o Pantanal (sobre a qual você poderá ler no próximo livro). Tudo isso ao lado de uma jovem mente brilhante: Julia Sekula – com uma experiência de mundo cheia de trânsitos, com uma fome intelectual intensa, mas com uma calma na sua fala que contempla o outro e faz com que o conhecimento sempre se amplie. Foram meses intensos, exaustivos e transformadores. Uma quebra de padrão. Tempo de imersão.

Entendi que refletir no meio ambiente, nas fontes de energia, nas formas de produção não é falar apenas sobre o indivíduo, os estados, as democracias e o mercado. Não é sobre convencer. Não é alarmismo. Não é uma bandeira da esquerda, da direita, do centro. Não é nada disso e é tudo isso. O ponto que une as nossas diferentes visões – a minha, a de Julia, a de Caldeira e a sua (que lê este texto agora) – é o hoje. O hoje que prepara o amanhã. Minha máxima culpa.

Espero que a abordagem deste livro tenha feito seu coração palpitar; que você tenha ficado nervoso querendo elencar fatos e nomes de agentes políticos das histórias que contamos. Espero que você questione as conduções e doutrinas. Relembre as guerras que guiaram as transformações elencadas aqui, pense nos interesses envolvidos, nos personagens por trás das decisões. Pense na escolha das vozes. Tenha grandes ideias para transformar a realidade da sua comunidade. Este é um grande convite para uma aventura.

Preciso dizer que continuo com minhas pautas e com minhas bandeiras – meu mau humor com o conservadorismo e minha crença no Estado democrático de direito não permitiriam ser de outra maneira. Mas agora elas contemplam a natureza como fio condutor. Eixo fundamental.

Corta a cena.

Todas essas linhas acima foram escritas há alguns meses, ou seja, pouco antes dos impactos incrivelmente tristes da pandemia do novo coronavírus. Quantas vidas perdidas... Mal sabíamos que a urgência estava no agora – agora mesmo. Revisamos nosso livro que estava "pronto para ser impresso" inúmeras vezes. Tomamos distanciamento de alguns meses. Como todas as pessoas (do mundo todo), acompanhamos aguardando respostas, sinais. Vimos as ciências serem contestadas, inúmeras tentativas frustradas ao redor do globo de não fazer o isolamento social. Presenciamos as manifestações urgentes sobre a questão racial, pelo direito de viver. No Brasil, além de tudo, vimos um aumento da área de desmatamento na Amazônia, invasões de terras indígenas. Crise econômica, crise humanitária, crise política. Biopoder, a necropolítica e até o terraplanismo. Ao mesmo tempo, presenciamos a cooperação entre países em busca de uma vacina, a discussão sobre a desaceleração da economia para priorizar a pauta do aquecimento global, um aumento da procura por energias renováveis.

Corta a cena. Como saberíamos que tudo isso poderia acontecer agora? Mas, também, como não saberíamos?

Tudo isso é um processo coletivo que apenas iniciou. Um processo individual, também. Contemplação e incerteza. Os tempos são complexos. Os tempos demandam rapidez e coragem para mudar. Ao mesmo tempo, demandam contemplação, silêncio e entendimento. Pé na terra, reverência ao passado e olhos no futuro. Não existe um "novo normal". Não ainda. Os tempos estão mudando agora. Gerúndio. Não existe o óbvio, afirmo sem culpa nenhuma.

CRÉDITOS DAS IMAGENS

pp. 6-7 e 314-315: Cartograma que usa observações de satélite do espectrorradiômetro de imagem de resolução moderada da Nasa (MOD17), capaz de detectar a produtividade primária bruta (GPP, na sigla em inglês) da biosfera terrestre. WorldMapper.

p. 13: Wenceslaus Hollar. *Jardim do Éden*, 1680. Gravura. Folger Shakespeare Library/Science Source/Fotoarena.

p. 14: Lucas Cranach, O Velho (1472-1553). *Adão e Eva*, 1526. Óleo sobre madeira, 117 x 80 cm. Courtauld Institute of Art, Londres. Heritage Images/Fine Art Images/Album/Fotoarena.

p. 15: Lucas Cranach, O Velho (1472-1553). *A idade do ouro* (detalhe), 1530. Óleo sobre painel, 73,5 x 105,5 cm; Alte Pinakothek, Munique. Bridgeman Images/Easypix Brasil.

p. 16: Hieronymus Bosch (1450-1516). *O jardim das delícias terrenas* (detalhe central), 1490-1500. Óleo sobre painel. Museu do Prado, Madri/Bridgeman Images/Easypix Brasil.

p. 17 (no alto): Jan Brueghel, O Velho (1568-1625). *Paraíso terrestre (A Terra)*, 1607. Óleo sobre tela, 46 × 67 cm. Museu do Louvre, Paris/Peter Willi/Bridgeman Images/Easypix Brasil.

p. 17 (abaixo, à esquerda): Anônimo. *Adão e Eva (A queda)*, 1532. Coleção do Museu Histórico da Cultura de Magdeburgo, Alemanha. Heritage Images /Fine Art Images/Album/Fotoarena.

p. 17 (abaixo, à direita): Hieronymus Bosch (1450-1516), *O pecado original* (detalhe), do tríptico *O juízo final*, c. 1482. Akademie der Bildenden Künste, Viena.

Album/Dea/G. Nimatallah/Album/Fotoarena.

p. 20 (no alto): Hans Holbein, o Jovem (1497-1543). *A queda de Adão e Eva*. Litogravura. Coleção Particular/Ken Welsh/Bridgeman Images/Easypix Brasil.

p. 20 (abaixo, à esquerda): Lucas Cranach, O Jovem (1515-1586). *A queda do homem*, 1549. Óleo sobre painel, 21,7 x 17,1 cm. Museu de Belas Artes, Houston, EUA/The Edith A. and Percy S. Straus Collection/Bridgeman Images/Easypix Brasil.

p. 20 (abaixo, à direita): Nuno Gonçalves. *Henrique, o Navegador (1394-1460)*, detalhe do Políptico de São Vicente de Fora, c. 1465. Óleo sobre painel. Museu Nacional de Arte Antiga, Lisboa, Portugal.

p. 21: Portugal, Estremadura, Tomar: Antiga Igreja dos Templários e Convento da Ordem de Cristo, 12 de abril de 2010. Cro Magnon/Alamy Stock Photo/Fotoarena.

p. 24: *A frota de Pedro Álvares Cabral em 1500*. Do *Livro das Armadas*, c. 1568. Coleção da Academia das Ciências de Lisboa. Fine Art Images/Album/Fotoarena.

p. 25: *Uma frota de Pedro Álvares Cabral em 1500*. Do *Livro das Armadas*, c. 1568. Coleção da Academia de Ciências de Lisboa. Imagens de Belas Artes/Imagens de Patrimônio/Alamy/Fotoarena.

p. 27: Johann Froschauer. *A primeira representação do povo do Novo Mundo*, 1505. Após uma gravura de Johann Froschauer para uma edição de

Mundus Novus, de Américo Vespúcio, publicada em Augsburgo em 1505. Extraído de *Narrative and Critical History of America*, editado por Justin Winsor, Londres, 1886 (gravura). Coleção Particular/Bridgeman Images/Easypix Brasil.

p. 28: Albert Eckhout (c. 1610-c. 1666). *Índia Tupi*, 1641. Óleo sobre tela, 274 x 163 cm. Nationalmuseet, Copenhague, Dinamarca.

p. 30: Albert Eckhout (c. 1610-c. 1666). *Índia Tarairiu (Tapuia)*, 1641. Óleo sobre tela, 272 x 165 cm. Nationalmuseet, Copenhague, Dinamarca.

p. 34: Grafismo indígena. Autoria não identificada. Barcaça – batelão. A. Casa dos Desána. B. Senhor. C. Senhora, 1905. Tukano. Mirití-tapuyo. Lápis, 1732.

p. 37: Grafismo indígena. Autoria não identificada. A.B.C. Almas de mágicos. D. E. Sapos. F. Peixe pequeno. G. Peixe Mandubé. H. Peixe Araku. I.K. Peixe pacu. 1905. Umuá (Hianókoto). Lápis, 1764.

p. 38: Grafismo indígena. Autoria não identificada. A. Hund B. Dampfer C. Arara D. Alligator. E. Pirahíba-Fisch, 1905. Tukano. Miriti-tapuyo. Lápis, 1733.

p. 43: André Thevet (1502-1590). *Saudação lacrimosa*, 1575. In *La Cosmographie universelle d'Andre Thévet cosmographe du roy*. Segundo tomo. Biblioteca Nacional do Rio de Janeiro (Brasil).

p. 44: Theodore de Bry (1528-1598). *Americae Tertia Pars – Luta com os navios no porto de Buttugaris*, 1592. akg-images/British Library/Fotoarena.

p. 48: André Thevet (1502-1590). *Índio rei Quoniambech ou Cunhambebe da tribo Tupinamba*, gravado pela Cosmologia Universal, por André Thevet, Paris, 1575. África, século XVI. Biblioteca Nazionale Marciana, Veneza/De Agostini Picture Library/Album/Album/Fotoarena.

p. 50: André Thevet (1502-1590), Jean Cousin et al. Pacona, fruta. *Árvore ahouaii*. 1575. Tupinambá. Xilogravura. In *Les Singularitez de la France antarctique, autrement nommée Amerique [Livro]: [et] de plusieurs Terres [et] isles decouvertes de nostre temps*. Biblioteca Nacional do Rio de Janeiro (Brasil).

p. 54: Joan Martines (1556-1590). *Atlas Portolano do mundo*, Messina, 1587. Detalhe da América do Sul. Costa atlântica. Biblioteca Nacional, Madri/Album/Prisma/Fotoarena.

p. 57: Fernando Vaz. *Atlas Portolano, português*. América do Sul oriental, da Amazônia ao rio La Plata, século XVI. Manuscrito. Huntington Digital Library, San Marino, EUA.

p. 61: Antonio Sanches. *Mapa Mundi, com brasões de armas de vários países*, Portugal, 1623. British Library/Londres/Album/Fotoarena.

p. 63: Carta do português Domingos Teixeira (datada de 1573) com escudos da coroa catalã-aragonesa em diferentes continentes, indicando posses desse reino. Bibliothèque Nationale de France/ The Picture Art Collection /Alamy/Fotoarena.

p. 67 (no alto): Davi Kopenawa, da Associação Hutukara Yanomami do Brasil, recebe o Prêmio Right Livelihood 2019 em Cirkus, Estocolmo, Suécia, em 4 de dezembro de 2019. Erik Simander/Reuters/Fotoarena.

p. 67 (abaixo): Retrato de Ailton Krenak por Helio Carlos Mello.

p. 74: Retrato de Adam Smith (Kirkcaldy, 1723 – Edimburgo, 1790), filósofo e economista escocês, Gravura. De Agostini Picture Library/Album/Fotoarena.

p. 75: Retrato de Jeremy Bentham por Henry William Pickersgill. Século XIX. ART Collection/Alamy Stock Photo/Fotoarena.

p. 79: "O Chefe" – da Estrada de Ferro Santa Fé, EUA, década de 1930 (foto em preto e branco). Coleção privada/Peter Newark American Pictures/Bridgeman Images/Easypix Brasil.

p. 83: Poço de petróleo, Oklahoma, 1922. Library Of Congress/Science Photo Library/Fotoarena.

p. 103: Dr. Heinrich Berghaus. *Andes. Physikalischer Atlas*, 1838. Alexander von Humboldt Informationen online/Universidade de Potsdam e Academia de Ciências de Berlim-Brandemburgo.

p. 106 (no alto): Gado visto em fazenda perto de turbinas eólicas no vilarejo de Feldheim, 80 km ao sul de Berlim, 16 de outubro de 2014. Odd Andersen/AFP.

p. 106 (abaixo): Turbina eólica na cidade de Feldheim, Brandemburgo, 20 de junho de 2011. John MacDougall/AFP.

p. 122: Presidente da Comissão Europeia Ursula von der Leyen em conferência de imprensa durante uma cúpula da União Europeia em Bruxelas, 11 de dezembro de 2019. Alain Jocard/AFP.

p. 126 (no alto): *China: Siga o caminho para a cooperativização!* Pôster da época do Grande Salto para Adiante (1958-1961). Pictures from History/Bridgeman Images/Easypix Brasil.

p. 126 (abaixo): Cartaz com Mao Tsé-Tung (1893-1976). Litografia colorida da Escola Chinesa (século XX). Peter Newark Pictures/Bridgeman Images/Easypix Brasil.

pp. 130-131: Ciclistas passam pela densa poluição de uma fábrica em Yutian, 100 km a leste de Pequim, na província de Hebei, noroeste da China, em 18 de julho de 2006. Peter Parks/AFP.

p. 133: Trabalhadores em roupas de proteção transferem o conteúdo de um caminhão químico vazando gases para outro veículo, ao longo de uma rua em Pequim, em 20 de maio de 2009. STR/AFP.

p. 136: Versão colorida de Nei Jing Tu, c. século XIX, realizada na Academia Ruyi da Dinastia Qing. Museu da História da Medicina Tradicional da China.

p. 141: Vista da Mansão Sun-Moon, na cidade de Dezhou, província de Shandong, leste da China, 9 de setembro de 2009. Imaginechina Limited/Fotoarena.

p. 145: Marrocos, Noor-Ouarzazate, 5 de março de 2017. Jerónimo Alba/Easypix Brasil.

p. 149: Anúncio do carro Oldsmobile, anos 1950 (cor litográfica), da American School (século XX). Coleção privada/Peter Newark American Pictures/Bridgeman Images/Easypix Brasil.

p. 151: Capa da *Time* de 31/12/1973. Time.

pp. 156-157: Monitores movidos a energia solar e comunicações em um campo de petróleo no Texas, EUA. Jim Parkin/Alamy Stock Photo/Fotoarena.

p. 160: Trânsito de manhã cedo em direção ao centro da cidade de Los Angeles, 22 de julho de 2019. Mike Blake/Reuters/Fotoarena.

p. 161: *Trump and California Emissions Standards*. Publicado em 19/09/2019. Daryl Cagle/CagleCartoons.com.

pp. 172-173: Donald Trump e Melania Trump andam na limusine presidencial enquanto dão início à corrida da Nascar em Daytona Beach, Flórida, 16 de fevereiro de 2020. Saul Loeb/Pool via Reuters/TPX Images of the Day/Fotoarena.

Créditos das imagens

p. 194: Manifestantes protestam contra os investimentos do FMI e do Banco Mundial em combustíveis fósseis e os exortam a enfrentar as mudanças climáticas em Washington, DC, 18 de outubro de 2019. Saul Loeb/AFP.

p 195: *Open letter on climate-related financial risks | Bank of England*. Bank of England. Abril de 2019.

p. 215: Thangka do Buda Shakyamuni, com onze figuras, dos séculos XIX a XX da Escola Tibetana. Pintura religiosa em tecido ou bordado, 90 x 60,8 cm. Museu Oriental, Universidade de Durham, Reino Unido/ Bridgeman Images/Easypix Brasil.

p. 216: Thangka de Buddha Shakamunyi com Manjushri e Vajrapani pela Escola Tibetana (século XIX). Sociedade Geográfica Real, Londres/Bridgeman Images/Easypix Brasil.

p. 220: Painéis solares instalados em uma usina fotovoltaica no condado de Yongsheng, cidade de Lijiang, sudoeste da China, Yunnan, abril de 2017. Imaginechina/Fotoarena.

p. 224: Mulher anda de bicicleta por uma rua perto da Praça da Paz Celestial no terceiro dia de um "alerta vermelho" para poluição em Pequim, 21 de dezembro de 2015. Wang Zaho/AFP.

p. 226: Vista aérea da primeira usina termelétrica solar de sal de 100 megawatts da China na cidade de Dunhuang, província de Gansu, noroeste da China, 10 de agosto de 2019. Imaginechina/Fotoarena.

pp. 244-245: Jean-Baptiste Debret. Carvão, 1822. Aquarela. Rio de Janeiro. Museus Castro Maya/IBRAM/MINC/G. Dagli Orti/Album/Fotoarena.

p. 253 (no alto): Vista de drone da Usina Presidente Vargas – CSN. Volta Redonda, Rio de Janeiro, 10 de janeiro de 2019. Cesar Diniz/Pulsar Imagens.

p. 253 (abaixo): CSN – Companhia Siderúrgica Nacional – Aciaria, Volta Redonda, Rio de Janeiro, julho de 2008. Ricardo Azoury/Pulsar Imagens.

p. 259: Obra de construção da usina hidrelétrica de Itaipu, Foz do Iguaçu, Paraná, 1981. Juca Martins/Olhar Imagem.

p. 263: Flagrante de trabalhadores de uma das minas de petróleo de Lobato. Data de produção: 193- . Lobato/Bahia. Arquivo Horta Barbosa. Acervo da FGV-CPDOC/HB foto 054.

p. 264: Refinaria de petróleo no Polo Petroquímico de Camaçari, na Bahia, 1998. Rogério Reis/Olhar Imagem.

pp. 270-271: Usina Costa Pinto, Piracicaba, São Paulo, 2007. Ricardo Azoury/Olhar Imagem.

p. 281: Usina Eólica de Osório, Rio Grande do Sul, 2008. Juca Martins/Olhar Imagem.

pp. 296-297: Desmatamento por queimada no Pará, 1999. Adriano Gambarini/Olhar Imagem.

p. 300: Cerimônia de Oshun, Oshogbo, Nigéria, 1956. Fotos Pierre Verger©Fundação Pierre Verger.

p. 302: Candomblé Joãozinho Da Gomea, Salvador, Brasil, 1946. Fotos Pierre Verger©Fundação Pierre Verger.

p. 333 (à esquerda): Sebastião Augusto Sisson (1824-1898). José Bonifácio de Andrada, 1861. Litografia. In *Galeria dos brasileiros illustres (os contemporaneos): retratos dos homens mais illustres do Brasil na politica, sciencias e letras, desde a guerra da independencia até os nossos dias*. Senado Federal/Governo Federal.

p. 333 (à direita): Desenho anônimo (século XIX) de Frei Caneca (1779-1825). Crayon, p&b, 20,8 x 16,5 cm. Biblioteca Nacional (Brasil), Rio de Janeiro.

Copyright © 2020 por Mameluco Edições e Produções Culturais Ltda.

Todos os direitos reservados. Nenhuma parte deste livro pode ser utilizada ou reproduzida sob quaisquer meios existentes sem autorização por escrito dos editores.

Todos os esforços foram feitos para creditar devidamente todos os detentores dos direitos das citações e imagens que compõem este livro. Eventuais omissões de crédito e copyright não são intencionais e serão devidamente solucionadas nas próximas edições, bastando que seus proprietários entrem em contato com os editores.

edição: Pascoal Soto
preparo de originais: Cláudio Marcondes
revisão: Hermínia Totti e Luis Américo Costa
projeto gráfico, diagramação e capa: Tereza Bettinardi e Barbara Cutlak
gráficos: Bruno Algarve
pesquisa e edição de imagens: Thaïs Helena Falcão Botelho/Olho do Falcão
tratamento de imagens: Edição da Imagem
impressão e acabamento: Lis Gráfica e Editora Ltda.

CIP-BRASIL. CATALOGAÇÃO NA PUBLICAÇÃO
SINDICATO NACIONAL DOS EDITORES DE LIVROS, RJ

C151b   Caldeira, Jorge
         Brasil: paraíso restaurável/ Jorge Caldeira, Julia Marisa Sekula, Luana Schabib. Rio de Janeiro: Estação Brasil, 2020.
         352 p.; 16 x 23 cm.

         ISBN 978-65-5733-002-9

         Desenvolvimento econômico – Aspectos ambientais – Brasil. 2. Recursos ambientais – Brasil. 3. Desenvolvimento sustentável – Brasil. I. Sekula, Julia Marisa. II. Schabib, Luana. III. Título.

20-65174   CDD: 333.7150981
                                               CDU: 330.15(81)

Todos os direitos reservados, no Brasil, por
GMT Editores Ltda.
Rua Voluntários da Pátria, 45 – Gr. 1.404 – Botafogo
22270-000 – Rio de Janeiro – RJ
Tel.: (21) 2538-4100 – Fax: (21) 2286-9244
E-mail: atendimento@sextante.com.br
www.sextante.com.br

◆ ESTAÇÃO ◆
BRASIL

ESTAÇÃO BRASIL é o ponto de encontro dos leitores que desejam redescobrir o Brasil. Queremos revisitar e revisar a história, discutir ideias, revelar as nossas belezas e denunciar as nossas misérias. Os livros da ESTAÇÃO BRASIL misturam-se com o corpo e a alma de nosso país, e apontam para o futuro. E o nosso futuro será tanto melhor quanto mais e melhor conhecermos o nosso passado e a nós mesmos.